技工教育和职业培训"十四五"规划教材
高职高专汽车制造类立体化创新教材

汽车生产质量管理

（配任务工单）

主　编　张俊峰　邓　璘
副主编　谢吉祥　杨正荣　刘阳勇
参　编　于志刚　张书诚　陈廷稳
　　　　陈心赤　陈　旭　翟候军

机械工业出版社

本书主要内容包括质量管理基础知识、质量管理体系、零部件质量管理、汽车生产过程质量管理、整车质量管理、汽车制造企业管理和质量改进等，并配备了任务工单。另外，本书配套了40个微课视频，学生可通过扫描二维码观看生动的视频来学习知识。

本书可作为高职高专院校、应用技术本科院校、中等职业学校、技工学校的教材，也可作为企业培训教材，还可作为企业技术人员进行质量管理和质量控制的参考书。

图书在版编目（CIP）数据

汽车生产质量管理：配任务工单 / 张俊峰，邓璘主编 . — 北京：机械工业出版社，2021.1（2025.1重印）

高职高专汽车制造类立体化创新教材

ISBN 978-7-111-67375-0

Ⅰ . ①汽… Ⅱ . ①张… ②邓… Ⅲ . ①汽车 – 产品质量 – 高等职业教育 – 教材 Ⅳ . ① F426.471

中国版本图书馆CIP数据核字（2021）第017679号

机械工业出版社（北京市百万庄大街22号　邮政编码100037）
策划编辑：李　军　责任编辑：李　军
责任校对：王明欣　封面设计：马精明
责任印制：郜　敏
北京富资园科技发展有限公司印刷
2025年1月第1版第12次印刷
184mm×260mm·16印张·401千字
标准书号：ISBN 978-7-111-67375-0
定价：49.90元（含任务工单）

电话服务　　　　　　　网络服务
客服电话：010-88361066　机 工 官 网：www.cmpbook.com
　　　　　010-88379833　机 工 官 博：weibo.com/cmp1952
　　　　　010-68326294　金 书 网：www.golden-book.com
封底无防伪标均为盗版　机工教育服务网：www.cmpedu.com

编委会

主　　任：张俊峰（重庆电子科技职业大学）
副主任：翟候军（重庆长安汽车股份有限公司）
　　　　陈红鹰（上汽依维柯红岩商用车有限公司）
　　　　罗永前（重庆电子科技职业大学）
编　　委：陈心赤（重庆电子科技职业大学）
　　　　王　勇（重庆电子科技职业大学）
　　　　李　慧（重庆电子科技职业大学）
　　　　邓　璘（重庆电子科技职业大学）
　　　　刘云云（重庆电子科技职业大学）
　　　　徐　计（重庆电子科技职业大学）
　　　　于星胜（哈尔滨职业技术学院）
　　　　杨正荣（贵州装备制造职业学院）
　　　　张书诚（安徽职业技术学院）
　　　　林　波（重庆科创职业学院）
　　　　张　敏（哈尔滨职业技术学院）
　　　　吴厚廷（贵州装备制造职业学院）
　　　　于志刚（成都工业职业技术学院）
　　　　刘阳勇（重庆交通职业学院）
　　　　黄再霖（贵州装备制造职业学院）
　　　　杨　谋（重庆电讯职业学院）
　　　　张玉平（重庆工业职业学院）
　　　　林铸辉（贵州装备制造职业学院）
　　　　张洪书（重庆电讯职业学院）
　　　　张谢源（贵州装备制造职业学院）
　　　　陈廷稳（贵州装备制造职业学院）
　　　　陈　旭（重庆长安汽车股份有限公司）
　　　　张桂乾（重庆长安汽车股份有限公司）
　　　　曹怀宾（重庆长安汽车股份有限公司）
　　　　李　成（重庆电子科技职业大学）
　　　　徐跃进（重庆电子科技职业大学）
　　　　刘竞一（重庆电子科技职业大学）
　　　　谢吉祥（重庆电子科技职业大学）
　　　　陈卫东（重庆电子科技职业大学）
　　　　魏健东（重庆电子科技职业大学）
　　　　赵　军（重庆电子科技职业大学）
　　　　陈双霜（重庆电子科技职业大学）
　　　　姚晶晶（重庆电子科技职业大学）
　　　　刘红玉（重庆电子科技职业大学）
　　　　祖松涛（重庆电子科技职业大学）
　　　　李穗平（重庆电子科技职业大学）
　　　　马良琳（重庆电子科技职业大学）
　　　　李　蕊（重庆电子科技职业大学）
　　　　邓家彬（重庆电子科技职业大学）
　　　　周　均（重庆电子科技职业大学）
　　　　徐凤娇（重庆电子科技职业大学）

丛书序

2019年1月，国务院颁发《国家职业教育改革实施方案》，推进职业教育领域"三全育人"综合改革试点工作，使各类课程与思想政治理论课同向同行，努力实现职业技能和职业精神培养高度融合。建设一大批校企"双元"合作开发的国家规划教材，倡导使用新型活页式、工作手册式教材并配套开发信息化资源。2019年12月，教育部、财政部公布《中国特色高水平高职学校和专业建设计划建设单位名单》后，为了满足重庆电子科技职业大学等双高建设院校的建设要求，我们依托全国职业院校装备制造类示范专业点——重庆电子科技职业大学汽车制造与装配技术专业，联合重庆长安汽车股份有限公司等大型汽车制造企业加快了本系列丛书的开发进度。

本丛书结合汽车整车制造企业的生产全过程，以汽车车身制造技术、汽车整车装配与调试、汽车检测技术和汽车综合故障诊断等课程为主线，以汽车构造、汽车电控系统诊断与调试、汽车制造工艺技术、汽车生产质量管理、汽车制造安全技术和汽车制造物流技术等课程为辅助，以汽车三维设计、汽车数据采集与处理和汽车试验技术等课程为拓展，全面介绍汽车制造过程的冲压、焊接、涂装、总装四大工艺，以及下线检测、整车调试、生产安全、生产技术、质量管控、生产物流等制造知识，同时拓展学生在汽车设计、逆向工程、数据处理和汽车试验等方面的应用知识，为学生今后从事汽车制造中的设计、调试、试验和管理等相关工作打下良好基础。

本丛书主要特色如下：

1. 知识的全面性

在制定本丛书各教材的知识框架时，就将写作的重心放在体现知识的全面性上，因此从各教材提纲的制定到内容的编写都力求将课程所涉及的专业知识全面囊括。

2. 知识的实用性

本丛书由高职院校具有丰富教学经验的教师和汽车制造企业具有丰富工作经验的一线技术人员及管理人员共同编写而成，具有很强的实用性。此外，每个项目中均会根据知识点安排若干个工作过程，让学生从汽车制造实际出发，通过书中的知识点，解决现实中遇到的问题。

3. 知识的灵活性

本丛书中各教材的每一个知识点都匹配了相应的学习任务，学生可以通过不同类型的学习任务，来学习并掌握书中的知识。

4. 知识的直观性

本丛书中各教材的每一类知识点均录制了各种形式的微课视频，学生通过扫描二维码即可观看生动的视频资源来学习相关知识内容。

本丛书根据汽车制造领域（即汽车前市场）的设计、生产、工艺、试验和管理等岗位需求搭建人才培养体系，有效融入了课程思政的育人理念，可作为高职高专院校、应用技术型本科院校、中等职业学校、技工学校的教材，也可作为企业的培训教材，推动汽车制造全产业链的应用技术人才培养。

由于编写经验有限，本丛书难免存在疏漏，欢迎读者提出宝贵意见，以便我们在今后进行补充和改进。

编　者

前言

本书是基于我国大力发展职业教育，以中国特色高水平高职学校和专业建设计划（双高计划）建设、加快高等职业教育改革与发展，以及落实中国制造 2025 为背景，通过课程体系与教学内容改革，根据企业管理学科的发展和实践要求，编写的系列教材之一。

本书借鉴了国际职业教育先进理念，突出"做中学、学中做"的原则，把行业能力标准作为专业课程教学目标和鉴定标准，按照能力标准组织教学内容，着重介绍了汽车零部件质量管理、汽车生产过程质量管理和整车质量管理。本书针对学生的学习特征设计教学活动，将教学活动与模拟或真实的工作场所相融合，引用动态的教学鉴定与教学评估相结合，使学生能做到"动中学、学中练、练中用"，满足学习者的学习需求。

全书共分 7 个项目，具体内容如下：项目 1 简单介绍质量管理基础知识，包括质量管理发展史、质量特性、质量产生、形成和实现的过程、质量管理工作方式等知识；项目 2 详细介绍了质量管理体系的概述、要素、构筑、审核、ISO 9000 和 IATF16949 标准等知识；项目 3 详细介绍了开发阶段和量产阶段的零部件质量管理、不合格品的处理流程等知识；项目 4 详细介绍了生产现场质量管理的主要工作内容、生产过程的质量管理要点、过程质量管理、精度质量管理和生产现场班组管理等知识；项目 5 详细介绍了整车质量评审规范、整车奥迪特质量评审、不合格车辆的处理、CCC 认证管理、汽车召回管理等知识；项目 6 详细介绍了汽车制造企业生产过程组织、生产计划与控制、技术管理、工艺管理、新产品开发等知识；项目 7 详细介绍了质量改进的意义、步骤、内容、组织与推进，质量管理小组的组建、活动的步骤、活动成果，5S 管理的意义、方法等知识。

本书由重庆电子科技职业大学张俊峰、邓璘担任主编，重庆电子科技职业大学谢吉祥、贵州装备制造职业学院杨正荣、重庆交通职业学院刘阳勇担任副主编，成都工业职业技术学院于志刚、安徽职业技术学院张书诚、贵州装备制造职业学院陈廷稳、重庆电子科技职业大学陈心赤、重庆长安汽车股份有限公司陈旭和翟候军参与了编写工作。其中，项目 1 和项目 7 由张俊峰编写，项目 2 和项目 3 由邓璘编写，项目 4 和项目 6 由谢吉祥、杨正荣、刘阳勇和陈旭编写，项目 5 由于志刚、张书诚、陈廷稳、陈心赤和翟候军编写。在本书的编写过程中，得到了重庆长安汽车股份有限公司、上汽依维柯红岩商用车有限公司和安波福电气系统有限公司重庆分公司等汽车及零部件制造企业的大力支持，在此表示感谢。

由于编者的水平有限，在编写过程中难免有疏漏之处，欢迎读者与我们联系，帮助我们改正提高。

编　者

目录

丛书序
前言

项目 1　质量管理基础知识　1

1.1　质量管理概念　3
　　1.1.1　质量管理发展史　3
　　1.1.2　质量特性　5
　　1.1.3　质量产生、形成和实现的过程　7
　　1.1.4　质量管理理论及相关术语　8

1.2　质量管理工作方式　12
　　1.2.1　质量管理方式　12
　　1.2.2　质量管理工具　14

课程育人之一　22

项目 2　质量管理体系　23

2.1　质量管理体系基础知识　24
　　2.1.1　质量管理体系概述　25
　　2.1.2　质量管理体系要素　26
　　2.1.3　质量管理体系构筑　29
　　2.1.4　质量管理体系审核　33

2.2　ISO 9000 系列标准与 IATF16949 标准　36
　　2.2.1　ISO 9000 系列标准概述　37
　　2.2.2　IATF16949 标准概述　40

课程育人之二　44

项目 3　零部件质量管理 …… 45

3.1　零部件质量管理基础知识 …… 46
- 3.1.1　零部件质量管理概述 …… 46
- 3.1.2　开发阶段的零部件质量管理 …… 48
- 3.1.3　量产阶段的零部件质量管理 …… 49

3.2　不合格品管理 …… 53
- 3.2.1　不合格品管理概述 …… 54
- 3.2.2　不合格品的处理流程 …… 55

课程育人之三 …… 57

项目 4　汽车生产过程质量管理 …… 58

4.1　汽车生产过程质量管理概述 …… 60
- 4.1.1　生产现场质量管理的主要工作内容 …… 60
- 4.1.2　生产过程的质量管理要点 …… 63
- 4.1.3　汽车生产流程与质量管理 …… 63
- 4.1.4　标准作业 …… 65

4.2　过程质量管理 …… 67
- 4.2.1　过程和过程质量的概念 …… 67
- 4.2.2　过程质量的控制方法 …… 68
- 4.2.3　过程能力评估 …… 70
- 4.2.4　过程审核 …… 73

4.3　精度质量管理 …… 73
- 4.3.1　精度质量管理概述 …… 73
- 4.3.2　车身精度管理 …… 75
- 4.3.3　监测装置管理 …… 80

4.4　生产现场班组管理 …… 81
- 4.4.1　班组人员管理 …… 82
- 4.4.2　安全管理 …… 88
- 4.4.3　生产管理 …… 90
- 4.4.4　设备管理 …… 91

课程育人之四 …… 92

项目 5　整车质量管理 ……………………………………………… 94

5.1　整车质量检查 ……………………………………………………… 96
- 5.1.1　整车质量检查概述 ……………………………………………… 96
- 5.1.2　整车质量评审 …………………………………………………… 97
- 5.1.3　整车质量评审规范 ……………………………………………… 99
- 5.1.4　整车奥迪特（AUDIT）质量评审 …………………………… 100
- 5.1.5　不合格车辆的处理 …………………………………………… 102

5.2　CCC 认证管理 …………………………………………………… 103
- 5.2.1　CCC 认证的含义 ……………………………………………… 103
- 5.2.2　CCC 认证步骤 ………………………………………………… 104
- 5.2.3　产品认证证书和标志的颁发及使用 ………………………… 107
- 5.2.4　获证后跟踪检查和监督管理 ………………………………… 108

5.3　汽车召回管理 …………………………………………………… 109
- 5.3.1　汽车召回管理概述 …………………………………………… 109
- 5.3.2　召回实施 ……………………………………………………… 110
- 5.3.3　汽车召回的案例分析 ………………………………………… 113

课程育人之五 …………………………………………………………… 114

项目 6　汽车制造企业管理 ……………………………………… 115

6.1　汽车制造企业生产管理 ………………………………………… 117
- 6.1.1　汽车制造企业生产管理概述 ………………………………… 117
- 6.1.2　汽车制造企业生产过程组织 ………………………………… 119
- 6.1.3　生产计划与控制 ……………………………………………… 127

6.2　汽车制造企业生产技术管理 …………………………………… 131
- 6.2.1　企业技术管理概述 …………………………………………… 131
- 6.2.2　工艺管理 ……………………………………………………… 133
- 6.2.3　工艺过程控制管理 …………………………………………… 136
- 6.2.4　技术项目开发与管理 ………………………………………… 138
- 6.2.5　新产品开发 …………………………………………………… 140

课程育人之六 …………………………………………………………… 146

项目 7 质量改进 …………………………………………………… 147

7.1 质量改进概述 …………………………………………………… 148
- 7.1.1 质量改进的概念及意义 ………………………………… 149
- 7.1.2 质量改进的步骤和内容 ………………………………… 150
- 7.1.3 质量改进的组织与推进 ………………………………… 155

7.2 质量管理小组活动 ……………………………………………… 158
- 7.2.1 质量管理小组活动概述 ………………………………… 158
- 7.2.2 质量管理小组的组建 …………………………………… 160
- 7.2.3 质量管理小组活动的步骤 ……………………………… 161
- 7.2.4 质量管理小组活动成果 ………………………………… 165

7.3 5S 管理 …………………………………………………………… 171
- 7.3.1 5S 概述 …………………………………………………… 171
- 7.3.2 实施"5S"管理的意义 ………………………………… 173
- 7.3.3 "5S"的现场管理法 …………………………………… 174
- 7.3.4 "5S"管理的图例集 …………………………………… 174

课程育人之七 ………………………………………………………… 181

参考文献 ……………………………………………………………… 182

项目 1
质量管理基础知识

任务描述

某汽车制造企业加工出的活塞连杆出现了弯曲质量问题,其原因可能有四大类:操作方法、所用材料、操作者和机器。下图为该生产过程中存在的某一问题的因果图,当所有可能的原因都找出来以后,下一步就是从中找出主要原因。

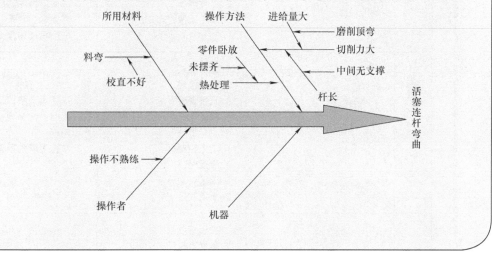

学习目标

1. 能够描述质量管理的发展史
2. 能够描述质量特性
3. 能够理解质量产生、形成和实现的过程
4. 能够掌握质量管理理论及相关术语
5. 能够掌握常用的质量管理方式
6. 能够掌握常用的质量管理工具

知识与技能点清单

序号	学习目标	知识点	技能点
1	能够描述质量管理的概念及其发展史	1. 质量管理的概念 2. 质量检验阶段 3. 统计质量控制阶段 4. 全面质量管理阶段	掌握质量管理发展的三个阶段各自的特点
2	能够描述质量特性	1. 硬件产品的质量特性 2. 软件产品的质量特性 3. 流程性材料的质量特性 4. 服务的质量特性	掌握不同类型产品的质量特性及其表现形式
3	能够理解质量产生、形成和实现的过程	1. 朱兰质量螺旋曲线 2. 质量环 3. 朱兰质量管理三部曲	1. 理解朱兰质量螺旋曲线的重要理念 2. 掌握质量环的重要环节 3. 掌握朱兰质量管理三部曲的三个阶段及其含义
4	能够掌握质量管理理论及相关术语	1. 大众模式 2. 丰田模式 3. 质量管理 4. 质量方针 5. 质量策划 6. 质量控制 7. 质量保证 8. 质量管理体系 9. 质量改进	1. 描述大众模式、丰田模式两种典型的汽车制造企业质量管理理论 2. 掌握主要的质量管理相关术语
5	能够掌握常用的质量管理方式	1. 质量责任制 2. 质量控制计划 3. 计量管理 4. 质量信息管理 5. 标准化管理 6. 质量管理小组	掌握常用的质量管理方式的作用机制
6	能够掌握常用的质量管理工具	1. 调查表 2. 排列图 3. 因果图 4. 分层法 5. 直方图 6. 散布图 7. 控制图	在实际的质量管理活动中运用七大质量管理工具

项目 1 质量管理基础知识

学习信息

1.1 质量管理概念

质量是质量管理的对象。正确、全面地理解质量的概念，对于开展质量管理工作是十分重要的。在生产发展的不同历史时期，人们对质量的理解随着科学技术的发展和社会经济的变化而变化。

1994 版的 ISO 9000 标准对质量做了如下定义："质量是反映实体满足明确或隐含需要能力的特征的总和。"其中，"实体"可以是某项活动或过程，某个产品（有形的或无形的），某个组织、体系或人，也可以是它们的任何组合；"需要"一般是指顾客的需要，但从经济法规以及环境保护、防止公害等法规的角度看，也包含社会需要。

2000 版的 ISO 9000 标准又将质量的定义改为："一组固有特性满足要求的程度。"其中，"特性"是指可区分的特征，如物的特性、功能的特性等；"要求"是指明示的、通常隐含的或必须履行的需求或期望。

在 ISO 质量体系中，质量即是一种固有特性满足明示的、通常隐含的或必须履行的需求或期望的程度。质量管理是指在质量方面指挥和控制组织的协调的活动，包括制定质量方针和质量目标以及质量策划、质量控制、质量保证和质量改进。

1.1.1 质量管理发展史

质量管理是随着生产的发展和科学技术的进步而逐渐形成和发展起来的，它发展到今天大致经历了三个阶段：质量检验阶段、统计质量控制阶段和全面质量管理阶段。

1. 质量检验阶段

微课视频
质量管理发展史

这一阶段是质量管理的初级阶段，其主要特点是以事后检验为主。在此之前，人们对质量管理的理解还只限于质量的检验。就是说，通过严格的检验来控制和保证出厂或转入下一道工序的产品质量。检验工作是这一阶段执行质量职能的主要内容。在由谁来检验把关方面，也有一个逐步发展的过程：

1）20 世纪以前，生产方式主要是小作坊形式，那时的工人既是操作者，又是检验者，产品质量主要依靠操作者本人的技艺水平和经验来保证，因此被称为"操作者质量管理"。

2）20 世纪初，以泰勒为代表的科学管理理论的产生，促使质量检验的职能从操作者身上分离出来，由工长实施对产品质量的检验。这一变化强化了质量检验的职能，称为"工长的质量管理"。

3）随着科学技术和生产力的发展，企业的生产规模不断扩大，管理分工的概念被提了出来。在管理分工概念的影响下，一些工厂便设立了专职的检验部门并配备专职的检验人员来对产品质量进行检验。质量检验的职能从工长转移给了质量检验员，称为"检验员质量管理"。

专门的质量检验部门和专职的质量检验员，使用专门的检验工具，业务比较专精，对保产品质量起到了把关的作用。然而，这一阶段的质量管理也存在着许多不足，主要表现在：

1）对产品质量的检验只有检验部门负责，没有其他管理部门和全体员工的参与，尤其是直接操作者不参与质量检验与管理，就容易与检验人员产生矛盾，不利于产品质量的提高。

2）主要采取全数检验，不仅检验工作量大，检验周期长，而且检验费用高。

3）由于质量检验主要是在产品制造出来后才进行的，没有在制造过程中起到预防和控制作用，即使检验出废品，也已是"既成事实"，质量问题造成的损失已难以挽回。

4）全数检验有时在技术上变得不可能，如破坏性检验，判断质量与保留产品之间产生了矛盾。这种质量管理方式逐渐无法适应经济发展的要求，需要改进和发展。

2. 统计质量控制阶段

这一阶段的主要特点是从单纯依靠质量检验、事后把关，发展到过程控制，突出了质量的预防性控制的管理方式。1926年，美国贝尔电话研究室工程师休哈特提出了"事先控制，预防废品"的概念，并且应用概率论和数理统计理论，发明了具有可操作性的"质量控制图"，用于解决事后把关的不足。随后，美国人道奇和罗米格提出了抽样检验法，并设计了可以运用的"抽样检验表"，解决了全数检验和破坏性检验所带来的麻烦。但是，由于受当时经济危机的影响，这些方法没有得到足够的重视和应用。

第二次世界大战爆发后，由于战争对高可靠性军需品的大量需求，质量检验的弱点严重影响军需品的供应。为此，美国政府和国防部组织了一批统计专家和技术人员，研究军需品的质量和可靠性问题，促使数理统计在质量管理中的应用，先后制定了三个战时质量控制标准，标志着质量管理进入了统计质量控制阶段。

从质量检验阶段发展到统计质量控制阶段，质量管理的理论和实践都发生了一次飞跃，从事后把关变为预先控制，并很好地解决了全数检验和破坏性检验的问题，但也存在许多不足之处：

1）它仍然以满足产品标准为目的。

2）它仅偏重于工序管理，而没有对产品质量形成的整个过程进行管理。

3）统计技术难度较大，主要靠专家和技术人员，难以调动广大工人参与质量管理的积极性。

4）质量管理与组织管理没有密切结合起来，质量管理仅限于数学方法，常被忽略。由于上述问题，统计质量控制也无法适应现代工业发展的需要。质量管理开始走向全面质量管理阶段。

3. 全面质量管理阶段

全面质量管理阶段开始于20世纪60年代，至今仍在不断地发展和完善之中。促使统计质量控制向全面质量管理过渡的原因有以下几个方面：

1）科学技术的进步致使许多高精尖的产品涌现，这些产品的安全性、可靠性等方面的要求越来越高，统计质量控制的方法已不能满足这些高质量产品的要求。

2）随着生活水平的提高，人们对产品的品种和质量有了更高的要求，而且保护消费者权益的运动也向企业提出了"质量责任"问题，这就要求质量管理进一步发展。

3）系统理论和行为科学理论等管理理论的出现和发展，对企业组织管理提出了变革要求，并促进了质量管理的发展。

4）激烈的市场竞争要求企业深入研究市场需求情况，制定合适的质量标准，不断研制新产品，同时还要做出质量、成本、交货期、用户服务等方面的经营决策。而这一切均需要科学管理作指导，现代管理科学也就得到迅速的发展。正是在这样的历史背景和社会经济条件下，美国的费根堡姆和朱兰提出了"全面质量管理"的概念。

1961 年，费根堡姆出版了《全面质量管理》一书，其主要见解是：

1）质量管理仅仅靠数理统计方法是不够的，还需要一整套的组织管理工作。

2）质量管理必须综合考虑质量、价格、交货期和服务，而不能只考虑狭义的产品质量。

3）产品质量有一个产生、形成和实现的过程，因此质量管理必须对质量形成的全过程进行综合管理，而不应只对生产过程进行管理。

4）质量涉及企业的各个部门和全体人员，因此企业的全体人员都应具有质量意识和承担质量责任。

从统计质量控制阶段发展到全面质量管理阶段，是质量管理工作的一个新的飞跃。全面质量管理活动的兴起标志着质量管理进入了一个新的阶段，它使质量管理更加完善，成为一种新的科学化管理技术。随着对全面质量管理认识的不断深化，人们认识到全面质量管理实际上是一种以质量为核心的经营管理，可以称之为质量经营。例如日本结合国情，把全面质量管理同企业的经营联系在一起，提出了"全公司质量管理"的概念。

随着全面质量管理的发展，20 世纪 80 年代国际标准化组织（International Organization for Standardization，ISO）发布了第一个质量管理的国际标准 ISO 9000 标准；20 世纪 90 年代国际上又掀起了六西格玛管理的高潮。前者将质量管理形成标准，后者追求卓越的质量管理。

应该看到，质量管理发展的三个阶段不是孤立的、互相排斥的，而是前一个阶段是后一个阶段的基础，后一个阶段是前一个阶段的继承和发展。

1.1.2 质量特性

质量特性是指产品、过程或体系与要求有关的固有特性，可分为两大类：真正质量特性和代用质量特性。

质量概念的关键是"满足需求"。这些"需求"必须转化为有指标的特性，作为评价、检验和考核的依据。由于顾客的需求是多种多样的，所以反映质量的特性也应该是多种多样的。另外，不同类型的产品，其质量特性的具体表现形式也不尽相同。

1. 硬件产品的质量特性

（1）性能

性能通常是指产品在功能上满足顾客要求的能力，包括使用性能和外观性能。

（2）寿命

寿命是指产品能够正常使用的年限，包括使用寿命和储存寿命两种。使用寿命是指产品在规定的使用条件下完成规定功能的工作总时间。一般不同的产品对使用寿命有不同的要求。储存寿命是指在规定储存条件下，产品从开始储存到规定的失效的时间。

（3）可信性

可信性是用于表述可用性及其影响因素（可靠性、维修性和保障性）的集合术语。产品在规定的条件下，在规定的时间内，完成规定的功能的能力称为可靠性。维修性是指产品在规定的条件、时间、程序和方法进行维修，保持或恢复到规定状态的能力。保障性是指按规定的要求和时间，提供维修所需的资源的能力。显然，具备上述"三性"时，必然是一个可用，而且好用的产品。

（4）安全性

安全性是指产品在制造、流通和使用过程中保证人身安全与环境免遭危害的程度。世界各国对产品安全性都给予了最大的关注。

(5) 经济性

经济性是指产品寿命周期的总费用,包括生产、销售过程的费用和使用过程的费用。经济性是保证组织在竞争中得以生存的关键特性之一,是用户日益关心的一个质量指标。

2. 软件产品的质量特性

(1) 功能性

功能性是软件所实现的功能,即满足用户要求的程度,包括用户陈述的或隐含的需求程度。它是软件产品的首选质量特性。

(2) 可靠性

可靠性是软件产品的最重要的质量特性,反映软件在稳定状态下,维持正常工作的能力。

(3) 易用性

易用性反映软件与用户之间的友善性,即用户在使用软件时的方便程度。

(4) 效率

效率是指在规定的条件下,软件实现某种功能消耗物理资源的有效程度。

(5) 维护性

维护性是指软件在环境改变或发生错误时,进行修改的难易程度。易于维护的软件也是一个易理解、易测试和易修改的产品,是软件又一个重要的特性。

(6) 可移植性

可移植性是指软件能够方便地移植到不同运行环境的程度。

3. 流程性材料的质量特性

1) 物理性能,如密度、黏度、粒度、电传导性能等。

2) 化学性能,如耐腐蚀性、抗氧化性、稳定性等。

3) 力学性能,如强度、硬度、韧性等。

4) 外观,如色泽、几何形状等。

4. 服务的质量特性

(1) 无形性

无形性是指服务的抽象性和不可触知性。即服务作为无形的活动,不像实体产品那样展示在顾客的面前,看不见,摸不着,不易在头脑中成形,从而对服务质量的评价往往凭自己消费后所获得的满意程度做出,主观随意性较大。

(2) 储存性

储存性是指服务只存在于被产出的那个时点,"生产"一旦结束,服务作为产品也就不存在了。即一旦在限定的时间内丧失服务的机会,便不再复返。

(3) 同步性

同步性是指服务的生产和消费过程在时间和空间上同时并存,具有不可分割性。顾客参与其中,必须在服务的过程中消费服务。因此,服务质量是顾客对服务过程和服务结果的总评价。

(4) 异质性

异质性也称为可变性或波动性。即使是同一种类型的服务,也会因服务人员、顾客及环境的不同而不同,难以始终如一地提供稳定、标准化的服务。由于不稳定的服务会给顾客带来不公平的感觉,所以,提高服务的稳定性是服务组织提高质量的重点,也是难点。

1.1.3 质量产生、形成和实现的过程

产品质量有一个产生、形成和实现的过程。

1. 朱兰质量螺旋曲线

美国质量管理专家朱兰于 20 世纪 60 年代用一条螺旋曲线来表示质量的形成过程，称为朱兰质量螺旋曲线。朱兰质量螺旋曲线阐述了 5 个重要的理念：

1）产品质量的形成由市场研究、开发（研制）、设计、制定产品规格、制定工艺、采购、仪器仪表及设备装置、生产、工序控制、检验、测试、销售、服务 13 个环节组成。

2）产品质量形成的 13 个环节一环扣一环，周而复始，但不是简单的重复，而是不断上升、不断提高的过程，如图 1-1 所示。

3）产品质量形成是全过程的，对质量要进行全过程的管理。

4）产品质量形成的全过程受供方、销售商和顾客的影响，即涉及组织之外的因素，因此质量管理是一个社会系统工程。

5）所有的活动都由人来完成，质量管理应该以人为主体。

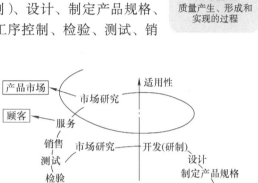

图 1-1 朱兰质量螺旋曲线示意图

2. 质量环

质量环是质量形成过程的另一种表示方式。所谓质量环，是指从识别需要到评定这些需要是否得到满足的各个阶段中，影响质量的相互作用活动的概念模式。硬件产品的质量环包括 12 个环节，其中，使用寿命终结时的处置或再生利用阶段主要是指那些如果任意废弃后会对公民健康和安全有不利作用的产品，用后一定要妥善处理。应注意的是，这种质量循环不是简单的重复循环，它与朱兰质量螺旋曲线意义相同，如图 1-2 所示。

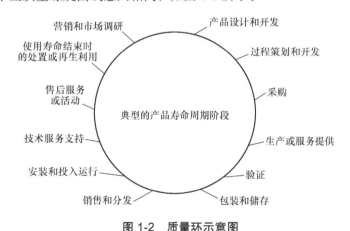

图 1-2 质量环示意图

3. 朱兰质量管理三部曲

第二次世界大战以后，日本从美国引进了统计质量管理的思想和方法，一举改变了日本产

品质量低劣的状况。20世纪70年代末期，日本产品开始大量进入美国市场，不断蚕食着美国企业的市场份额。对于美国企业来说，传统的质量控制方法面对这种状况已经显得力不从心，迫切希望有新的管理思想来指点迷津。朱兰博士便是担当这一使命的先驱者之一，他主张要想解决质量危机，就需要破除传统观念，从根本上改造传统的质量管理，按照新的行动路线来行事，这一路线便是朱兰所提出的三部曲，即质量管理是由质量策划、质量控制和质量改进这三个互相联系的阶段所构成的一个逻辑过程，并且每个阶段都有其关注的目标和实现目标的相应手段，如图1-3所示。

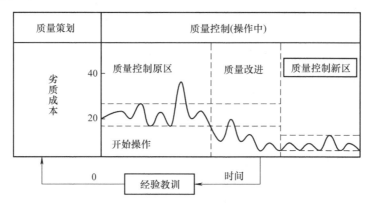

图1-3 朱兰质量管理三部曲示意图

质量策划是指明确企业的产品和服务所要达到的质量目标，并为实现这些目标所进行的各种活动的规划和部署的过程。通过质量策划活动，企业应当明确谁是自己的顾客，顾客的需求是什么，产品必须具备哪些特性才能满足顾客的需求；在此基础上，还必须设定符合顾客和供应商双方要求的质量目标，开发实现质量目标所必需的过程和工艺，确保过程在给定的作业条件下具有达到目标的能力，为最终生产出符合顾客要求的产品和服务奠定坚实的基础。

控制的一般含义是指制定控制标准、衡量实绩、找出偏差，并采取措施纠正偏差的过程。控制应用于质量领域便成为质量控制。质量控制也就是为实现质量目标而采取措施满足质量要求的过程。应用统计方法来解决质量问题是质量控制的主要特征之一。

质量改进是指突破原有计划，从而实现前所未有的质量水平的过程。实现质量改进有三个方面的途径：一是通过排除导致过程偏离标准的偶发性质量故障，使过程恢复到初始的控制状态；二是通过排除长期性的质量故障使当前的质量提高到一个新的水平；三是在引入新产品、新工艺时从计划开始就力求消除导致新的慢性故障和偶发性故障的各种可能性。

在质量管理的三部曲中，质量策划明确了质量管理所要达到的目标以及实现这些目标的途径，是质量管理的前提和基础；质量控制确保实物按照计划的方式进行，是实现质量目标的保障；质量改进则意味着质量水平的飞跃，标志着质量活动是以一种螺旋式上升的方法在不断攀升和提高。

1.1.4 质量管理理论及相关术语

1. 典型的汽车制造企业质量管理理论

（1）大众模式

大众汽车公司从上到下有一套专门的质量管理机构，从而保证了质量管理的严密性、完整性和高效性。首先在公司一级设有质量管理部,负责规划、贯彻和检查新产品质量。质量管理是从顾客的角度,提出产品质量要求,维护企业的长远利益。质量管理是全公司质量活动的中心,它直属于公司的董事会,对各部门的质量管理职能进行协调,以确保产品质量。其次在工厂一级设有质量管理科,它直接对公司的总经理、厂长负责。公司强调预防第一,努力把不合格的产品消除在生产过程中。为了保证生产高质量产品,公司按产品的生产过程,把质量管理划分为四个部分:批量生产前的质量保证、外协零部件的质量保证、自产零部件的质量保证、注意消费者手中的产品质量。

(2)丰田模式

丰田汽车公司的质量管理特色是从源头保证产品质量,以自动化为质量控制的重要手段,以方针目标管理为全公司开展质量管理活动的组织制度,以加强供应链的质量管理来保证产品的整体质量。

1)源头质量。丰田认为质量是制造出来的,而不是检验出来的,因此,丰田汽车公司把质量保证的重点放在了生产现场和工序作业管理,强调从源头保证产品质量。丰田汽车公司的质量管理制度规定,生产现场的管理人员和作业人员对产品质量负基本责任。公司要求,零部件生产出来之后马上对其进行质量检查的是作业人员,而不是质检人员。

2)自动化。自动化是丰田汽车公司质量控制的重要手段。丰田的自动化是指将人的智慧赋予机器,使机器设备能够自动判断工作状态的好坏,自动检测出不合格品,并在不合格品产生时马上停止工作,从而阻止不合格品的继续生产。

3)方针目标管理。丰田汽车公司的质量管理是所有部门、全过程、全员的质量管理。为了有效地实现全公司的质量管理,专门建立了完善的管理体制。方针目标管理就是对全公司的质量管理具有支撑作用的一种管理体制。丰田汽车公司于1963年引入了方针目标管理。每年年初,丰田以"公司方针和目标"的形式,发布公司所策划和制定的公司前进指南、前进目标和实现目标的各种方法和措施,并且将其详细地分解到各工厂的厂长方针目标、部长方针目标等中。所有的方针目标都以计划书的形式要求相应部门予以贯彻。

4)供应链质量管理。汽车制造所需的零部件种类繁多,但是丰田汽车公司零部件的自制率却非常低,这是因为80%的零部件是协作企业生产的。在这种情况下,丰田汽车的整体质量水平还取决于协作企业的质量管理水平。为此,丰田号召所有协作企业共同为保证丰田汽车的质量而齐心协力、团结奋斗。在丰田汽车公司的有效影响下,其协作企业能够供应优质零部件与材料,从而保证了供应链的整体质量。

2. 相关术语

与质量管理相关的术语众多,这里选择一些主要的术语进行详细介绍。

(1)质量管理

ISO 9000:2008标准将质量管理定义为"在质量方面指挥和控制组织的协调的活动"。这些活动包括制定质量方针和质量目标以及进行质量策划、质量控制、质量保证和质量改进。

从定义可知,组织的质量管理是指挥和控制组织与质量有关的相互协调的活动。它是以质量管理体系为载体,通过建立质量方针和质量目标,并为实施规定的质量目标进行质量策划,实施质量控制和质量保证,开展质量改进等活动予以实现的。在整个生产和经营过程中,需要对质量、计划、劳动、人事、设备、财务和环境等各个方面进行有序的管理。质量管理的中心任务是建立、实施和保持一个有效的质量管理体系并持续改进其有效性。

（2）质量方针

ISO 9000：2008 标准将质量方针定义为"由组织的最高管理者正式颁布的该组织总的质量宗旨和质量方向"。所谓组织，是指职责、权限和相互关系得到安排的一组人员及设施。定义中的组织是广义的概念，是指公营、私营或联营的具有自身功能的、独立经营管理的公司、社团、商行、企事业单位或公共机构，或其中一部分。

从定义可知，质量方针是一个组织总方针的重要组成部分，由最高管理者批准颁布，但质量方针的制定与实施是与组织中的每一个成员密切相关的。管理者应将质量方针正式地文件化，以保证所有有关的人员理解该方针，并且采用适当的步骤全面地实施。管理者应该明确，该企业的主要目标之一是让用户完全满意，因为企业的生存任何时候都离不开消费者的支持。管理者对质量方针的保证也应该明确地表示出来。

良好的质量是集体合作努力的结果，而不是靠管理者的指令，因此，质量方针应该是全部有关人员的共识并参与制定，而且还应把企业的背景、文化、技术和市场走向及管理者的长期目标考虑进去。

质量方针应该由高层管理者签发，它表明了企业对质量的承诺，并且将正确的信息传达给下级岗位的员工，以确保质量方针的有效实施。在企业内部，还应该用通俗易懂的语言向尽可能多的人宣传质量方针，应该让员工意识到企业目标和为达到这些目标而始终如一地执行质量方针的必要。

培养员工树立质量意识的最好方法是各级管理者以身作则。高层管理者应该坚持执行质量方针，尽管在其实施过程中，可能出现产品拒收、原材料作废或成本的暂时增加。如果高层管理者在实施质量方针时态度不坚决、不彻底，将给企业造成严重的长期影响，员工可能从此不再严格执行质量方针。

（3）质量策划

ISO 9000：2008 标准将质量策划定义为"质量管理的一部分，确定质量以及采用质量体系要素的目标和要求的活动"。从定义可知，质量策划的目的是保证最终的结果能满足顾客的需求。

质量策划属于"指导"与质量有关的活动，也就是"指导"质量控制、质量保证和质量改进的活动。在质量管理中，质量策划的地位低于质量方针的建立，是设定质量目标的前提，高于质量控制、质量保证和质量改进。质量控制、质量保证和质量改进只有经过质量策划，才可能有明确的对象和目标，才可能有切实的措施和方法。因此，质量策划是质量管理诸多活动中不可或缺的中间环节，是连接质量方针和具体的质量管理活动之间的桥梁和纽带。

（4）质量控制

ISO 9000：2008 标准将质量控制定义为"质量管理的一部分，致力于满足质量要求的活动"。

从定义中可知，质量控制的目的是确保产品、过程或体系的质量能满足组织自身、顾客及社会三方面所提出的质量要求。它通过采取一系列作业技术和活动对质量形成的各个过程实施控制，排除会使质量受到损害而不能满足质量要求的各项因素，以减少经济损失，取得经济效益。

质量控制是为了达到规定的质量要求，预防不合格产品发生的重要手段和措施，组织应对影响产品、过程和体系质量的有关人员、技术和管理三方面的因素予以识别，在实施质量控制时，首先应进行过程因素分析，找出起主导作用的因素加以控制，这样才能取得预期效果。

质量控制应贯穿产品形成和体系运行的全过程。每一个过程都有输入、转换和输出三个环节，通过对每一过程三个环节实施有效的控制，对产品质量有影响的各个过程才能处于受控状态，持续提供符合规定要求的产品才能得到保障。质量控制程序为：

1）对影响产品质量各环节、各因素制定计划和程序，建立质量控制计划和标准。

2）在实施过程中进行连续评价和验证，发现问题进行分析，对异常情况进行处理并采取纠正措施，防止再发生。

为了使质量控制发挥作用，必须注重以下环节：

1）对影响达到质量要求的各种作业技术和活动都要制定计划和程序。

2）保证计划和程序的实施，并在实施过程中进行连续的评价和验证。

3）对不符合计划和程序活动的情况进行分析，对异常活动进行处置并采取纠正措施。

（5）质量保证

ISO 9000：2008 标准将质量保证定义为"质量管理的一部分，致力于对达到质量要求提供信任的活动"。从定义中可知，质量保证的核心是使人们确信产品或服务能满足质量要求。

根据目的的不同，质量保证可分为内部质量保证和外部质量保证两类。内部质量保证的主要目的是使组织的最高管理者确信组织的产品、过程或体系能满足质量要求。为此，组织中应有一部分管理人员专门从事监督、验证和质量审核活动，以便及时发现质量控制中的薄弱环节，提出改进措施，促使质量控制能更有效地实施，从而使组织的最高管理者"放心"。但是，随着人们对质量问题认识的进一步深入，组织的最高管理者也有向组织的全体员工提供信任的必要，这是建立全体员工对于组织质量管理的信心的重要活动。因此，内部质量保证是组织的最高管理者实施质量活动的一种重要的管理手段。外部质量保证是指在合同或其他外部条件下，向顾客或第三方提供信任，使顾客或第三方确信本组织已建立了完善的质量管理体系，对合同产品有一整套完善的质量控制方案、办法，有信心相信组织提供的产品能达到合同所规定的质量要求。一般说来，外部质量保证必须要有证实文件。

在外部质量保证中，有两种形式可以取得顾客的信任：一种是组织接受顾客或以顾客名义的第二方质量管理体系审核；另一种是组织向独立的、公正的第三方审核机构申请质量体系认证和注册，以证实组织符合质量管理体系的要求，保证产品质量得到系统的控制。

（6）质量管理体系

ISO 9000：2008 标准将质量管理体系定义为"在质量方面指挥和控制组织的体系"。体系是指相互关联或相互作用的一组要素，其中的要素是指构成体系的基本单元或可理解为组成体系的基本过程。

因此，管理体系是指建立方针和目标并实现这些目标的相互关联或相互作用的一组要素。组织建立管理体系首先应致力于建立相应的方针和目标，然后设计出为实现该方针和目标所需的一组相互关联和相互作用的要素（基本单元）。当然，这些相互关联和相互作用的要素应由一定的组织结构来承担。这就需要在组织内明确组织结构和职责，提供必要的资源，规定开展各项活动的方法和途径。

一个组织可以有若干个管理体系，如质量管理体系、环境管理体系和职业健康安全管理体系等。质量管理体系是组织若干个管理体系中的一个组成部分，它致力于建立质量方针和目标，并为实现质量方针和目标确定相关的组织机构、过程、活动和资源。质量管理体系由管理职责、资源管理、产品实现和测量、分析与改进四个过程（要素）组成。

（7）质量改进

ISO 9000：2008 标准将质量改进定义为"质量管理的一部分，致力于增强满足质量要求的能力"。从定义可知，质量改进的对象是产品或服务质量以及与其有关的工作质量。质量改进的最终效果是获得比原来目标高得多的产品或服务。

质量是组织在竞争中取胜的重要手段，为了增强组织的竞争力，必须进行持续的质量改进。为此，组织应确保质量管理体系能推动和促进待续的质量改进，使其质量管理工作的有效性和效率能使顾客满意，并为组织带来持久的效益。所谓有效性，是指完成策划的活动和达到策划结果的程度的度量；效率是指达到的结果与所使用的资源之间的关系。有效性和效率之间的关系对组织质量管理活动而言是密不可分的。离开效率，将付出高昂的代价换得有效性的结果；离开有效性，高效率的后果将是可怕的。另外，质量要求是多方面的，除有效性和效率外，还有可追溯性等。所谓可追溯性，是指追溯所考虑对象的历史、应用情况或所处场所的能力。当考虑的对象为产品时，可追溯性可涉及原材料和零部件的来源、加工过程的历史、产品交付后的分布和场所等。为此，组织的质量管理活动必须追求持续的质量改进。组织开展质量改进应注意以下几点：

1）质量改进是通过改进过程来实现的。组织产品质量的提高，必须通过改进形成质量的过程来实现。

2）质量改进致力于经常寻找改进机会，而不是等待问题暴露后再捕捉机会。对于质量改进的识别主要基于组织对降低质量损失的考虑和与竞争对手比较中存在的差距。

3）对质量损失的考虑依据三个方面的分析结果：顾客满意度、过程效率和社会损失。这三个方面的质量损失问题不仅为质量改进制造了机会，也为质量改进效果的评价提供了分析比较的依据。

1.2 质量管理工作方式

质量管理工作，必须做好一系列的基础工作和掌握一些实用的质量管理工具。扎实的基础工作和运用质量管理工具将为质量管理的顺利进行和不断发展提供保证。基础的质量管理工作方式包括质量责任制、质量控制计划、计量管理、质量信息管理、标准化管理和质量管理小组，常用的质量管理工具包括调查表、排列图、因果图、分层法、直方图、散布图和控制图。

1.2.1 质量管理方式

1. 质量责任制

明确管理者的责任和权限，是从事管理工作的一般原则。建立质量责任制，就是要明确规定质量形成过程各个阶段、各个环节中每个部门、每个程序、每个岗位、每个人的质量责任，明确其任务、职责、权限及考核标准等，使质量工作事事有人管，人人有专责，办事有标准，工作有检查、有考核，职责分明，功过分明，从而把与产品质量有关的各项工作与全体员工的积极性结合起来，使企业形成一个严密的质量责任系统。

建立质量责任制，必须首先明确质量责任制的实质是责、权、利的统一。只有"责"、没有"权"和"利"的责任制是行不通的，甚至会适得其反。质量责任制的责、权必须相互依存，必须相当，同时要和员工的利益挂钩，以起到鼓励和约束的作用。企业领导要对企业的质量工作负责，必须赋予其相应的决策权、指挥权；班组长要对本班组出现的质量问题负责，必须赋予其管理班组工作的权力，同样，一个操作工人要担负起质量责任，也必须授之以按照规定使用的设备和工具，拒绝上道工序流转下来的不合格品等权力。同时，要使其获得与其工作绩效相当的经济效益。

质量责任制的内容应包括企业各级领导、职能部门和工人的质量责任制，以及横向联系和质量信息反馈的责任。

2. 质量控制计划

质量控制计划是为了达到公司质量目标而制定的质量计划，它应形成书面文件，是质量体系文件的组成部分。要保证产品质量，必须加强对生产过程的质量的控制。质量控制是为了达到质量要求所采取的作业技术和活动。其目的在于监视过程并排除质量环所有阶段中不满意的因素，以此来确保产品质量。无论是零部件产品还是最终产品，它们的质量都可以用质量特性围绕设计目标值波动的大小来描述。波动越小，质量水平越高。当每个质量特性值都达到设计目标值，即波动为零时，该产品的质量达到最高水平。但实际上这是不可能的。因此，必须进行生产过程质量控制，最大限度地减少波动。

3. 计量管理

计量是实现单位统一、保证量值准确可靠的活动。具体地说，就是采用计量器具对物料以及生产过程中的各种特性和参数进行测量。因此，计量是企业生产的基础，计量工作是质量管理的基础工作之一，没有计量工作的准确性，就谈不上贯彻产品质量标准、保证产品质量，也谈不上质量管理的科学性和严肃性。

计量工作的主要要求如下：

1）计量器具和测试设备必须配备齐全。
2）根据具体情况选择正确的计量测试方法。
3）正确、合理地使用计量器具，保证量值的准确和统一。
4）严格执行计量器具的检定规程，计量器具应及时修理和报废。
5）做好计量器具的保管、验收、储存、发放等组织管理工作。

为做好上述工作，企业应设置专门的计量管理机构和建立计量管理制度。

4. 质量信息管理

质量信息是有关质量方面的有意义的数据，是指反映产品质量和企业生产经营活动各个环节工作质量的情报、资料、数据、原始记录等。

质量信息是组织开展质量管理活动的一种重要资源，为了确保质量管理的有效运行，应将质量信息作为一种基础资源进行管理。为此，应当做好以下工作：

1）识别信息需求。
2）识别并获得内部和外部的信息来源。
3）将信息转化为对组织有用的知识。
4）利用数据、信息和知识来确定并实现组织的战略和目标。
5）确保适宜的安全性和保密性。
6）评估因使用信息所获得的收益，以便对信息和知识的管理进行改进。

5. 标准化管理

俗话说，无规矩不成方圆。开展质量管理工作，也需要有一个"标准"，这也是保证产品质量的前提之一。标准是对重复性事物和概念所做的统一规定。它以科学、技术、实践经验的综合成果为基础，经过有关方面协商一致，由主管部门批准，以特定形式发布，作为共同遵守的准则和依据。按标准的对象划分，标准可以分为技术标准、管理标准和工作标准。

（1）技术标准

技术标准是指对标准化领域中需要协调统一的技术事项所制定的标准，它是从事生产、建设及商品流通的一种共同遵守的技术依据。也就是说，技术标准是根据生产技术活动的经验和总结，作为技术上共同遵守的规则而制定的各项标准，如为科研、设计、工艺、检验等技术工作，为产品或工程的技术质量以及各种技术设备和工装、工具等制定的标准。技术标准是一个大类，可以进一步分为：基础性技术标准，产品标准，工艺标准，检测试验标准，设备标准，原材料、半成品、外购件标准，安全、卫生、环境保护标准等。

（2）管理标准

管理标准是指对标准化领域中需要协调统一的管理事项所制定的标准，是正确处理生产、交换、分配和消费中的相互关系，使管理机构更好地行使计划、组织、指挥、协调、控制等管理职能，有效地组织和发展生产而制定和贯彻的标准，它把标准化原理应用于基础管理，是组织和管理生产经营活动的依据和手段。

管理标准主要是对管理目标、管理项目、管理程序、管理方法和管理组织方面所做的规定。按照管理的不同层次和标准的适用范围，管理标准又可分为管理基础标准、技术管理标准、经济管理标准、行政管理标准和生产经营管理标准五大标准。

（3）工作标准

工作标准是对标准化领域中需要协调统一的工作事项所制定的标准。它是对工作范围、构成、程序、要求、效果和检验方法等所做的规定，通常包括工作的范围和目的、工作的组织和构成、工作的程序和措施、工作的监督和质量要求、工作的效果与评价、相关工作的协作关系等。工作标准的对象主要是人。

标准化是指为在一定范围内获得最佳秩序，对实际的或潜在的问题制定共同的和重复使用的规则的活动。标准化的主要内容就是使标准化对象达到标准化状态的全部活动及其过程，它包括制定、发布和实施标准。标准化的目的就在于追求一定范围内事物的最佳秩序和概念的最佳表述，以期获得最佳的社会效益和经济效益。

6. 质量管理小组

质量管理小组是日本受到我国"鞍钢宪法"三结合小组的启发于1962年提出的。质量管理小组是全面质量管理的群众基础，它是以保证和提高质量为目的，围绕现场存在的问题，由班组工人或科室人员在自愿的基础上所组成的开展质量管理活动的小组。开展质量管理小组活动，要做到组织、研究课题、措施与效果"四落实"，要把学习与创造相结合、成果发表与竞赛评比相结合、思想教育与物质鼓励相结合，稳步发展，不断提高。

1.2.2 质量管理工具

质量管理的发展经历了三个阶段：质量检验阶段、统计质量控制阶段和全面质量管理阶段。在全面质量管理阶段，所谓质量管理工具，就是在开展全面质量管理活动中，用于收集和分析质量数据，分析和确定质量问题，控制和改进质量水平的常用方法。这些方法不仅科学，而且实用，应该学习和

微课视频
质量管理工具之调查表、排列图、因果图和分层法

掌握它们。

1. 调查表

调查表又称为检查表、统计分析表，是一种收集整理数据和粗略分析质量原因的工具，是为了调查客观事物、产品和工作质量，或为了分层收集数据而设计的图表。调查表实质上是利用统计表对数据进行整理和初步分析原因的一种工具，特点是简单、实用、有效，其格式可多种多样。

调查表把产品可能出现的情况及其分类预先列成统计调查表，在检查产品时只需要在相应分配中进行统计，并可从中进行粗略的整理和简单的原因分析，为下一步的统计分析与判断质量状况创造良好条件。

为了能够获得良好的效果、可比性和准确性，调查表的设计应简单明了、突出重点，应填写方便、符号好记；填写好的调查表要定时、准确地更换并保存，数据要便于加工整理，分析整理后及时反馈。某不合格原因调查表见表1-1。

表1-1 某不合格原因调查表

设备	操作者	星期一		星期二		星期三		星期四		星期五	
		上午	下午	上午	下午	上午	下午	上午	下午	上午	下午
机器Ⅰ	A										
	B										
机器Ⅱ	A										
	B										

注：○—表面擦伤；×—砂眼；●—外形异常；□—其他；△—最终不合格。

2. 排列图

排列图又称为帕累托图、主次因素分析图。它是将质量改进项目（或影响质量的各种因素）从最重要到最次要进行排列而采取的一种图表技术。排列图建立在帕累托原理（80/20法则）基础上，即少数的因素往往产生主要的影响（关键的少数和次要的多数），因此又叫帕累托图。

后来，美国质量管理专家朱兰把帕累托的这种关系应用到质量管理中，发现尽管影响产品质量的因素有许多，但关键的因素往往只是少数几项，它们造成的不合格品占绝大多数。在质量管理中运用排列图，就是根据"关键的少数和次要的多数"的原理，对有关产品质量的数据进行分类排列，用图形表明影响产品质量的关键所在，从而知道哪个因素对质量的影响最大，改善质量的工作应从哪里入手最为有效，经济效果最好。

排列图由两个纵坐标、一个横坐标、几个直方图和一条曲线组成。左边的纵坐标表示频数，右边的纵坐标表示累计百分比，横坐标表示影响产品质量的各个因素，按影响程度的大小从左至右排列；直方形的高度表示某个因素影响的大小；曲线表示各因素影响大小的累计百分比，这条曲线称为帕累托曲线。通常将累计百分比分为三个等级：累计百分比为 0~80% 的因素为 A 类，显然它是主要因素；累计百分数为 80%~90% 的因素为 B 类，是次要因素；累计百分比为 90%~100% 的为 C 类，在这一区间的因素为一般因素。图 1-4 所示为某不合格品原因分析排列图。

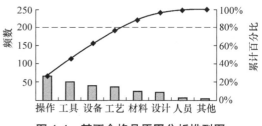

图 1-4 某不合格品原因分析排列图

3. 因果图

质量管理的目的在于减少不合格品，保证和提高产品质量，降低成本和提高效率，控制产品质量和工作质量的波动以提高经济效益。但是，在实际设计、生产等各项工作中常常出现质量问题。为了解决这些问题，就需要查找原因，寻找对策，采取措施，以解决问题。影响产品质量的原因有时是多种多样、错综复杂的，概括起来，有两种互为依存的关系，即平行关系和因果关系。如果能找到质量问题的主要原因，便可针对这种原因采取措施，使质量问题迅速得到解决。假如这些问题能用排列图定量地加以分析，当然很好，但有时存在困难，例如，很难把引起质量问题的各种原因的单独影响区分开来，因为它们的作用往往是交织在一起的。

因果图就是用来表示和分析质量问题与其潜在的原因关系的一种图表，它以结果为特性，以原因为因素。在它们之间用箭头联系起来，表示因果关系的图形，又称为特性要因图，或形象地称为树枝图或鱼刺图，是由日本质量管理学者石川馨在 1943 年提出的，因此也称为石川图。它从产生问题的结果出发，首先找出产生问题的大原因，然后通过大原因找出中原因，再进一步找出小原因，以此类推，步步深入，一直找到能够采取措施为止，是一种有效的定性分析方法，如图 1-5 所示，广泛应用于制造业和服务业中。

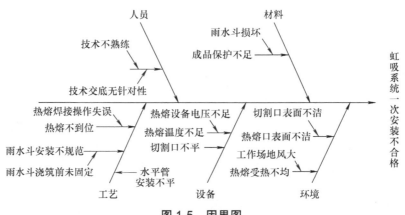

图 1-5 因果图

4. 分层法

引起质量波动的原因是多种多样的，因此收集到的质量数据往往带有综合性。为了真实地反映产品质量波动的实质原因和变化规律，就必须对质量数据进行适当归类和整理。分层法是分析产品质量原因的一种常用的统计方法，它能使杂乱无章的数据和错综复杂的因素系统化和条理化，有利于找出主要的质量原因和采取相应的技术措施。

质量管理中的数据分层就是将数据根据使用目的，按其性质、来源、影响因素等进行分类的方法，是把不同材料、不同加工方法、不同加工时间、不同操作人员、不同设备等各种数据加以分类的方法，也就是把性质相同、在同一生产条件下收集到的质量特性数据归为一类。

分层法经常和质量管理中的其他方法一起使用，如将数据分层之后再加工整理成分层排列图、分层直方图、分层控制图和分层散布图等。

分层法的一个重要的原则是，使同一层内的数据波动尽可能小，而层与层之间的差别尽可能大，否则就起不到归类汇总的作用。一般说来，分层可采用以下标志：

1）操作人员：可按年龄、工级和性别等进行分层。
2）机器：可按不同的工艺设备类型、新旧程度、不同的生产线等进行分层。
3）材料：可按产地、批号、制造厂、规范、成分等进行分层。
4）方法：可按不同的工艺要求、操作参数、操作方法和生产速度等进行分层。
5）时间：可按不同的班次、日期等进行分层。

5. 直方图

直方图又称为质量分布图，是通过对测定或收集来的数据加以整理，来判断和预测生产过程质量和不合格品率的一种常用工具。

微课视频
质量管理工具
之直方图

直方图法适用于对大量计量值数据进行整理加工，找出其统计规律，分析数据分布的形态，以便对其总体的分布特征进行分析。直方图的基本图形为直角坐标系下若干依照顺序排列的矩形，各矩形底边相等，称为数据区间，矩形的高为数据落入各相应区间的频数。

在生产实践中，尽管收集到的各种数据含义不同、种类有别，但都具有这样一个基本特征：毫无例外地都具有分散性，即数据之间参差不齐，如同一批加工零件的几何尺寸不可能完全相同；同一批材料的机械性能各有差异；同一根金属软管各段的疲劳寿命各不相同。数据的分散性是产品质量本身的差异所致，是由生产过程中条件变化和各种误差造成的，即使条件相同、原料均匀、操作谨慎，生产出来的产品质量数据也不会完全一致。这仅是数据特征的一个方面。另一方面，如果收集数据的方法得当，收集的数据又足够多，经过仔细观察或适当整理，可以看出这些数据并不是杂乱无章的，而是呈现出一定的规律性。要找出数据的这种规律性，最好的办法就是通过对数据的整理做出直方图，通过直方图可以了解到产品质量的分布状况、平均水平和分散程度。这有助于判断生产过程是否稳定正常，分析产生产品质量问题的原因，预测产品的不合格率，提出质量改进措施。

直方图的制作步骤如下：

1）找出最大值 L、最小值 S。本例中 L 为 15.0，S 为 12.9，见表 1-2。

表 1-2 数据表

月/日	数据				
	$x1$	$x2$	$x3$	$x4$	$x5$
5/7	13.6	14.0	14.0	14.4	14.5
5/8	14.6	13.7	14.7	13.6	14.3
5/9	14.4	14.0	13.7	14.1	13.9
5/10	13.1	14.4	14.4	14.9	14.0
5/11	13.6	13.8	13.8	13.6	13.8

（续）

月／日	数据				
	x1	x2	x3	x4	x5
5/15	13.8	14.2	13.9	13.7	14.8
5/16	14.1	14.0	13.0	14.2	14.7
5/17	14.0	13.7	13.8	14.2	14.7
5/18	13.5	14.1	14.0	13.6	14.3
5/22	⑮.0	13.9	13.5	13.9	14.2
5/23	13.7	14.0	14.1	13.7	13.5
5/24	14.0	13.2	14.5	13.9	14.2
5/25	13.9	14.8	13.6	14.0	14.8
5/29	13.5	13.9	14.0	14.7	14.5
5/30	14.4	14.5	13.8	13.3	14.0
5/31	14.2	14.1	13.5	14.3	14.0
6/1	13.4	14.3	14.2	14.1	13.9
6/5	14.2	13.7	13.8	14.1	13.7
6/6	13.9	14.5	14.0	13.3	13.8
6/7	14.1	⑫.9	13.9	14.1	13.7

2）设定分级数 n，一般取 10 或 $\sqrt{n}$ 或 $1+3.32\lg n$，组数不宜过多或过少。算出级间距 $(L-S)/n$，本例中共有 100 个数据，级间距为 $(15.0-12.9)/10=0.21$。

3）决定级柱宽，以测量的最小单位对第二步算出的级间距取整，得出级柱宽。本例中最小测量单位为 0.1mm，因此将 0.21mm 取整得到 0.2mm 或 0.3mm，本例取 0.2mm。

4）定出各级的界限值。界限值一般精确到最小测量单位的 1/2，本例中最小测量单位为 0.1mm，则界限值为 0.05mm。第一级的下限值 = 最小值 - 最小测量单位 /2 = 12.9 - 0.1/2 = 12.85（mm）。级柱宽为 0.2mm，因此第一级为 12.85~13.05，其他依此类推。

5）做出频度分布表。根据表 1-2 中测量到的一组数据，将级的极限值和中心值填入表 1-3 中，逐个确认表 1-2 中的数据属于哪个级，记录频数。

表 1-3 频数记录表

级号	各级的界限值	中心值	频数记录	频数（f）
1	12.85~13.05	12.95		2
2	13.05~13.25	13.15		2
3	13.25~13.45	13.35		3
4	13.45~13.65	13.55		11
5	13.65~13.85	13.75		18
6	13.85~14.05	13.95		24
7	14.05~14.25	14.15		16
8	14.25~14.45	14.35		10
9	14.45~14.65	14.55		5
10	14.65~14.85	14.75		7
11	14.85~15.05	14.95		2
合计	—	—		100

6) 做出直方图，如图 1-6 所示。

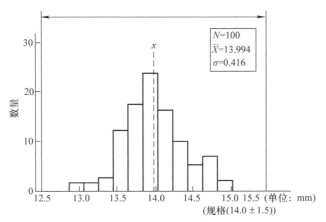

图 1-6　直方图

① 横轴画出级的界限值，并标上数值。
② 纵轴标上度数（个数）。
③ 画出柱形。
④ 写上部品名、测量部位、测量时间、做成日、做成者、数据个数等必要事项。

直方图能比较形象、直观、清晰地反映产品质量的分布情况，观察直方图时，应该着眼于整个图形的形态，对于局部的参差不齐不必计较。根据形状判断它是正常型还是异常型，如果是异常型，还要进一步判断它是哪种类型，以便分析原因，采取措施。常见的直方图形状有八种，如图 1-7 所示。

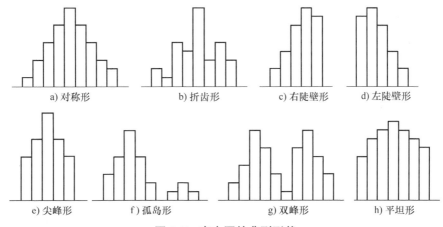

图 1-7　直方图的典型形状

1）对称形，如图 1-7a 所示。对称形直方图是中间高、两边低、左右基本对称，符合正态分布。这说明过程处于稳定状态。

2）折齿形，如图 1-7b 所示。折齿形直方图像折了齿的梳子，出现凹凸不平的形状，这多数是因为测量方法或读数有问题，也可能是作图时数据分组不当引起的。

3）陡壁形，如图 1-7c、图 1-7d 所示。陡壁形直方图像高山陡壁，向一边倾斜，一般在产品质量较差时，为得到符合标准的产品，需要进行全数检验来剔除不合格品。当用剔出了不合格品后的产品数据做直方图时，容易产生这种类型。

4）尖峰形，如图 1-7e 所示。尖峰形直方图的形状与对称形差不多，只是整体形状比较单薄，这种直方图也是从稳定正常的工序中得到的数据做成的直方图，说明过程处于稳定状态。

5）孤岛形，如图 1-7f 所示。孤岛形直方图旁边有孤立的"小岛"出现。原材料发生变化，测量仪器出现系统偏差，短期间内由不熟练工人替班等原因，容易出现这种情况。

6）双峰形，如图 1-7g 所示。观察值来自两个总体，即当两种不同分布（且其平均值相差较大）混在一起时，常出现这种形状。这往往是由于将不同原料、不同机床、不同工人、不同操作方法等加工的产品混在一起所造成的，此时应进行分层处理。

7）平坦形，如图 1-7h 所示。平坦形直方图没有凸出的顶峰，顶部近乎平顶，这可能是由于多种分布混在一起，或生产过程中某种缓慢的倾向在起作用，如工具的磨损，操作者的疲劳的影响，质量指标在某个区间中均匀的变化。

6. 散布图

散布图，又称为相关图，是描绘两种质量特性值之间相关关系的分布状态的图形，即将一对数据看成直角坐标系中的一个点，多对数据得到多个点组成的图形即为散布图。散布图的主要作用是直观判断两种对应数据之间有无相关性、相关关系是一种什么状态；相关数数值为进一步的回归分析提供依据，是进一步建立有效模型的前提条件。

微课视频
质量管理工具
之散布图

散布图的制作步骤如下：

1）选定对象。可以选择质量特性值与因素之间的关系，也可以选择质量特性与质量特性值之间的关系，或者是因素与因素之间的关系。

2）收集数据。一般需要收集成对的数据 30 组以上。数据必须是一一对应的，没有对应关系的数据不能用来做相关图。

3）画出横坐标 x 与纵坐标 y，填上特性值标度。一般横坐标表示原因特性，纵坐标表示结果特性。进行坐标轴的分计标度时，应先求出数据 x 与 y 的各自的最大值与最小值。划分间距的原则是，应使 x 最小值至最大值（在 x 轴上）的距离，大致等于 y 最小值至最大值（在 y 轴上）的距离。其目的是防止判断的错误。

4）根据每一对数据的数值逐个画出各组数据的坐标点。

散布图的类型主要看点的分布状态，判断自变量 x 与因变量 y 之间有无相关性。两个变量之间的散布图的图形形状多种多样，归纳起来有六种类型，如图 1-8 所示。

1）强正相关，如图 1-8a 所示。其特点是 x 增加，y 也明显增加，说明 x 是影响 y 的显著因素，原因与结果有相对的正相关关系。

2）弱正相关，如图 1-8b 所示。其特点是 x 增加，y 也增加，但不显著，说明 x 是影响 y 的因素，原因与结果有一定的相关关系，但不是唯一因素，可能还受其他因素影响。

3）不相关，如图 1-8c 所示。其特点是 x、y 之间不存在相关关系，说明 x 不是影响 y 的因素。这时应将数据进行分层处理后再分析，寻找其他影响因素。

4）强负相关，如图 1-8d 所示。其特点是 x 增加，导致 y 明显减少，说明 x 是影响 y 的显著因素，x、y 之间相关关系明显。

5）弱负相关，如图 1-8e 所示。其特点是 x 增加，也导致 y 减少，但不显著，说明 x 是影响 y 的因素，但不是唯一因素，可能还受其他因素影响，x、y 之间有一定的相关关系。

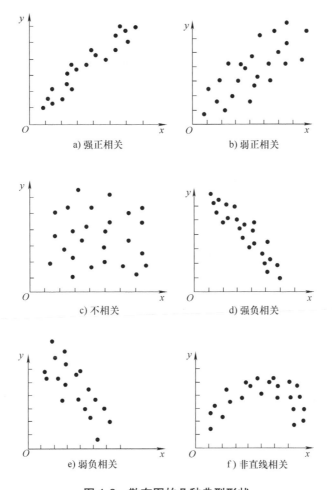

图 1-8 散布图的几种典型形状

6）非直线相关，如图 1-8f 所示。其特点是 x 增加，y 也增加，但 x 增加到某一值后，y 反而开始减少，说明 x、y 之间存在着某种非线性关系，x 仍是影响 y 的显著因素。

7. 控制图

控制图又称为管理图，最早是由美国贝尔电话研究室工程师休哈特在 1924 年首先提出来的一种质量控制工具。

它是根据数理统计学的相关理论构造出的一种图，运用它可以对生产工序过程进行动态控制，可用来区分引起质量波动的原因是偶然的还是系统的，还可以提供系统原因存在的信息，从而判断生产过程是否处于受控状态，具有稳定生产，保证质量、积极预防的作用。控制图的基本格式如图 1-9 所示。

微课视频
质量管理工具
之控制图

在控制图中，由上、下控制界限到中心线的区域又分别可分为 A、B、C 三个区域，如图 1-10 所示。

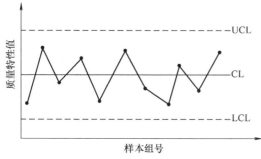

图 1-9 控制图的基本格式

图 1-10 控制图的分区

在控制图中，当点出现以下情况时，应判断生产过程发生异常：

1）点越出控制界限。
2）点在中心线的一侧连续出现 7 次以上。
3）连续 6 点出现递增或递减。
4）连续 14 点中的相邻点总是上下交替。
5）连续 3 个点中，至少有 2 点（可以不连续）在上方或下方 B 区以外出现（即很接近控制界限）。
6）连续 5 点中有 4 点落在中心线同一侧的 C 区以外。
7）连续 15 点落在中心线同两侧 C 区之间。
8）连续 8 点落在中心线两侧且无 1 点在 C 区中。

对于以上七种质量管理工具的作用及使用方法，可以借助以下口诀学习和运用："调查集数据、分层作解析、排列抓重点、鱼骨追原因、散布看相关、直方显分布、控制找异常。"

 课程育人

课程育人之一

"中国制造"不论是"先进"，还是"智能"，均离不开"高质量"这一基本条件。就是以中国质量提振"中国制造"的经典案例。中国第二重型机械集团成功建成世界最大模锻液压机，中国的这台 8 万吨级模锻液压机，打破了苏联保持 51 年的世界纪录，中国日后必将成为世界锻压行业新的霸主。另外，"中国质量"还需要"工匠精神"，比如，潍柴动力股份有限公司首席技师王树军，针对该批次加工中心的设计"卡脖子"难题，继而通过拆解废弃光栅尺、3D 建模构建光栅尺气路空气动力模型，利用欧拉运动微分方程计算出 16 处气路支路负压动力值，搭建了全新气密气路，该方案成功取代原设计，攻克了该加工中心光栅尺气密保护设计缺陷难题，将故障率由 40% 降至 1%，年创造经济效益 780 余万元，该设计填补国内空白，也成为中国工人勇于挑战进口设备行业难题的经典案例。

对王树军不畏艰苦、为国奉献、民族自尊、自信的精神进行学习，同学们应像工匠一样对待自己的专业学习，将来在工作岗位上精益求精，要具有既追求极致，又敢于创新，能迎难而上"啃硬骨头"的学习、工作精神。通过这种教育形式培养同学们的正确的世界观、人生观和价值观，实现对大学生的价值引领，增强民族自尊心、自信心，是"爱国、敬业"的社会主义核心价值观的体现。

项目 2
质量管理体系

任务描述

我国某汽车零部件生产企业想要成为某国际知名的汽车制造商的供应商,但该汽车制造商以没有进行国际通用的质量管理体系认证为由拒绝了该企业。该汽车零部件生产企业若要进行质量管理体系认证,ISO 9001 认证和 TS16949 认证哪种更为合适?

学习目标

1. 能够描述质量管理体系的相关概念
2. 能够描述质量管理体系的要素
3. 能够掌握质量管理体系的构筑
4. 能够掌握质量管理体系的审核
5. 能够掌握 ISO 9000 系列标准相关知识
6. 能够掌握 TS16949 标准相关知识

知识与技能点清单

序号	学习目标	知识点	技能点
1	能够描述质量管理体系的相关概念	1. 质量管理体系的概念 2. 2015 版 ISO 9000 族标准的文件组成	能用质量管理体系的概念解释相关质量管理活动
2	能够描述质量管理体系的要素	1. 过程方法 2. PDCA 循环 3. 质量管理体系的过程模式 4. 过程策划、过程控制和过程运行	掌握质量管理体系的相关要素
3	能够掌握质量管理体系的构筑	1. 质量管理体系的特点 2. 质量管理体系的构筑过程 3. 质量管理体系的运行 4. 员工在质量管理体系中应当发挥的作用	掌握质量管理体系的构筑过程和运行
4	能够掌握质量管理体系的审核	1. 审核目的 2. 审核目标 3. 审核依据 4. 审核方式 5. 审核内容	掌握质量管理体系的审核方式和主要内容
5	能够掌握 ISO 9000 系列标准相关知识	1. 产生背景 2. ISO 9000 认证 3. ISO 9000 认证的益处	说明企业为什么要进行 ISO 9000 认证
6	能够掌握 TS16949 系列标准相关知识	1. 产生背景 2. 内容构成 3. 特点 4. 认证适用范围 5. 贯彻 TS16949 标准的必要性 6. TS16949 认证审核要求 7. TS16949 与 ISO 9001 的关系	掌握车企进行 TS16949 认证的要点

2.1 质量管理体系基础知识

质量管理和质量保证的标准——质量管理体系的产生是现代科学技术和生产力发展的必然结果，是国际贸易发展到一定时期的必然要求，也是质量管理发展到一定阶段的产物。

随着经济一体化进程的加快，大部分产品已经进入了买方市场，一个组织在经营中取得成功的关键是提供符合顾客需要和期望的产品，并使顾客满意。世界各国的各类组织为了降低成本、提高产品质量、赢得市场，都在按全面质量管理的方法，规范或改造组织原有的管理模式。建立既能够实现质量目标、使顾客满意，并对产品实现的全过程系统地实施控制、持续地进行质量改进的质量管理体系，已是管理上的普遍需要。

2.1.1 质量管理体系概述

质量管理体系是在质量方面指挥和控制组织的管理体系。组织为了建立质量方针和质量目标，并实现这些质量目标，经过质量策划将管理职责、资源管理、产品实现、测量、分析和改进等相互关联或相互作用的一组过程有机地组成一个整体，构成质量管理体系。组织的质量管理工作通过质量管理体系的运作来实现，而质量管理体系的有效运行又是质量管理的主要任务。

一个组织建立质量管理体系，一方面要满足组织内部进行质量管理的要求，另一方面也要满足顾客和市场的需求。而对于所建立的质量管理体系，是否完善，该如何评价，需要得到供需双方或第三方的认可，还要以共同认可的评价方法和标准为依据。

1979年国际标准化组织（ISO）成立了质量保证技术委员会，专门从事质量管理和质量保证标准的制定工作。经过各国专家的努力工作，于1987年首次颁布ISO 9000《质量管理和质量保证系列国际标准》。

ISO 9000系列标准发布以后，很快得到各国工业界及其他行业的承认和推广，统一以其作为质量管理体系认证的唯一依据，许多国家还将其作为产品认证的重要依据，这极大地促进了国际贸易的发展和经济的增长。

随着ISO 9000系列标准在国际上的广泛应用以及质量保证、质量管理理论和实践的发展，以及针对实施过程中出现的问题，国际标准化组织又先后于1994年、2000年、2008年以及2015年对ISO 9000系列标准进行了修订。修订后的ISO 9000系列标准适合各类组织使用，也更加通用化、更加灵活，也更趋完善。

本章将以2015版ISO 9000标准为依据，简要介绍质量管理体系的有关知识。2015版ISO 9000族标准文件的结构及其所含标准文件包括：

1. 核心标准

ISO 9000：2015《质量管理体系——基础和术语》。

ISO 9001：2015《质量管理体系——要求》。

ISO 9004：2009《质量管理体系——业绩改进指南》。

ISO 19011：2011《质量和（或）管理体系审核指南》。

2. 其他标准

ISO 10005《质量计划指南》。

ISO 10006《项目质量管理指南》。

ISO 10007《技术状态管理指南》。

ISO 10012：2003《测量管理体系》。

ISO 10015：1999《培训指南》。

ISO 10018《顾客投诉的处理》。

ISO 10019《质量管理体系咨询师选择和使用指南》。

3. 技术文件（包括技术报告、技术规范等）

ISO TR 10013：2001《质量管理体系文件》。

ISO TR 10014《质量经济性管理指南》。

ISO T R 10017《统计技术指南》。

ISO TS 16949：2002《汽车供方质量管理体系要求》。

4. 小册子

《ISO 手册：质量管理原则及其应用》。

《ISO 手册：适于小型组织的 ISO 9001：2000》。

2.1.2 质量管理体系要素

在质量管理体系中，需要了解的要素包括过程方法，PDCA 循环，质量管理体系的过程模式以及过程策划、过程控制和过程运行。

1. 过程方法

2015 版 ISO 9000 族标准鼓励在建立、实施和改进质量管理体系时采用过程方法。为使组织的质量管理体系能够有效运行，必须识别和管理许多相互关联和相互作用的过程。通常，一个过程的输出就是下一个过程的输入。系统地识别和管理组织所应用的过程，特别是这些过程之间的相互作用，称为"过程方法"。

ISO 9000 族标准将"过程"定义为"一组将输入转化为输出的相互关联或相互作用的活动"。输入和输出可以是有形或无形的。输入可包括设备、材料、元件、能量、信息和财务资源等。要在过程中实施活动，就应该分配适当的资源。测量系统可用来收集信息和数据，以分析过程业绩，以及输入和输出的特性，如图 2-1 所示。

1）组织通过应用过程方法，可以促进质量管理体系的过程实现动态循环改进，从而不断提高效益。

2）通过识别组织内的关键过程，以及关键过程的后续开发和持续改进，过程方法还可促进以顾客为关注焦点和提高顾客的满意程度。

图 2-1 过程方法

3）有利于了解组织的所有过程和这些过程相互间的关系，过程方法还可以更加有效地分配和利用组织现有的资源。

4）应用过程方法，组织可以将复杂的管理工作不断简化，管理者的主要任务是提出过程的输入要求，对过程的输出结果进行检查，提供必要的资源。而具体过程中各项活动的展开，应充分发挥参与这一过程的每一个人的作用，进而简化管理过程。

2. PDCA 循环

PDCA（计划—实施—检查—处理）循环是美国质量管理专家休哈特博士首先提出的，由戴明采纳、宣传，获得普及，所以又称为戴明环。它是一个动态循环，可在组织的各个过程内展开，它既和产品实施过程相关，又和质量管理体系过程的计划、实施、控制和持续改进密切相关。

可通过在组织内各层次上应用 PDCA 概念保持和持续改进过程能力。这可应用于高层战略过程，如质量管理体系策划或管理评审，同样也可应用于作为产品实现过程一部分的简单运作活动。

PDCA 循环应用于过程简述如下：

1）计划。根据顾客的要求和组织方针，建立实现结果所需要的体系目标、组成过程和资源。
2）实施。实施计划。
3）检查。根据方针、目标和要求，对过程、产品和服务进行监督和测量，并报告结果。
4）处理。采取措施，持续改进过程业绩。

3. 质量管理体系的过程模式

以过程为基础的质量管理体系模式，如图 2-2 所示。

根据 2000 版 ISO 9000 族标准建立质量管理体系时应注意以下几点：

1）应用过程方法，将质量管理体系分为四大过程，使得 ISO 9000 族标准具有更强的适应性，为制造业以外的组织应用标准提供了方便。

2）进一步强调了质量策划的重要性，在管理职责和资源管理过程中，明确提出组织的一切管理应以顾客为关注焦点，最高管理者应在策划阶段做出管理承诺，满足顾客要求和法律法规要求，使组织的质量管理体系在策划阶段能够明确要求，为质量方针和质量目标的制定奠定基础。

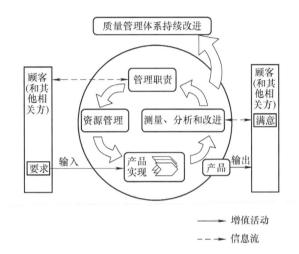

图 2-2 以过程为基础的质量管理体系模式

3）用一个章节描述资源管理，突出了资源在质量管理体系运作中的重要性，尤其是人力资源的控制与管理。对人员的识别、能力的培养、素质的提高，是组织提高效益、确保体系有效运行的前提条件。

4）产品实现过程涉及两个迭加在一起的过程循环，一个是原有的管理职责、资源管理、产品实现、测量、分析和改进过程循环，另一个是从市场开发、设计控制、采购、生产和服务提供（包括交付及监视）和测量装置的控制过程。其中，设计控制、采购、生产和服务提供三个过程是影响产品质量的关键过程。

5）标准中描述了质量管理体系过程检查和处理阶段的要求，其中检查包括了顾客满意、来自组织外部的监视和测量；内部审核是组织对体系定期的监视和测量；过程的监视和测量是组织对体系、过程和产品的日常监视和测量；产品的监视和测量是产品实现过程的结果的监视和测量。质量管理体系处理过程提出了质量改进的要求和方法，包括纠正和预防措施。

4. 过程策划、过程控制和过程运行

（1）过程策划

为使过程的结果满足要求，对过程所需要的活动、步骤、控制方法、设备、材料、人员及职责分工、信息、资料等进行综合考虑安排的活动称为过程策划。

组织要在市场调查的基础上结合顾客的要求，确定实现具体过程或产品的质量目标，质量目标要包括产品目标要求，这些要求应该量化，便于测量、分析和比较。过程策划还包括确定过程应开展的活动，与相应资源（设备和材料）要求；配备能胜任工作的员工，明确职责和权限；准备执行的规范、验收标准和文件；做好对过程结果的测量、分析和改进的安排。

一个复杂过程往往由几个分过程构成，即便一个简单过程通常也是由若干活动或步骤构成，这些分过程或活动是相互联系、相互作用、按一定顺序组合在一起的，它们之间存在着信息和物质流动，以及控制与运行过程人员职责和权限的分配。组织可以应用流程图的方法，按照过程实施顺序和逻辑关系加以描述，使之更加直观，既便于员工理解，又利于现场操作与控制。

过程策划的结果通常要形成计划类文件，用以指导和控制过程的有效运行。对于简单的小过程，操作者在确保过程得到有效控制、做到胸中有数、过程结果符合要求的前提下，也不一定要形成文件。例如，零部件加工简单过程，操作者可按照规范要求，做好加工前的准备工作，确定加工步骤，包括设备的维护与调整、工装卡具的确认和调整、材料的准备和检验以及工艺文件的检查等，即进行了策划。

过程策划应注意以下几个问题：

1）要抓住影响过程的主要因素。过程有大有小，有的简单，有的复杂。受主、客观因素的影响，各过程的运行均存在着波动，对这种波动进行分析，找出主要影响因素，策划时可针对主要因素制定控制措施，以使过程得到有效控制。例如，对于老企业，设备陈旧、技术老化是产生波动的主要原因，策划时要注意设备的维护和确认、技术的进步和改造。而新企业主要影响因素可能是人员经验不足及规章制度不健全，策划时则要以人员培训和完善制度为重点。

2）要注重以往类似过程的相关信息。充分收集和利用以往类似过程的相关信息，做到早期预警，最大限度地减少失误，是降低成本、提高过程效率的有效途径。

3）要加强对特殊过程的控制。对形成的产品是否合格不易或不能经济地进行验证的过程，通常称为特殊过程。在过程策划阶段，对影响特殊过程的关键因素（如人员、设备和程序）进行确认，确保过程结果满足要求。

（2）过程控制

由于操作者技能之间的差异、设备状况的不同、每个人对作业程序在理解和执行上存在着区别、作业程序的不断更改以及上述因素随时间上的变化，人们观察到的产品质量特性（如发动机的功率、服务的及时性、计算机软件的可靠性等）会产生波动性的变化。这类波动可以分为两种：一种称为随机波动，因素较多且复杂，也不易消除；另一种称为异常波动，往往是由单一原因造成的，过程控制主要就是研究这种异常波动，针对异常波动采取纠正措施，消除或抑制引发异常波动的原因，确保过程质量特性符合要求。

实施过程控制是以作业条件标准化和管理工作标准化为前提条件，也就是说，接受控制的过程要具有一定的能力，由随机波动引发的质量特性的偏移（误差）集中在中心值的两侧，而且稳定在误差范围之内。对于异常波动引发的质量特性的偏移（误差），可以采用实验设计方法、回归分析方法、排列图，尤其是采用控制图方法查找引发异常波动的原因，采取措施消除这些原因，使过程的结果符合要求。

（3）过程运行

为保证过程平稳运行，实现预定的目标，应注意以下几个问题：

1）选用合格人员，减少人为失误。过程运作的关键是确保参与过程活动的所有员工具有相应能力，能够胜任工作，做到第一次做好，并且每一次做好，最大限度地减少由认为失误引发的异常波动，从而减少成本损失。

2）严格执行管理规范，保证过程稳定性。管理规范化是过程稳定运行的前提条件，也是减少异常波动的重要手段。一般来讲，管理规范是以往过程运作中成功经验和失败教训的总结，违背管理规范要求，可能造成操作失误或重犯以往错误，进而破坏过程的稳定性。

3）及时发现异常波动，采取措施减少损失。过程运行时，要对影响过程结果的各项因素实施监控，包括人、机、料、法、环等方面，必要时，对相关因素要进行过程能力确认。当发现过程出现异常波动时，要调查分析产生波动的原因，采取相应措施消除原因，使过程重新回到稳定状态。

4）做好记录，为完善和改进过程提供依据。随时做好各项记录，以便采用统计技术方法对过程运行状况进行分析，确定完善和改进过程的方法与步骤，确保过程能力的稳定或提高。

2.1.3 质量管理体系构筑

质量管理体系构筑一般包括构筑过程以及运行两个环节，现将其相关知识进行介绍。

1. 质量管理体系的特点

质量管理体系具有以下特点：

（1）质量管理体系是由过程构成的

质量管理体系由若干相互关联、相互作用的过程构成。每个过程既是相对独立的，又是和其他过程相连的，即由若干的过程组成一个"过程网络"。通常，"过程网络"是相当复杂的，不是一个简单的各个过程先后顺序的排列。"过程网络"内部各个过程之间存在着接口关系和职能的分配与衔接，过程既存在于职能之中，又可跨越职能。质量管理体系就是依据各过程的作用、职能和接口顺序的不同组合成一个有机的整体。

（2）质量管理体系是客观存在的

一个组织只要能正常进行生产并提供产品，客观上就存在一个质量管理体系，但这个质量管理体系不一定都能保持和有效运行。虽然，一个组织内可能有不同的产品，这些产品也可以有不同的要求。但是，每个企业只应有一个质量管理体系，这个质量管理体系应覆盖该企业所有的质量体系、产品和过程。

（3）质量管理体系以文件为基础

组织按 ISO 9001 族标准要求建立质量管理体系，并将其文件化，对内为了让员工理解与执行，对外向顾客和相关方展示与沟通，质量管理体系文件应在总体上满足 ISO 9000 族标准的要求。在具体内容上应反映本组织的产品、技术、设备、人员等特点，要有利于本组织所有员工的理解和贯彻。用有效的质量管理体系文件来规范、具体化和沟通各项质量活动，使每个员工都明确自己的任务和质量职责，促使每个员工把保证和提高质量看成是自己的责任。编制和使用质量管理体系文件是具有高附加值和动态的活动。

（4）质量管理体系是不断改进的

随着客观条件的改变和组织发展的需要，质量管理体系也可更改相应的体系、过程和产品，以适应变化了的市场的需要。质量管理体系既可以预防质量问题的发生，又能彻底解决已经出现的问题，还可以及时发现和解决新出现的质量问题，质量管理体系需要良好的反馈系统和良好的反应机制。

2. 质量管理体系的构筑过程

一般来讲，一个组织要构筑一个质量管理体系须经过以下几个步骤：

（1）教育培训，统一认识

质量管理体系的建立和完善的过程，是始于教育培训、终于教育培训的过程，也是提高认识、统一认识的过程，但不同阶段教育培训的重点、方式和内容应有所不同。建立和实施质量管理体系是组织最高管理者的一项战略决策，因此在体系策划和总体设计阶段，培训的重点应是组织的决策层和管理层。

（2）调查分析管理现状

组织现状调查是确定体系涉及的产品及过程、体系覆盖的范围、体系文件的结构等的前提和基础。现状调查和分析的内容包括：

1）产品及过程的特点，特别是主导产品特点和工艺流程等。

2）目前的组织机构设置及职能分工是否适应质量管理体系的要求。

3）组织内部涉及的区域、场所，以确定体系覆盖的范围。

4）资源状况，包括各类人员、生产设备和检测设备的状况等。

5）管理的基础工作，包括标准、计量、质量方面的工作，以及现行的质量文件、记录和信息等。

调查分析组织的管理现状是建立质量管理体系的基础工作，通过调查研究可以确定组织原有的管理体系哪些已经满足标准要求，哪些还存在着差距，哪些还是管理上的空白，为进行质量管理体系策划提供依据。

（3）确定质量方针和质量目标

质量管理体系是在质量方面建立方针和目标并实现这些目标的体系，质量方针和目标的确定直接关系到组织建立一个什么样的质量管理体系，因此最高管理者应积极参与质量方针和目标的制定。

1）制定质量方针。质量方针是组织总方针的重要组成部分，是由组织的最高管理者正式发布的该组织总的质量宗旨和方向，是全体员工必须遵守的准则和行动纲领，体现了组织对质量的承诺。组织在制定质量方针时应考虑与组织的宗旨相适应（向上兼容），包括对满足要求和持续改进质量管理体系有效性的承诺；提供制定和评审质量目标的框架（向下兼容）。其中，第二方面是质量方针的核心要求，明确了质量方针与八项管理原则的内在联系，以顾客为关注焦点和持续改进这两条主线的要求。

2）质量目标的制定与展开。质量目标是质量方针的具体化，规定为实现质量方针在各主要方面应达到的要求和水平。

质量目标应与组织的性质、业务特点、具体情况相适应，应随外部环境和自身条件变化而发生变化，其内容一般包括质量管理体系方面的和与产品特性有关的要求，即按照 ISO 9001：2000 标准要求，确定组织质量管理体系建立、实施、保持和改进的各项要求，其中最关键的是使顾客满意的目标；与产品特性有关的要求包括新产品、新技术、新工艺设计和开发、产品质量符合性、实现过程与产品特性稳定性等方面的目标。

质量目标展开的内容可包括目标分解、对策展开、目标协商、明确目标责任和授权、编制展开图五个方面。

（4）组织落实，制定计划

建立统一规划、分级负责的组织机构是建立和完善质量管理体系的关键，一般根据企业规模、产品及组织结构不同可以有不同的形式，对于大中型企业一般应建立三个层次的领导及工作班子。

首先，应成立由厂级决策层成员（或指定的管理者代表）为首的总体策划、协调和指导班子。

其次，要建立由各职能部门领导参加的工作班子，负责总体规划的实施。

第三，要成立体系设计和体系文件编写的工作班子，由各职能部门领导或业务骨干参加，明确质量管理体系及各过程的责任部门，负责过程的展开和落实，以及接口部分的协调和文件的编写等。

（5）调整组织机构，合理配备资源

由于历史原因，我国许多组织的组织机构并没有体现以质量为中心，以市场为导向的经营目标要求。机构重复、职能交叉现象普遍存在，不适应建立质量管理体系的需要，应进行必要的调整。一个职能部门可以负责或参与多项质量活动，但不要让一项质量活动由多个职能部门来负责。机构调整工作难度大，不仅涉及质量管理，还涉及企业总体经营战略的实施，应统筹考虑，逐步实施。

调整组织机构，建立和实施有效的质量管理体系，必须相应地进行人员、设备等资源的配备和完善，要有一定的资金投入。此项工作应与质量管理体系总体设计同步考虑。

（6）质量管理体系的文件化

有关质量管理体系文件的编制原则如下：

1）文件的形成不是目的，而是一项增值的活动。质量管理体系文件既是对现有管理活动的肯定，又是为进一步的改进和创新奠定基础。同其他标准一样，作为一个管理标准，它既有规范的功能，又有制约的机制。从某种意义上讲，产品质量的改进，总是伴随着质量管理体系的创新，而这些又都会伴随着质量管理体系文件的实施和文件的更改。

2）应当遵守"符合性"和"有效性"两个基本原则。体系文件应符合 ISO 9000 族标准的通用要求，符合组织的实际情况，注重实效，不搞表面文章。一个有效的质量管理体系的前提是拥有一套适用的质量管理体系文件，使之成为开展各种质量活动的依据。

3）组织可以运用灵活的方式将其质量管理体系形成文件。文件与组织的全部活动或所选择的部分活动有关，可采用任何形式或类型的媒体。没有文件不行，但并不是文件越多越好或越细越好。组织所制定的文件的多少和详略程度应以能够证实其对质量管理体系及过程进行了有效的策划、运作、控制和持续改进为宜，文件的多少和详略程度取决于组织自身的条件，包括产品或过程的复杂程度、规模大小和人员能力。质量管理体系文件通常可分为三个层次：质量手册、程序文件和作业文件。

质量管理体系文件应遵循过程方法模式，文件的表达形式可以多样化，建议采用流程图方法，将过程之间的相互顺序和作用以及信息流和物质流加以直观描述，便于员工理解与执行。

4）为了使质量管理体系文件协调统一，在文件编写前应对现有的各种文件进行收集整理，与相应的质量管理体系要求进行比较，并在此基础上编制"质量管理体系文件明细表"，确定新编、修订、合并及废止的文件目录，落实所编文件的责任人、编制要求和完成日期。体系文件的编制要制定统一的规范，做到结构层次、编写格式的规范、统一、完整。

5）除质量手册应由组织统一编写外，其他层次的文件可按分工由归口部门分别编制，一般是"谁主管、谁编制、谁实施、谁修改"，提出草案再统一由组织审定，贯彻"把质量方针与目标写实，职责和权限写准，过程展开及质量活动写全"的原则。

6）一般先编写质量手册的前半部分，完成组织机构的确定和人员、部门职责权限的分配，然后整理编写程序文件及作业文件，最后汇总程序文件的相关内容，完成质量手册后半部分的编写。

质量管理体系文件编写完成后，组织应对文件进行评审，评审中发现的问题应及时修改，文件经主管领导批准后发布运行。

3. 质量管理体系的运行

编写的文件是否有效，构筑的体系是否协调，都需要通过运行来检验。质量管理体系的运行是指组织的全体员工依据质量管理体系文件的要求，为实现质量方针和质量目标，在各项工作中按照质量管理体系文件要求操作，以保持质量管理体系持续有效的过程。为确保体系有效运行，应当注意以下几个方面：

（1）质量管理体系运行前的培训

运行阶段的培训重点在执行层。组织应采取多种形式，分层次地对员工进行质量管理教育和质量管理体系文件的学习与培训。通过培训应使每个员工，特别是与体系运作有关的人员了解和自己有关的程序文件，知道自己应做什么、什么时间做、如何做，了解自己在整个质量管理体系运行中的作用和地位，了解整个质量管理体系是如何运作的。

（2）组织协调

质量管理体系的运行涉及组织许多部门和各个层次的不同活动。领导者要确定各项活动的目标与要求，明确职责、权限和各自的分工，使各项活动能够有序展开，对出现的矛盾和问题要及时沟通与协调，必要时采取措施，才能保证质量管理体系的有效运行。

（3）做好过程控制，严格按规范操作

组织的员工应严格执行工艺规程和作业指导书，操作前要做好各项准备工作，熟悉工艺要求和作业方法，检查原材料和加工设备是否符合要求；加工过程中对各项参数和条件实施监控，确保各项参数控制在规定范围之内，做到第一次做好；加工后进行自检，保证加工的产品满足规范要求。

（4）监视与测量过程，不断完善体系

在质量管理体系运行过程中，组织应采用过程监视与测量的方法，对质量管理体系运行情况实施日常监控，确保质量管理体系运行中暴露出的问题，如与标准要求不符合或与本组织实际不符合等问题要及时、全面地收集上来，进行系统分析，找出根本原因，提出并实施纠正措施，包括对质量管理体系文件的修改，使质量管理体系逐步完善、健全。

（5）质量管理体系审核

组织进行质量管理体系内部审核与接受质量管理体系的外部审核，是保持质量管理体系有效运行的重要手段。

质量管理体系审核的目的是对照规定要求，检查质量管理体系实施过程中是否按照规范要求操作，确定质量目标的实现情况，评价质量管理体系的改进机会。质量管理体系内部审核是由组织不同的管理层、操作层中与该过程无关的人员进行的。审核的对象是组织与质量管理体系运行有关的所有过程。审核中发现的问题要及时反馈给当事人，采取措施保持质量管理体系的有效性。

4. 员工在质量管理体系中应当发挥的作用

质量管理体系的建立与运行与组织中每一个员工都密切相关，员工应在管理体系的建立、运行和保持过程中在以下几个方面发挥作用：

（1）积极参与管理

员工在贯彻执行质量管理体系文件时，可结合岗位工作对质量管理体系的完善提出合理化建议。针对管理和操作中存在的问题，开展质量管理小组及各种质量改进活动，实现质量管理体系的不断改进。

（2）做好过程控制

员工应严格执行工艺规程和作业指导书，掌握影响过程质量的操作、设备仪器、原料和毛坯、工艺方法和生产环境等方面的因素，通过管好影响因素来保证和提高质量，实现预防为主。在工作实践中加强对不合格产品的控制。

（3）做好质量记录

生产现场的各种质量记录是质量信息的重要来源，也是质量管理体系的重要组成部分。员工应按照准确、及时、清晰的要求做好质量记录，并加以妥善保护，以防破损或遗失。

（4）树立让顾客满意的理念

建立质量管理体系的目的之一，是通过管理使组织具有提供顾客满意产品的能力，这种能力的实现和保持要靠组织全体员工在思想上树立以顾客为关注焦点、让顾客满意的理念。一切工作为顾客着想，一切从顾客需求出发，才能不断满足顾客的要求与期望。

2.1.4 质量管理体系审核

质量管理体系审核是为验证质量活动和有关结果是否符合组织计划的安排，确认组织质量管理体系是否被正确、有效实施以及质量管理体系内的各项要求是否有助于达成组织的质量方针和质量目标，并适时发掘问题，采取纠正与预防措施，为组织被审核部门及人员提供质量管理体系改进的机会，以确保组织质量管理体系得到持续不断的改进和完善。

1. 目的

ISO/TS 16949：2002 标准主要用来鉴别代表以下活动的发现或观察的要素：

1）质量管理体系文件未在所有工作现场配备妥当，以供参阅。
2）无法识别产品或产品组件。
3）组织内出现更改，但没有对其进行有效沟通。
4）没有对供应商进行再评估及考核。
5）没有确定顾客需求（特别是顾客的特殊要求）。
6）组织内各部门的职责和权限没有进行沟通。
7）没有评估培训的有效性。
8）没有确定用于顾客不满意的合适的方法。
9）零件、工具/工程图样出现采用的工程更改编号不一致。
10）没有持续改进的证据。

质量管理体系外部审核的目的如下：

1）判定组织质量管理体系是否符合规定的要求。
2）判定组织所执行的质量管理体系是否有达到质量目标的规定效益。
3）提供组织质量管理体系改进的信息与机会。
4）判定组织质量管理体系是否符合国家或国际标准、政府或区域法律法规的要求。
5）获得第三方认证机构注册登录及其证书。

2. 目标

1）保证组织的质量管理体系与 ISO/TS 16949 质量管理体系要求相符合。
2）保证组织遵循组织质量管理体系的文件。
3）决定组织质量管理体系运作的结果是否有效达成质量方针和质量目标。
4）监督纠正与预防措施的实施与有效性。
5）提出组织质量管理体系改进的信息和机会。
6）决定组织质量管理体系是否是一系列过程，而不仅仅是独立的要素集合。

3. 依据

1）组织选用的质量管理体系标准。
2）组织质量管理体系的质量手册、程序文件、质量计划、作业指导书及表单和记录。
3）合同或订单。
4）顾客的特殊要求。
5）与组织产品有关的国际或国家标准、政府或区域的法律法规。

4. 方式

审核方式主要分为以下两个部分：

（1）文件审核

评审组织质量管理体系的质量手册、程序文件、作业指导书、表单/记录和其他要求的支持性文件是否涵盖 ISO/TS 16949 质量管理体系（技术规范）标准。

（2）现场审核

审核组织质量管理体系执行的程度及有效性。

1）每次现场审核，包括初次审核（第一次正式审核）和每年的监督审核，必须包括以下方面和内容的审核：

① 从上一次审核后的新顾客。
② 顾客抱怨和组织反映的情况。
③ 组织内部审核和管理评审的结果和措施。
④ 朝持续改进目标的进展情况。
⑤ 从上一次审核后，纠正措施的有效性并验证。

2）质量管理体系、管理职责和产品实现过程，都必须在每个为期 12 个月的现场审核时，至少进行一次审核。

5. 主要内容

（1）审核的启动

审核的启动包括以下内容：

1）指定审核组长。
2）确定审核目的、范围和准则。
3）确定审核的可行性。

在确定审核的可行性时考虑下列因素的可获得性：

① 划审核所需的充分和适当的信息。
② 受审核方的充分合作。
③ 充分的时间和资源。

审核不可行时,应在与受审核方协商后向审核委托方提出替代建议。

4)选择审核组。

5)与受审核方建立初步联系。

与受审核方就审核的事宜建立初步联系可以是正式或非正式的,但应由负责管理审核方案的人员或审核组长进行。初步联系的目的包括以下几个方面:

① 与受审核方的代表建立沟通渠道。

② 确认实施审核的权限。

③ 提供有关建议的时间安排和审核组组成的信息。

④ 要求接触相关文件,包括记录。

⑤ 确定适用的现场安全规则。

⑥ 对审核做出安排。

⑦ 就观察员的参与和审核组向导的需求达成一致意见。

(2)文件评审的实施

在现场审核活动前应评审受审核方的文件,以确定文件所述的体系与审核准则的符合性。在有些情况下,如果不影响审核实施的有效性,文件评审可以推迟,直到现场活动开始时。在其他情况下,为取得对可获得信息的适当了解,可以进行现场初访。

如果发现文件不适宜、不充分,审核组长应通知审核委托方和负责管理审核方案的人员以及受审核方。应决定审核是否继续进行或暂停,直到有关文件的问题得到解决。

(3)现场审核的准备

现场审核的准备包括以下工作:

1)编制审核计划。审核组长应编制一份审核计划。审核计划应包括:

① 审核目的。

② 审核准则和引用文件。

③ 审核范围,包括确定受审核的组织单元和职能单元及过程。

④ 现场审核活动的日期和地点。

⑤ 现场审核活动预期的时间和期限,包括与受审核方管理层的会议及审核组会议。

⑥ 审核组成员和陪同人员的作用和职责。

⑦ 为审核的关键区域配置适当的资源。

现场审核活动开始前,审核计划应经审核委托方评审和接受,并提交给受审核方。

审核方的任何异议应在审核组长、受审核方和审核委托方之间予以解决。任何经修改的审核计划应在继续审核前征得有关各方的同意。

2)审核组工作分配。

审核组长应与审核组协商,将具体的过程、职能、场所、区域或活动的审核职责分配给审核每位成员。审核组工作的分配应考虑审核员的独立性和能力的需要、资源的有效利用以及审核员、实习审核员和技术专家的不同作用和职责。为确保实现审核目的,可随着审核的进展调整所分配的工作。

3)准备工作文件。

审核成员应评审与其所承担的审核工作有关的信息,并准备必要的工作文件,用于审核过程的参考和记录。可以包括:

①检查表和审核抽样计划。
②记录信息（例如支持性证据、审核发现和会议记录）的表格。
检查表和表格的使用不应限制审核活动的内容，审核活动的内容可随着审核中收集信息的结果而发生变化。
工作文件，包括其使用后形成的记录，应至少保存到审核结束。审核组成员在任何时候都应妥善保管涉及保密或知识产权信息的工作文件。

（4）现场审核的实施
现场审核的实施包括以下内容：
1）举行首次会议。
与受审核方管理层，或者（适当时）与受审核的职能或过程的负责人召开首次会议。首次会议应由审核组长主持，首次会议的目的包括：
①确认审核计划。
②简要介绍审核活动如何实施。
③确认沟通渠道。
④向受审方提供询问的机会。
在许多情况下，如在小型组织的内部审核中，首次会议可简单地包括对即将实施的审核的沟通和对审核性质的解释。
对于其他审核情况，会议应是正式的并保持记录，包括出席人员的记录。

2）对现场实施审核。
以首次会议开始现场审核。审核员通过运用各种审核方法和技巧，收集审核证据，进行分析判断，得出审核结果，若有不合格项目，应开具相应的报告，并以末次会议结束现场审核。审核组长应实施审核的全过程控制。

3）提交审核报告。
现场审核结束后，应提交审核报告。工作内容包括审核报告的编制、批准、分发、归档、考核奖惩，纠正、预防和改进措施的提出，确认和分层分步实施的要求。

4）跟踪审核。
应加强对审核后的区域、过程的实施及纠正情况进行跟踪审核，并在紧接着的下一次审核时，对措施的实施情况及效果进行复查评价，写入报告，实现审核闭环管理，以推动连续的质量改进。在任何组织中，从审核得到的真正益处最终均来自"自身"的审核。

5）审核评估。
总结审核过程中遇到的问题，并将审核结果备案。

2.2　ISO 9000 系列标准与 IATF16949 标准

ISO 是国际标准化组织（International Organization for Standardization）的简称，它成立于1946年，是一个全球性的非政府组织，是世界上最大的、最具权威的国际标准制定、修订组织。中国是 ISO 的正式成员，代表中国参加 ISO 的国家机构是中国国家技术监督局（CSBTS）。

IATF 是国际汽车工作组（International Automotive Task Force）的简称，是由世界上主要的汽车制造商及协会于1996年成立的一个专门机构。

2.2.1　ISO 9000 系列标准概述

ISO 9000 不是指一个标准，而是一族标准的统称。它是由国际标准化组织中专门负责制定质量管理和质量保证标准的第 176 个技术委员会——质量保证技术委员会（ISO/TC176，后改名为"质量管理和质量保证技术委员会"）所制定的。因而，根据 ISO 9001∶1994 的定义，"'ISO 9000 族'是由 ISO/TC176 制定的所有国际标准。"

1. ISO 9000 系列标准产生的背景

科学技术的进步和社会的发展，使顾客需要把自己的安全、健康、日常生活置于"质量大堤的保护之下"；企业为了避免因产品质量问题而巨额赔款，要建立质量保证体系来提高信誉和市场竞争力；世界贸易的发展迅速，不同国家、企业之间在技术合作、经验交流和贸易往来上要求有共同的语言、统一的认识和共同遵守的规范。现代企业内部协作的规模日益庞大，使程序化管理成为生产力发展本身的要求。这些原因共同使 ISO 9000 标准的产生成为必然。

（1）科学技术和生产力发展的必然结果

20 世纪后半叶，科学技术迅速发展，新产品不断出现，其中相当一部分是具有高安全性、高可靠性、高价值的产品。这些产品在质量上的缺陷不仅给生产企业本身带来经济损失，还会给顾客造成损失和伤害，一些特殊产品的质量问题甚至会影响到国家安全、生态环境和人类生存。例如核电站、飞机、火车、锅炉、桥梁、隧道等产品，不但在生产时要耗费大量资金、时间和人力，而且都是多环节的产物，一旦某些环节失控，不能保证质量，在使用过程中发生质量事故，其影响范围之大、损失之巨大是难以估计的。据美国产品安全全国委员会 1970 年的统计报告，每年因使用具有缺陷的产品而使身体受到伤害的约有 2000 万人，其中致残的约有 11 万人，致死的约有 3 万人。这表明现代文明既给人们带来丰富的产品，同时也伴随着更多的危险和更大的灾难，因此，社会和顾客都要求生产企业能建立一套质量体系，对产品质量形成全过程的每一环节的技术、管理和人员等方面的因素进行控制，长期稳定地生产满足顾客需要的产品。

（2）国际贸易发展的必然要求

现代科学技术，特别是现代信息技术和交通的飞速进步，带动了国际商务活动的空前发展，它既包括货物贸易、技术和服务贸易等国际间的贸易，也包括以产业资本流动形成的国际间的直接投资，以及金融资本流动形成的国际间的间接投资等活动。特别是进入 20 世纪 90 年代以来，世界贸易增长率一直快于世界产出的增长率，前者为后者的 3 倍。世界经济的融合度越来越紧密，"在竞争中寻求合作，在竞争和合作中寻求发展"已成为世界各国经济发展的基本战略。在经济全球化的进程中，为了保护和发展民族工业，保护消费者的合法权益，世界上许多国家都制定了比较高的市场准入制度，即国家以法律的形式规定，必须符合某种标准要求的产品或企业才能进入市场。作为贸易往来供需双方认证的依据和评价的规范，不同国家和地区发布的质量保证标准由于缺乏国际统一，导致不同国家企业之间在技术合作、质量认证和贸易往来中存在诸多困难。为保证国际贸易的迅速发展，制定质量管理和质量保证方面的国际标准已势在必行。

（3）质量管理发展的必然产物

20 世纪初期，由于企业规模的扩大和企业内部分工的细化，大多数企业把检验从生产中分离出来，成立了检验部门，质量管理进入"检验质量阶段"。

20世纪40年代，为适应大规模生产的要求，美国和欧洲的一些数理统计学家把概率论和数理统计的原理运用于质量管理，质量管理进入了"统计质量管理阶段"。

20世纪50年代，出现了一大批高安全性、高可靠性的技术密集型产品和大型复杂产品，在这种情况下，仅在制造过程实施质量控制，已不足以保证产品质量。

20世纪60年代，美国的费根堡姆提出了"全面质量管理"的概念，提出企业经营的目的是要生产出满足用户需要的产品，必须对质量、成本、交货期和服务水平进行全面管理，对产品形成全过程进行管理，还要把质量与成本联系在一起考虑，以及"预防为主"等一套指导思想。这一新的质量管理理论，较快地被各国接受。全面质量管理理论的不断完善、质量管理学科的日趋成熟和数量众多企业的广泛实践，为各国的质量管理和质量保证标准的相继产生提供了充分的理论依据和坚实的实践基础。

进入20世纪80年代以后，国际技术经济合作的深入发展，对质量管理提出了新的要求。在世界经济一体化的进程中，世界上许多国家为了保护和发展民族工业，保护自身利益，制定了比较高的市场准入制度，即以国家法律的形式规定，必须符合某种标准要求的商品才能进入市场，这就涉及生产商品的厂商的合格评定问题；随着被动的关税壁垒已逐渐削弱甚至取消，一些发达国家利用其技术等方面的优势，为保护自身利益提出了非关税壁垒。特别是其中的"技术壁垒"与"绿色壁垒"日益显著。为保证国际间技术经济交流的顺畅和世界经济一体化的需要，要求制定国际统一的标准和规范，使各国质量保证和质量管理标准能协调一致，以便成为对合格厂商评定的共同依据。

2. ISO 9000 认证

"认证"一词的英文原意是一种出具证明文件的行动。ISO/IEC 指南 2：1986 中对"认证"的定义是："由可以充分信任的第三方证实某一经鉴定的产品或服务符合特定标准或规范性文件的活动。"

举例来说，对第一方（供方或卖方）生产的产品甲，第二方（需方或买方）无法判定其品质是否合格，而由第三方来判定。第三方既要对第一方负责，又要对第二方负责，不偏不倚，出具的证明要能获得双方的信任，这样的活动就叫做"认证"。这就是说，第三方的认证活动必须公开、公正、公平，才能有效。这就要求第三方必须有绝对的权力和威信，必须独立于第一方和第二方之外，必须与第一方和第二方没有经济上的利害关系，或者有同等的利害关系，或者有维护双方权益的义务和责任，才能获得双方的充分信任。

这个认证的第三方角色一般由国家或政府的机关直接担任，或者由国家或政府认可的组织去担任这个角色，这样的机关或组织就叫做"认证机构"。ISO 9000 认证就是由可以充分信任的认证机构证实某一经鉴定的产品或服务符合 ISO 9000 系列标准的活动。

3. 推行 ISO 9000 认证的益处

推行 ISO 9000，内部可强化管理，提高人员素质和企业文化；外部可提升企业形象和市场份额。

（1）强化品质管理，提高企业效益

ISO 9000 质量体系的认证机构都是经过国家认可机构认可的权威机构，对企业的品质体系的审核是非常严格的。企业可按照经过严格审核的国际标准化的品质体系进行品质管理，真正达到法治化、科学化的要求，极大地提高工作效率和产品合格率，迅速提高企业的经济效益和社会效益。

（2）增强客户信心，扩大市场份额

在市场竞争日益加剧的时代，顾客对质量的期望值越来越高，已经不能满足于只凭抽检而证明的合格产品，他们要求产品从原材料到最终服务的全过程都是受控的，要求生产者对质量有更高的承诺和切实的验证手段。

当顾客得知供方按照国际标准实行管理，拿到了 ISO 9000 质量体系认证证书，并且有认证机构的严格审核和定期监督，就可以确信该企业是能够稳定地生产合格产品乃至优秀产品的信得过的企业，从而放心地与企业订立供销合同，从而扩大了企业的市场占有率。

（3）有效地避免产品责任

各国在执行产品品质法的实践中，由于对产品品质的投诉越来越频繁，事故原因越来越复杂，追究责任也就越来越严格。尤其是近几年，发达国家都在把原有的"过失责任"转变为"严格责任"法理，对制造商的安全要求提高很多。例如，工人在操作一台机床时受到伤害，按"严格责任"法理，法院不仅要看该机床机件故障之类的品质问题，还要看其有没有安全装置，有没有向操作者发出警告的装置等。法院可以根据上述任何一个问题判定该机床存在缺陷，厂方便要对其后果负责赔偿。但是，按照各国产品责任法，如果厂方能够提供 ISO 9000 质量体系认证证书，便可免赔，否则，要败诉且要受到重罚。

（4）获得国际贸易"通行证"，消除国际贸易壁垒

许多国家为了保护自身的利益，设置了种种贸易壁垒，包括关税壁垒和非关税壁垒。其中非关税壁垒主要是技术壁垒，技术壁垒中，又主要是产品品质认证和 ISO 9000 质量体系认证的壁垒。特别是在"世界贸易组织"内，各成员国之间相互排除了关税壁垒，只能设置技术壁垒，所以，获得认证是消除贸易壁垒的主要途径。

随着全球经济一体化进程的加速和不可逆性，越来越多的企业意识到市场竞争的规则在逐步统一。ISO 9000 系列标准已经成为全球企业在质量控制上的基本要求，要取得国际市场甚至国内市场的准入证，就必须踏进质量认证这道门槛。

（5）在产品品质竞争中永远立于不败之地

国际贸易竞争的手段主要是价格竞争和品质竞争。由于低价销售的方法不仅使利润锐减，如果构成倾销，还会受到贸易制裁，所以，价格竞争的手段越来越不可取。20 世纪 70 年代以来，品质竞争已成为国际贸易竞争的主要手段，不少国家把提高进口商品的品质要求作为限入奖出的贸易保护主义的重要措施。实行 ISO 9000 国际标准化的质量管理，可以稳定地提高产品品质，使企业在产品品质竞争中永远立于不败之地。

（6）节省了第二方审核的精力和费用

在现代贸易实践中，第二方审核早就成为惯例，又逐渐发现其存在很大的弊端：一个供方通常要为许多需方供货，第二方审核无疑会给供方带来沉重的负担；另一方面，需方也需支付相当的费用，同时还要考虑派出或雇佣人员的经验和水平问题，否则，花了费用也达不到预期的目的。唯有 ISO 9000 认证可以排除这样的弊端。这是因为作为第一方的生产企业申请了第三方的 ISO 9000 认证并获得了认证证书以后，众多第二方就不必要再对第一方进行审核，这样，不管是对第一方还是对第二方都可以节省很多精力或费用。还有，如果企业在获得了 ISO 9000 认证之后，再申请 UL、CE 等产品品质认证，还可以免除认证机构对企业的品质保证体系进行重复认证的开支。

（7）有利于国际间的经济合作和技术交流

按照国际间经济合作和技术交流的惯例，合作双方必须在产品（包括服务）品质方面有共同的语言、统一的认识和共守的规范，方能进行合作与交流。ISO 9000 质量体系认证正好提供了这样的信任，有利于双方迅速达成协议。

此外，得益于 ISO 9000 认证的方式和特点，企业的知名度及声誉得以大大提高，特别是国际互认的实现，更使企业的这种无形资产通过 ISO 9000 质量体系认证充分升值，长远效益不可限量。

2.2.2 IATF16949 标准概述

汽车工业是产业关联度极高的产业，而汽车的整车性能，包括安全性、环保性和经济性等涉及经济社会的各个方面。随着国际贸易的飞速发展，越来越多的汽车零部件供应商都面临着给各国的汽车厂商供货的情况。这样，一家供应商就可能被要求按照不同的标准建立多套质量体系，并接受多次第三方审核。这既导致了行业内烦人的国际性贸易壁垒，又增加了供应商的成本，阻碍了世界汽车工业的快速发展。这就急需要求出台一套国际通用的汽车行业质量体系标准，同时满足各大汽车整车制造企业的要求。

微课视频
质量管理体系之
TS16949

1. IATF16949 标准的产生

汽车工作组（IATF）的成员包括了国际标准化组织质量管理与质量保证技术委员会（ISO/TC176）、意大利汽车工业协会（ANFIA）、法国汽车制造商委员会（CCFA）和汽车装备工业联盟（FIEV）、德国汽车工业协会（VDA），以及汽车制造商如宝马（BMW）、克莱斯勒（Chrysler）、菲亚特（Fiat）、福特（Ford）、通用（General Motors）、雷诺（Renault）和大众（Volkswagen）等。

为了协调国际汽车质量系统规范，IATF 对 3 个欧洲规范 VDA6.1（德国）、VSQ（意大利）、EAQF（法国）和 QS9000（北美）进行了协调，在与 ISO 9001：2000 标准结合的基础上，在 ISO/TC176 的认可下，制定出了 TS16949：2002 这个标准。

2002 年 3 月 1 日，ISO 与 IATF 公布了国际汽车质量的技术规范 TS16949：2002，这项技术规范适用于整个汽车产业生产零部件与服务件的供应链，包括整车厂，2002 年版的 TS16949 已经生效，并展开认证工作。

在 2002 年 4 月 24 号，福特、通用和克莱斯勒三大汽车制造商在美国密歇根州底特律市召开了新闻发布会，宣布对供应厂商要采取的统一的一个质量体系规范，这个规范就是 ISO/TS16949。供应厂商如没有得到 ISO/TS16949 的认证，也将意味着失去作为一个供应商的资格。

2016 年，为响应 ISO 9001：2015 质量管理体系，TS16949 更新标准为 IATF16949。

拥有 IATF16949 认证证书的企业，不必再做 QS9000 或 VDA6.1 认证，这就是说新的质量管理体系 IATF16949 首先将为那些客户遍布不同国家的汽车供货商提供方便，它们将来不必再做多重认证。

2. TS16949 标准的构成和内容

TS16949 标准是在 ISO 9001：2000 标准的基础上加入了汽车工业的特殊要求而形成的。

为了明确区分 ISO 9001：2001 标准的原文和新补充的内容，在文件的格式上将 ISO 9001：2000 标准的条款用方框框起来。方框内的版权归国际标准化组织所有，方框外的内容描述了汽车工业的特殊要求，其版权归 IATF 的有关国家组织和汽车制造商所有。

在公布 TS16949 的同时，IATF 还制定和发布了《TS16949：2002 指南》《TS16949：2002 的检查表》和《TS16949：2002 认可规则》。

《TS16949：2002 指南》按照 TS16949 的条款顺序，简明列出了范例、应用、实践或解释，对如何正确实施规范提供了指导信息，有助于理解和应用 TS16949。该指南指出，签署 TS16949：2002 的 IATF 成员可能有对顾客特殊要求指定的参考资料。对于未规定顾客特殊要求的组织，应该应用该指南在参考书目中列出的参考手册，如 APQP、FMEA、MSA、SPC、PPAP 等。

《TS16949：2002 的检查表》提供了审核指南。该指南对应 TS16949 每一个条款的要求，列出了需要寻找的证据内容。但是，它仅仅是参考性质的，不是强制性的要求。注意以过程为基础的模式方法。

《TS16949：2002 认可规则》也称为《认证机构 TS16949：2002 汽车认证方案规则》。该规则包括认证机构的认可、认证机构的审核过程、认证机构审核员的认可和注册等内容，是十分详尽的规则性文件。

3. TS16949 标准的特点

TS16949 是国际汽车行业的一个技术规范，是基于 ISO 9001 的基础，加进了汽车行业的技术规范。其针对性和适用性非常明确：只适用于汽车整车厂和其直接的零配件制造商。这些厂家必须是直接与生产汽车有关的，能开展加工制造活动，并通过这种活动使产品能够增值。对所认证的厂家资格，有着严格的限定。那些只具备支持功能的单位，如设计中心、公司总部和配送中心等，不能独立获得 TS16949：2002 认证。对那些为整车厂家或汽车零备件厂家制造设备和工具的厂家，也不能获得 TS16949：2002 的认证。因此，TS16949：2002 的实施，对三大汽车公司和它们的零备件制造供应商有直接的影响。

TS16949 特别注重厂家的完成品及实现这个完成品的质量系统能力。它认为这是整个制造过程活动的基础。另一个特点是，它特别注重一个机构的质量管理系统的有效性。

TS16949：2002 的审核，由从单一的要素的审核转变成一个过程的审核。一个过程的审核将把重点放在以用户为中心。它是根据用户的要求来评估厂家的活动，围绕用户的满意度来衡量厂家的表现。另外，三大汽车制造商对其供应商都提出了产品的特别要求，而 TS16949：2002 的审核，也包括了对满足这些要求的过程审核。

TS16949 把用户的要求和技术规范放在同等重要的位置。因此，认证公司对厂家的认证审核，很多地方类似于第二方的审核。

TS16949：2002 的主要特点之一是，它是受 IATF 承认的一个单一的全球质量系统标准和注册程序。互相承认将减少第二方和第三方的审核，为厂家节省费用。另外，相对于文件审核，TS16949 更注重过程的审核。

由于 TS16949：2002 已包含了 ISO 9001：2000 的所有内容，所以获得 TS16949：2002 的认证，也标志着符合 ISO 9001：2000 标准。

4. TS16949 认证适用范围

TS16949 适用于提供以下项目的生产和服务部件的供方及分承包方"现场"：

1）部件或材料。
2）热处理件、喷漆、电镀或其他最终加工服务。
3）其他顾客规定的产品。

除了包括被客户定义的特定产品（如半导体、工具装设备制造等）和汽车工业直接的供应者之外的组织，TS16949 的范围相对 QS9000 没有变动太大。

符合 TS16949 标准、满足客户的特殊要求、获得 IATF 认可的注册，便意味着符合所有公司的质量要求。

5. 贯彻 TS16949 标准的必要性

作为全世界的汽车生产行业质量保证的标志，贯彻 TS16949 标准的必要性是多方面的。

（1）适应国际汽车领域的要求

按照国际通行汽车行业质量体系要求，建立企业的质量管理体系势在必行。目前汽车工作组（IATF）的成员团体都表示支持和接受 TS16949 标准，日本、韩国的汽车制造商也认为 TS16949 是一个可以接受的质量体系模式，我国也等同采用该标准。大家一致认为该标准向众多汽车顾客的供应商组织提供了一个统一的、最低程度的质量体系要求。按照这个标准建立质量管理体系是汽车产品供应商的基本资格条件，不具备这一资格，将不能进入汽车产品供应商的行列。

（2）参与国际汽车市场的竞争

汽车是一个全球性产业，世界上的每一家汽车公司都面临着激烈的竞争，在全球经济一体化的形势下，汽车产品供应商除了勇敢面对挑战，努力战胜这些挑战之外，别无出路。要想取得挑战的成功，就要掌握 TS16949 标准这一有利的质量管理工具，运用标准提出的质量管理原则，按照标准规定的方法、步骤，对产品质量进行精心策划，持续不断地改进质量管理的业绩，这样才能在激烈的竞争中立于不败之地。

（3）提高企业管理水平

通过建立并实施 TS16949 质量管理体系可以清楚地看到我们与先进企业间的差距，从而取长补短，对公司整体素质的提升发挥重要作用，对公司的长远发展产生深远影响。

此外，通过实施 TS16949 标准，关注并满足顾客要求，以提高顾客满意度，有助于企业获得顾客的信任，以获得更为广阔的市场空间。

6. 审核要求

TS16949：2002 认证注册可适用于整个汽车供应链。这些厂家必须是直接与生产汽车有关的，具有加工制造能力，并通过这种能力的实现使产品能够增值。要求获得 TS16949：2002 认证注册的公司，必须具备有至少 12 个月的生产和质量管理记录，包括内部评审和管理层评审的完整记录。

对于一个新设立的加工场所，如没有 12 个月的记录，也可进行评审。经评审符合质量系统规范要求的，认证公司可签发一封符合规范要求的信件。当具备了 12 个月的记录后，再进行认证审核注册。

经认证获颁证书的机构，如不能继续保持质量体系的正常运转和产品质量的一致性，将有被吊销证书的风险。

在接受申请时，申请的组织须提交下列文件：

1）质量手册。

2）最近 12 个月的内审和管理评审策划及其结果。

3）认可的内审员清单。

4）顾客特殊要求清单。

5）顾客抱怨状况。

6）最近至少 12 个月的运行情况。

7）对审核方的要求。

对审核方，即认证公司而言，必须事先得到国际汽车署的审核、批准和授权。认证公司的审核活动将始终处在国际汽车署的严格监督之下。国际汽车署有权见证认证公司的审核活动并对认证公司实行记分制。扣分的规则是十分严厉的（包括用户对其认证的供应商的投诉）。违规分达到一定程度，就会被取消认证资格。

7. TS16949 与 ISO 9001 的关系

TS16949 的目的是适应汽车工业全球采购的要求，减轻汽车零部件及材料供货商为满足各国质量体系要求而多次认证的负担，从而降低采购成本。该标准以国际上普遍接受 ISO 9001 标准为基础，补充进汽车工业的特殊要求而形成。它完整地引用了 ISO 9001 标准的有关原文，表明国际汽车工业界完全接受 ISO 9001 标准，要想达到 ISO16949 标准要求的基本条件是先满足 ISO 9001 标准。

TS16949 采纳了近代汽车工业界认可的质量工程概念、方法和技术，在内容方面十分详细、具体。如要求采用先期质量策划、潜在失效模式及后果分析等系统技术，突出强调了顾客满意度、持续改进、多方论证、产品和生产过程中的特性等概念和方法。所谓潜在失效模式及后果分析是指在产品投产前，就把不能满足顾客要求的问题找出来。这样就避免了产品投产后，一边卖一边改，面临事后质量攻关的局面，保证了投产后的产品一定是高质量的商品。其实以上内容在 ISO 9001 标准中也有，但是 TS16949 标准叙述得更详尽、更加针对汽车工业。

TS16949 与 ISO 9001 之间的关系如图 2-3 所示。

图 2-3 TS16949 与 ISO 9001 之间的关系

虽然这两个标准之间关系密切，但二者之间的区别还是很大。其区别主要表现在以下几个方面：

1）范围不同。ISO 9001 适用于各行各业、各类型的组织及各种产品。标准不分行业，不分规模。TS16949 则只用于汽车相关产品的设计和开发、生产以及相关的安装和服务。对产品范围作了限定。

2）内容不同。ISO 9001 只是一般的技术要求，而 TS16949 标准的内容较 ISO 9001 更为具体，有明确的具体内容技术规范要求，对汽车行业的针对性更强，其最核心的五大工具为产品质量先期策划（APQP）、失效模式及后果分析（FMEA）、测量系统分析（MSA）、生产产品批准程序（PPAP）、统计过程控制（SPC）。

3）运行时间不同。ISO 9001 按照 ISO 组织国际标准化要求和认监委的规定不得少于 3 个月的运行季度。TS16949 按照 IATF 规定运行时间为 12 个月。从时间上看 TS16949 是 ISO 9001 的四倍，TS16949 要求更高。

4）认证机构不同。

5）效率和效果不同。ISO 9001 只是 ISO（国际标准化组织）单方面要求认可的。而 TS16949 不仅是 ISO 认可的，也是 IATF 认可的。做了 ISO 9001 认证不代表你做了 TS16949 认证，但是通过了 TS16949 认证就意味着通过了 ISO 9001 认证。

总之，TS16949 标准极具代表性、可操作性和系统性，对于我国汽车工业来说是一部完美的质量管理学习指南。

 **课程育人**

课程育人之二

现代企业管理体系大多基于质量管理体系或是在此基础上的衍生，该方法融合顾客关注、全员参与、过程方法、系统方法、持续改进、数据决策、供应商关系等现代管理思想。ISO 9000 族标准明确区分了质量管理体系要求和产品要求，强调 PDCA 循环方法适合组织的质量管理体系的持续改进，重点讲述 ISO 9000 族标准提及的产品实现过程、资源管理过程、管理活动过程及测量分析和改进过程的质量管理体系模式，理解并能实际应用质量管理体系，不仅有利于学生的管理思维培养和训练，有利于快速适应实际工作岗位的基本要求。

本项目进行课程教学时，首先遇到的困难是分析由质量管理体系引起制造企业质量问题的原因，策划模拟实施某一制造企业质量管理体系整体运行情况的案例素材，以汽车制造质量管理为例，组织学生观看汽车制造过程视频案例，让学生了解现代汽车制造业质量管理体系的组成及运作情况。例如讲解长安汽车，注重企业领导作用的发挥，强化市场意识、坚持顾客至上；加强与顾客、供应商的联系，建立战略合作伙伴关系；适应市场变化，实施快速反应；严格日常管理，努力建造学习型组织；重视人力资源的开发管理，建立信息管理系统；提高工作效率，实现资源共享。长安汽车代表了当前我国质量管理卓越经营的水平，获得全国同行的认可，通过长安汽车质量管理体系案例，加强学生学习质量体系国际标准与中国国家标准间的相互转化意识，加深理解质量与标准之间的紧密联系，培养学生与时俱进的学习理念。相反，从某奶粉企业案例带来的教训中，质量管理和控制体系的工作不应该因生产部门削减成本而受到影响，也不应该因生产部门为达到某项指标而放松。一个健全的质量管理体系应该直属于企业的管理层，使得企业的质量管理和控制不受制于企业的生产部门，也可确保企业最高管理层能够得到第一手质量报告。

项目 3
零部件质量管理

任务描述

小李同学通过各项测试顺利进入到某汽车制造企业顶岗实习,他被分配到质量管理科跟班实习。在对汽车零部件质量情况进行检查的时候,他发现一辆汽车包边有凹槽不良,如下图所示,后来发现其他汽车在同一位置也有包边凹槽不良的现象。请问他该如何处理?

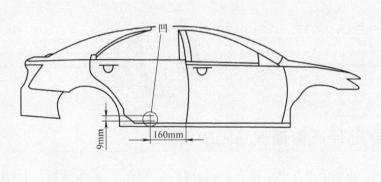

学习目标

1. 能够描述零部件质量管理的基础知识
2. 能够掌握开发阶段的零部件质量管理
3. 能够掌握量产阶段的零部件质量管理
4. 能够掌握不合格品的不良类型
5. 能够掌握不合格品的处理流程

知识与技能点清单

序号	学习目标	知识点	技能点
1	能够描述零部件质量管理的基础知识	1. 汽车的基本组成 2. 汽车零部件的分类	能够说出汽车零部件的分类及其中具有代表性的零件
2	能够掌握开发阶段的零部件质量管理	1. 零件开发的四个阶段 2. 开发阶段零部件质量管理的主要内容	利用 PDCA 循环描述零件开发的四个阶段及其质量管理的主要内容
3	能够掌握量产阶段的零部件质量管理	1. 稳定性监控 2. 变化点管理	掌握稳定性监控和变化点管理的内容
4	能够掌握不合格品的不良类型	1. 外观不良 2. 功能不良 3. 综合缺陷和潜在风险	举例说明汽车零部件品质不良的三种情况
5	能够掌握不合格品的处理流程	1. 不合格品的处理流程 2. 再发防止	能够掌握不合格品的处理流程

学习信息

3.1 零部件质量管理基础知识

一辆汽车由成千上万个零部件组成。对汽车来说，大到发动机，小到齿轮，每个零部件的质量都至关重要。一辆质优的汽车，难以离开成千上万的零部件，甚至可以说失之毫厘谬以千里，汽车上一个微小的零部件便可能对整体性能产生巨大的影响，汽车零部件的质量管理应当是汽车生产管理中的重点。

3.1.1 零部件质量管理概述

零部件是零件和部件的总称。零件是指机械中不可分拆的单个制件，是机器的基本组成要素，也是机械制造过程中的基本单元，如螺栓、轴、螺母、齿轮等。而部件则可以是一个零件，也可以是多个零件的组合体，如汽车的变速器、发电机的转子等。汽车零部件即组成交通工具汽车的各个部分的基本单元。

汽车一般由发动机、底盘、车身和电气设备四个基本部分组成，如图 3-1 所示。

发动机是汽车的动力装置，如图 3-2 所示，主要有汽油机和柴油机两种。它将汽油或柴油等燃料燃烧转变为机械能，然后通过传动系统驱动汽车行驶。汽油发动机由两大机构五大系统——曲柄连杆机构、配气机构、燃料供给系统、冷却系统、润滑系统、点火系统以及起动系统组成。

项目 3 零部件质量管理

图 3-1　汽车结构

图 3-2　汽油发动机

底盘的作用是支承、安装汽车发动机及其各部件、总成，形成汽车的整体造型，并接受发动机的动力，使汽车产生运动，保证正常行驶，如图 3-3 所示。底盘由传动系统、行驶系统、转向系统和制动系统四部分组成。

车身安装在底盘的车架上，用以驾驶人、旅客乘坐或装载货物。轿车、客车的车身一般是整体结构，货车车身一般是由驾驶室和货厢两部分组成，如图 3-4 所示。汽车车身结构主要包括车身壳体（白车身）、车门、车窗、车前钣制件、车身内外装饰件、车身附件、座椅以及空气调节装置等。在载货汽车和专用汽车上还包括车厢和其他装备。

图 3-3　汽车底盘

图 3-4　货车车身

电气设备由电源和用电设备两大部分组成。电源包括交流发电机和蓄电池。用电设备种类有很多，不同车型都不太一样，一般包括起动系统、点火系统、照明系统、仪表系统以及其他用电装置等。

汽车零部件一般会根据其在汽车上的作用被分为六个领域：动力系统、钣金件、电器件、底盘件、内饰件和外饰件等。

1）动力系统：发动机、变速器等。

2）钣金件：构成车身壳体的若干金属件，如图 3-5 所示。

3）电器件：线束（图 3-6）、各类仪表、空调、CD 机等。

图 3-5　车身壳体——"白车身"

图 3-6　汽车线束

4）底盘件：车轮、制动钳、转向器、万向节、减振器等。
5）内饰件：地毯、顶棚、座椅、门板等。
6）外饰件：后视镜、保险杠、玻璃等。

汽车主要零部件拆分平面图如图3-7所示。

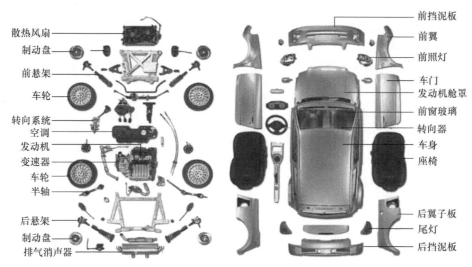

图3-7 汽车主要零部件拆分平面图

汽车零部件质量与整车质量紧密相关，不同的零部件在汽车结构中有着不同的作用，其中某个零件出现质量问题，整车质量也会受到影响。因此，加强零部件质量管理，控制好零部件的质量具有十分重要的意义。此外，零部件质量由许多技术和工艺作保障。零部件质量的提高，会带动许多技术和工艺进步，从而推动多种产品质量提高。

3.1.2 开发阶段的零部件质量管理

零部件质量管理按生产阶段可分为开发阶段的零部件质量管理和量产阶段的零部件质量管理。

开发阶段就是零件供应商比照图样和技术规格，考虑如何选用符合规定的材料、如何设计模具、使用什么样的加工工艺、制造什么样的检具来确认产品是否合格的过程。这个阶段的目的主要是如何将图样和技术规格转变成实实在在的物品，并且能够符合设计的要求，整个过程如图3-8所示。

微课视频
开发阶段的零部件
质量管理

零部件开发以PDCA循环为基础，即通过"计划—实施—检查—处理"实现，相对应的就是技术和概念开发、产品过程开发和样件验证、产品确认和过程确认、持续改进。

1）技术和概念开发。它包括零部件的初步设计、技术设计和工作图设计。

2）产品过程开发和样件验证。通过零部件的试制与试验，验证零部件图样、设计文件和工艺文件、工装图样的正确性，零部件的适用性和可靠性等。

3）产品确认和过程确认。对经过验证的适用性和可靠性得到保证的零部件和生产过程进行确认。

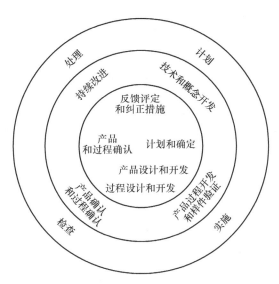

图 3-8 零部件开发各阶段示意图

4)持续改进。不断对零部件开发中遇到的问题进行反馈评定以及采取纠正措施。

这一循环过程本身就是通过对产品进行设计、对过程进行设计、对结果和过程进行确认、再反馈评定、修改设计、再循环,一直到产品的质量达标的时候,这样的循环才能停下来。因此,质量是驱使这些活动开展的源动力,质量管理也贯穿于这个过程的始终。

至于质量合格的评判标准,有尺寸、功能、耐久性、外观、装配性、整车要求满足性等几大类评价项目,每个评价项目都可以细分成很多项目,每个评价项目因零件而异。

例如汽车轮胎作为汽车的重要部件之一,直接与路面接触,和汽车悬架共同来缓和汽车行驶时所受到的冲击,除了应保证汽车有良好的乘坐舒适性和行驶平顺性、提高汽车的牵引性、制动性和通过性等性能要求外,还应符合动态弯曲疲劳要求、无裂纹等质量要求。

因此,开发阶段零部件质量管理的主要内容就是,通过相应的检验方式确认每个零件的各个评价项目是否达到质量要求和标准。

3.1.3 量产阶段的零部件质量管理

零部件在开发阶段达到应有的质量要求之后,就可以进入批量生产阶段。量产阶段的首要工作是如何保持稳定的质量水平,这就是量产阶段零件质量管理的作用。量产阶段零件质量管理的工作可以分为两大类:稳定性监控与变化点管理。

微课视频
量产阶段的零部件
质量管理

1. 稳定性监控

稳定性监控的工作主要有原材料检查、过程检查、出货检查、来料检查四种检查方式,涵盖了从零件的原材料到生产的工艺过程、半成品、成品,再到最终使用前的确认,一旦某个环节发现了不良品,就可以立即采取围堵措施,防止不良品流入到下一个环节,也就防止了不良品流入到最终的客户——整车上进行装配。为了保证每个环节确认的检查项目保持一致,汽车厂会与供应商一起商定一份《零件检查基准书》,并定义检查手段、频次等,其依据图样、技术规格作为检查的项目,双方都按照《零件检查基准书》的规定实施检查,某汽车企业的《零件检查基准书》样式见表 3-1、表 3-2。由于在前期的开发阶段已经和供应商一起采取很多的质量保证措施,所以,在量产阶段,供应商如何实施好原材料检查、过程检查和出货检查是整个预防工作的重点,汽车厂的来料检查工作往往采取抽检和追加检查的方式进行监督。

表 3-1 零件检查基准书样式(一)

零件检查基准书(1/2)								
零件号			零件名称			关重件标识	I	
检查项目			规范/公差	特性标识	检查手段	样本		备注
						容量	频次	
尺寸	1			一级(I)				
	2			一级(S)				
	3			一级				
	4			二级				
	5			三级				
	6							
	7							
	8							
	9							
	10							
	11							
	12							
外观	1							
	2							
	3							
	4							
	5							
	6							
性能	1							
	2							
	3							
	4							
	5							
	6							
批准/日期				审核/日期		编制/日期		

供应商代码	供应商名称	会签代表/日期

表 3-2 零件检查基准书样式（二）

零件检查基准书（2/2）				
零件号		零件名称	关重件标识	I

零件样图及图纸：

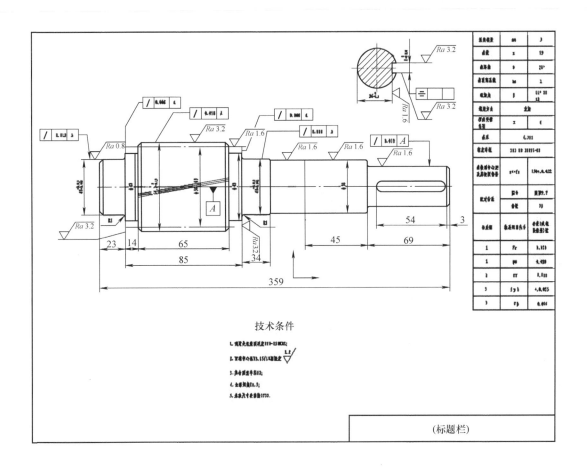

(标题栏)

(1)制定年度抽检计划

来料质量技术人员根据《零件检查基准书》,明确零件检验项目(外观、尺寸、性能)、检验数量和检验要求,制定年度进货定期抽检计划。

1)抽样检查。

① 来料检查员按照定期抽检计划,按照规定的抽样检查方式实施抽样,进行检验。必要时来料质量技术员填写"检验委托单"委托实验室对零件进行检测。

② 实验室完成相关检测后,将结果以检测报告的形式反馈给来料质量技术员。

③ 来料质量技术员根据来料检查员检查结果及实验室出具的检测报告,在《零件检查基准书》上对零件检验结果进行判断。

2)来料质量技术员对不合格零件进行初步分析和处理,将属于供应商责任的不合格品通知供应商。

3)来料检查员根据检查结果将该批次零件进行标识,在不合格品上悬挂"不合格品卡"。

(2)供应商数据报告确认

1)来料质量技术员依据《零件检查基准书》的项目和频率,督促供应商定期提交供应商数据检查报告。

2)收到供应商数据报告后,来料质量技术员确认该报告与《零件检查基准书》的一致性,要求具备《零件检查基准书》中规定的所有项目,并满足规格和频率。确认完成后盖章、签字并标明判断结果、存档。

3)当检查结果判定为不合格或有不一致的地方时,要马上报告处理并采取对策。

(3)追加检查

制定"追加检验及返工申请表"。在实施进货抽样检查、供应商数据检查和公司内相关部门的质量反馈信息发现不合格时,来料质量技术人员依据缺陷的重要度、发生数量等情况申请追加检验,确定追加检验项目、检验方法、检验数量、期限等,填写"追加检验及返工申请表"。

2. 变化点管理

所有涉及原材料、组成零件、工序、供应商等对零件质量可能有影响的更改都称为变化点。

(1)变化点零件的定义

某项设计变更(ODM)或生产条件变更(工艺参数、设备、流程、关键工序等),在首次实施时所生产的零件半成品或总成。

(2)变化点管理的目的

规范所有涉及原材料、组成零件、工序、供应商等对零件质量可能有影响的更改的管理,以确保更改在严密的控制下进行。

(3)变化点零件管理对象的范围

变化点零件管理要求适用于所有变化点,范围包括:

1)内部的更改。

2)供应商进行的更改。

3)由于供应商自身原因发生的更改。

4)对于符合变化点零件管理要求的更改,都需要进行变化点零件管理。

(4)变化点零件的分类

变化点零件可分为以下几类:

1）规格变更后零件：依照产品技术部发行的 ODM 通知书变更的零件。
2）对策后零件：对于已发不良，为防止不良再发、提高质量，实施了品质改善对策的变化点零件。
3）供应商自我优化零件：除了上述内容，因变化点零件发行者自身原因或其他特殊情况而发生变更的变化点零件。

（5）变化点零件的标识

1）变化点零件管理卡："变化点零件"的标签，它是指由于标识首批生产的更改零件或由更改的工序生产的零件标识卡片。变化点零件管理卡使零件具有可追溯性，如图3-3所示。

变化点管理卡			条形码	
供应商		供应商代码	变化点零件类别	ODM 号
零件号			生产阶段	批次号
零件名称				数量
变化点内容			发行日期	预计装车日期
首始车车身号			发行部门签名	JV SQE

———沿———此———线———剪———开———

产品审核	签名		
零件号		条形码	
零件名称		意见	OK/NG

———沿———此———线———剪———开———

过程审核	签名		
零件号		条形码	
零件名称		意见	OK/NG

———沿———此———线———剪———开———

进料审核	签名		
零件号		条形码	
零件名称		意见	OK/NG

———沿———此———线———剪———开———

供应链	签名		
零件号		条形码	
零件名称		意见	OK/NG

图 3-9 变化点零件管理卡

2）变化点零件辅助卡：当发运的变化点零件不止一个包装箱时，须使用变化点零件辅助卡，可标识所有的变化点零件包装箱。

需要注意的是，同一包装箱内只能装相同更改批次的零件，新旧更改批次的零件不能混装在同一包装箱内。当发运的变化点零件不止一个包装箱时，则必须在所有装有变化点零件的包装箱上悬挂辅助卡标识。

3.2 不合格品管理

所谓不合格品，是指生产的产品中不符合质量标准的产品，包括废品、返修品和超差利用品三类产品。加强不合格品管理，一方面能降低生产成本，提高企业的经济效益；另一方面，对保证产品质量，生产用户满意的产品，实现较好的社会效益也起着重要作用。因此，不合格品管理不仅是产品质量保证体系的一个重要组成部分,而且是现场生产管理的一项重要内容。

对于汽车零部件而言,不合格零件即质量特性与相关技术要求和图样工程规范相偏离,不再符合接收准则的产品,该类零件不能用来组装整车,装配不合格零件的整车也不允许进行销售处理。

3.2.1 不合格品管理概述

按照整车零部件的类别,不合格品的不良有外观不良、功能不良以及存在综合缺陷和潜在风险三种类型。

微课视频
不合格品
管理概述

1. 外观不良

外观不良的不合格件多属于看得见、摸得着的缺陷,所占的不良最多,这是因为造成这种不良不仅出自零件的生产制造过程,在后续的零件包装及物流运输过程中均可以出现,具有这类缺陷的零部件能被客户直观地发现,因而降低对产品的好感,甚至降低对品牌及制造厂商的认可,进而使产品的竞争力大打折扣。

外观不良主要表现在零件外观出现划伤、皮纹异常、缩水及破损等缺陷,通常出现在内外饰件、电器件外观面甚至钣金件等部位,如内饰板划伤、真皮座椅皮纹褶皱异常、注塑类零件(如刮水器)缩水严重,金属类零部件表面漆面破损等,如图3-10、图3-11、图3-12所示。

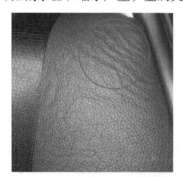 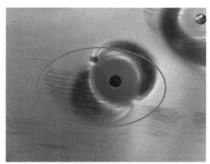 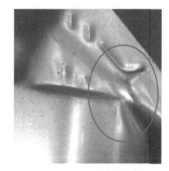

图3-10 真皮座椅皮纹褶皱异常　　图3-11 钣金件划伤　　图3-12 钣金件起皱

另外,外观不良和功能不良具有一定的关联性,如金属件表面划伤,特别是防锈层破坏,属于潜在威胁,铁碳合金长时间暴露在潮湿的有氧环境中会出现锈蚀,从而进一步影响零件的承载能力,进而影响到零部件的功能。

对于外观类不合格件的管理,主要依靠层层把关,在零件入厂前首先进行零件单件确认,在工段间设立检查岗位,对上一岗位进行监督,在整车出厂前,进行系统的整车评估,从而保证发车状态,在整车交付岗位前设立返修区域,返修合格的车辆将再次进行整车评估,确保发出的每一辆车都是精品。

2. 功能不良

功能不良的不合格品多出自其生产制造过程。功能不良的不合格品是影响最严重的不良情况,所带来的后果往往是零件功能丧失,进而造成局部系统功能失效,甚至影响整车正常驾驶及安全。

功能不良表现在零件作动、传输信息和载荷等作用失效。多出现在底盘、电器及钣金类零件，如制动踏板的真空助力器（图3-13）出现泄漏导致制动助力失效，电器件的保险电容错装导致线路异常，电子零件软件不兼容导致无法使用，以及车身承载件未达到规定的工艺条件导致在薄弱点出现应力集中甚至断裂。

为保证此类零件按照设计要求制造，相关零件须进行严格的试验测试，监测零件在各种模拟条件下的功能情况，以保证零件在整车生命周期内保持完好的状态。在通常情况下，各主机厂对这类零部件有详细的检查计划及定期抽检计划。在特殊情况下，如果此类不合格件装配至整车，需要冻结该车，不允许发运处理，待使用合格部件进行更换，且验证系统及整车功能正常后才可作为产品发售。

图3-13　真空助力器

3. 综合缺陷和潜在风险

除零部件外观及功能不良外，在综合条件作用下整车或系统还有可能出现异常（如噪声与密封不良，如图3-14所示）。这类综合缺陷的产生往往是由于在整车与零部件解析过程中，相关的零部件均满足各项技术条件要求，但由于某种复杂原因（如极端天气等），或由于没有采取相似零件（如左右件）的防错措施而造成误装等。避免此类缺陷多应在设计初始阶段就给予充分考虑。通常情况下，这类缺陷多在零部件装配成子系统甚至整车后才能被察觉，这给后续的质量控制造成极大的隐患，也给整车质量控制带来风险。这类质量问题的解决难度较大，要求检查人员具有丰富的经验才能快速、准确地查出根本原因。此类不良的解决经验可以作为下一车型的设计指导意见。

图3-14　汽车密封不良缺陷

及时发现不良是质量人员的重要素养，当异常情况出现时，应具有高度的敏感性，要做到这点，一是要求检查人员具有高度的责任感；二是要求检查人员具有一定的经验积累。

3.2.2　不合格品的处理流程

当发现异常情况时，应及时对现场进行控制，对（疑似）不合格品进行隔离处理，并上报上一级班长、工程师或分析诊断团队，待班长、工程师或分析诊断团队解析不良原因后，对不合格品进行判定，再进行下一步处理（退货、报废或放行），处理流程如图3-15所示。

对于现场的控制，原则上要求将疑似不合格品进行隔离处理，将其放置在特定的隔离区，零件单件悬挂或粘贴隔离标志，即不合格品标识卡，如图3-16所示。

微课视频
不合格品的
处理流程

现场检查员填写基本信息，如零件编号/图号、零件名称/规格、生产/供货单位、发现时间、发现区域、发现人、数量、发现日期以及初步的处理结果等，不合格品标识卡的管理原则是"谁放置，谁解除"，其他非职能部门人员（如物流、生产等）无权解除隔离。

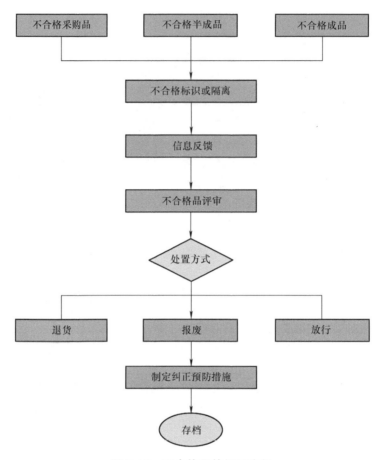

图 3-15　不合格品的处理流程

在人员或权限不足等特殊情况下,工作需要具有灵活性,在无法及时有效地进行隔离操作时,对于现场控制最好的办法是追踪记录,即记录并跟踪不良的流向,如在无法进行停线操作的情况下,不合格品持续装车,应记录相应的装车号,为后续返修提供数据支持。

当对现场进行有效控制后,应及时将现场信息通报上一级（班长或工程师）,报告的方式遵照5W1H的说明方法,即发生了什么事（What）、在哪里发生的（Where）、什么时候发生的（When）、谁发现的（Who）、初步原因是什么（Why）、影响程度有多大（How）,通过对这几方面的描述,清晰地说明事件的经过。

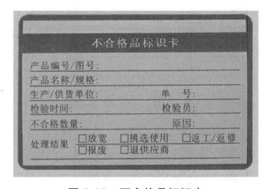

图 3-16　不合格品标识卡

工程师将对问题进行解析,解析需要一定时间,当初步判定是零件问题且非偶发问题时,意味着不合格品可能会扩散,即不合格品不仅出现在发现区域,而且可能扩散至工厂内其他区域,如厂内零件缓存区、仓库等,对于检查员来说,有必要对其他区域的零件进行排查。通常情况下,指令由班长或工程师发布,相应的检查基准由负责解析的工程师告知。

后续不良处理工作由工程师进行主导,如进行系统记录、相应的索赔和供应商年度考核等。

此外,再发防止也是零部件质量管理的重要内容,再发防止从其字面意思可以理解为,已经发生过的问题不允许再发生。再发防止计划属于预防性的质量管理方法,在发现不合格件及对其进行处理的基础上,积累相关经验,对可能发生的异常事件进行预计,将不良事件遏止在苗头阶段,属于较高一级的质量管理方法。

具体的实施步骤为,发现不合格品后,应立即采取处理对策,使其影响处于受控状态。然后认真找出造成不合格品的原因,针对根本原因制定若干具体措施,举一反三,查找类似问题,逐条落实,并验证效果。最后将那些被验证了的行之有效的措施标准化、文件化,纳入公司管理标准中。同时,相应的零部件供应商也要认真填写再发防止报告书。这样,一个完整的再发防止过程才算结束。

总之,零部件质量管理是汽车生产过程的重要环节。汽车企业进行零部件质量管理,必须贯彻国际化质量管理体系标准,建立现代化企业质量管理组织结构和与零部件供应商互利的关系,必须分清和落实职责,完善管理流程和管理制度,加大监管力度,打下坚实的产品质量保障基础。

课程育人

课程育人之三

质量检验是零部件质量管理的重要环节,质量检验是对产品的一种或多种特性进行测量、检查、试验、计量,将这些特性与规定的要求进行对比,确定其符合性的活动,主要目的是判断被检产品是否合格,决定接收还是拒收,同时也为改进产品质量和加强质量管理提供信息。通过围绕某制造企业质量检验过程案例,让学生直观体验理论与实际相结合,实现抽样检验方面专业知识学习与思想政治育人协同进行。质量检验为制造企业质量管理的基础活动,是管理实践中必备的技能。在熟悉相关质量检验原理的基础上,查阅具有代表性的质量案例及引起质量问题所涉及的抽样检验方法。

"质量是生产出来的还是检验出来的"这个问题,一直以来成为制造企业的关注焦点:生产者认为质量是检验出来的,劣质产品流入市场是检验员没有把好关;检验员认为质量是制造出来的,生产者如果不制造不合格品,市场上就没有劣质产品。例如某汽车制造企业案例,如果质量管理仅限于质量检验,仅能对产品的质量实行事后把关,是无法保证产品质量的,只有在生产过程中的每个环节,严格按照生产工艺和作业指导书要求进行,才能保证产品的质量;如果忽略过程控制,只靠检验,产品质量很难保证。这是因为质量检验只能剔除次品和废品,并不能提高产品质量。也就是说,质量控制的重点决不能放在事后把关,而必须放在过程中。通过上述案例,使学生掌握质量检验尤其是抽样检验的基本原理,能对现阶段存在质量案例问题进行专业分析。培养学生从榜样中学习担当精神,体现把个人理想追求融入国家民族事业中的社会责任感和历史使命感,告诫学生无论做任何事情,不能投机取巧,需要有脚踏实地的学习精神。

项目 4
汽车生产过程质量管理

任务描述

下图为某汽车厂的制造过程质量控制管理宏观流程图，从图中可以看出，在汽车生产过程的四大工艺——冲压、焊装、涂装、总装过程中，一些控制区域要求 100% 的检验，这个控制阶段的产品检验合格后才能到下一个生产阶段。你能依据汽车制造过程的四大工艺，具体描述汽车制造过程中主要的质量控制点吗？

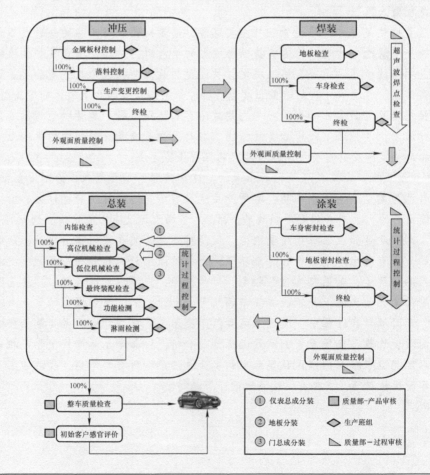

项目 4
汽车生产过程质量管理

学习目标

1. 能够描述生产现场质量管理的主要内容和生产过程的质量管理要点
2. 能够掌握汽车生产流程的四大工艺及其管理重点
3. 能够掌握标准作业的相关知识
4. 能够掌握过程质量管理
5. 能够掌握精度质量管理
6. 能够掌握生产现场班组管理

知识与技能点清单

序号	学习目标	知识点	技能点
1	能够描述生产现场质量管理的主要内容和生产过程的质量管理要点	1. 5M1E 的管理 2. 生产过程的质量管理要点	对生产现场人员、设备、物料、作业方法、环境、检测设备进行正确管理
2	能够掌握汽车生产流程的四大工艺及其管理重点	1. 冲压 2. 焊装 3. 涂装 4. 总装	对汽车生产流程的四大工艺进行正确的质量管理
3	能够掌握标准作业的相关知识	1. 标准作业的概念、目的 2. 作业标准书 3. 标准作业和作业标准的区别	正确拟定作业标准书
4	能够掌握过程质量管理	1. 过程和过程质量的概念 2. 过程质量的控制方法 3. 过程能力评估 4. 过程审核	1. 利用过程能力指数进行过程能力评估 2. 掌握过程评审的流程
5	能够掌握精度质量管理	1. 精度的概念 2. 三坐标测量机 3. 车身精度与夹具管理、检具管理、白车身综合匹配样架、内外饰件功能匹配检具 4. 监测装置管理	1. 正确使用三坐标测量机 2. 正确管理夹具、检具 3. 正确管理监测装置
6	能够掌握生产现场班组管理	1. 班组人员管理 2. 安全管理 3. 生产管理 4. 设备管理	

汽车生产质量管理

学习信息

4.1 汽车生产过程质量管理概述

随着我国汽车制造行业的迅速发展，我国对汽车产品的质量有了更高要求，想要提升汽车制造的质量，就必须针对汽车制造过程进行严格管理，使汽车制造质量得到有效控制，为用户提供更加优质的汽车产品，有效促进汽车制造行业的持续发展。汽车生产过程质量管理是汽车制造企业质量管理的重要一环，是确保汽车制造质量，提高企业市场竞争力的重要措施。

4.1.1 生产现场质量管理的主要工作内容

现场质量管理是指从原料投入到产品形成的整个生产制造过程中所进行的质量管理。

现场质量管理以生产现场为对象，以对生产现场影响产品质量的有关因素和质量行为的控制和管理为核心，通过有效过程识别，明确流程，建立质量预防体系，建立质控点，制定严格的现场监督、检验和评价制度以及质量改进制度等，使整个生产过程中的工序质量处在严格的控制状态，从而确保生产现场能够稳定地生产出合格产品和优质产品。

微课视频
生产现场质量管理
的主要工作内容

现场质量管理实施涉及人（人员）、机（设备）、料（物料）、法（方法）、环（环境）、测（检测）六个因素，是一项系统工程。因此，生产现场质量管理的主要工作内容可以通过控制影响过程能力的六个因素来实现。

1. 人员（操作者、作业人员）的管理

（1）人员对质量的影响

任何生产制造或服务提供过程都离不开人员的操作，即使是先进的自动化设备，也需要有人去操作和管理。对于手工操作比重大的过程或工序，如手工焊接、人工研磨、手工包装、修理、校正、检验等来说，操作人员的技能和质量意识往往是关键因素，它是产品或服务出现不合格或不良的主要原因。对于那些由人员起主导作用的过程或工序，更需要通过加强对人员的管理来控制质量。

（2）人员管理的具体内容

1）明确不同岗位人员的能力需求，确保其能力是胜任的。从教育、培训、技能和经验四个方面确定任职或上岗资格，并实施资格评定，尤其是对参与关键过程、特殊过程以及特殊工种工作的人员，应按规定要求或技艺评定准则进行资格认可，保证其具有胜任工作的能力。

2）提供必要的培训或采取其他措施，以满足并提高岗位人员任职能力。培训包括质量意识、操作技能、检测方法、统计技术和质量控制手段等的培训。

3）鼓励员工参与管理，以加强对过程的控制和改进，主要包括：

① 明确每个员工的职责和权限。

② 确保岗位人员了解相应层次的质量目标，以及本职工作与实现目标的关系，意识到所承

担工作和所执行任务的重要性。

③ 进行必要的授权，如授予员工获得必要的文件和信息、报告不合格并采取纠正措施等权利。

④ 鼓励开展质量管理小组活动或其他形式的团队活动，促进员工自我管理、自我提高和自我改进。

2. 设备（设施）的管理

（1）设备对质量的影响

机器设备是保证过程或工序生产符合技术要求的产品的重要条件，尤其是自动化程度较高、有定位或自调装置的设备，它们对于确保过程或工序质量起着关键的作用。对于一般的通用设备来说，机器设备的精度保持性、稳定性和性能可靠性等，都会直接影响到加工产品的质量特性的波动幅度。

（2）设备管理具体内容

1）制定设备维护保养制度，包括对设备的关键部位的日点检制度，确保设备处于完好状态。

2）按规定做好设备的维护保养，定期检测设备的关键精度和性能项目。

3）规定设备（设施）的操作规程，确保正确使用设备（设施），并做好设备故障记录。

3. 物料（原材料、半成品、成品）的管理

（1）物料对质量的影响

不同的行业和产品，所使用的物料的类别各不相同。对于加工制造业的过程或工序而言，原材料可以是矿石、原油、羊毛、棉花、粮食等；成品、半成品可以是钢材、铝锭、纸张、油墨以及化学试剂等。对于生产机械或电器产品的装配过程或工序来说，原材料可以是配套的零件、标准件、元器件或电机等。这些原材料的化学成分和物理性能，配套件、元器件和零部件的外观或内在质量，以及食品业的原料质地（包括农药、化肥的残余量等），对产成品的质量起着重要作用。

（2）物料管理的具体内容

1）对现场使用的各种物料的质量应有明确规定，在进料及投产时，应验证物料的规范和质量，确保其符合要求。

2）易混淆的物料应对其牌号、品种、规范等有明确的标志，确保其可追溯性，并在加工流转中做好标志的移植。

3）检验状态清楚，确保不合格物料不投产、不合格在制品不转序。

4）做好物料在储存、搬运过程中的防护工作，配置必要的工位器具、运输工具，防止磕碰损伤。

5）物料堆放整齐，并坚持先进先出的原则。

4. 作业方法与工艺纪律管理

（1）作业方法和工艺纪律对质量的影响

作业方法包括对工艺方法和操作方法的选择与确定，具体包括对工艺流程的安排、过程或工序之间的接口，以及对加工的环境条件、装备和工艺参数的选择，还包括对各过程或工序的岗位操作方法的确定等。

在制造业，作业方法对过程或工序质量的影响主要来自两个方面：

1）制定的加工方法、选择的工艺参数和工艺装备等各项因素的正确性和合理性。

2）贯彻、执行工艺方法的严肃性。不严格贯彻执行工艺方法或违反操作规程会导致工序能力降低，甚至发生质量事故和人身安全事故，不但会影响产品质量，也会影响生产进度和企业的经济效益，因而在现场管理中必须严格工艺纪律。

（2）作业方法与工艺纪律管理的具体内容

1）确定适宜的加工方法、工艺流程、服务规范，选用合理的工艺参数和工艺装备，编制必要的作业文件，包括操作规程、作业指导书、工艺卡、服务提供规范等。

2）确保岗位人员持有必要的作业指导文件，并通过培训或技术交底等活动，确保岗位人员理解和掌握工艺规定和操作要求。

3）提供工艺规定所必需的资源，如设备、工装、工位器具、运输工具、检测器具、记录表等。

4）严格工艺纪律，坚持"三按"（按图样、按标准或规程、按工艺）生产，并落实"三自"（自我检验、自己区分合格与不合格、自做标志）、"一控"（控制自检正确率）要求。

5. 工作环境管理

（1）工作环境对质量的影响

工作环境是指工作时所处的一组条件，包括物理的、社会的、心理的和环境的因素（如温度、承认方式、人体工效和大气成分）。生产产品的过程或工序的不同，环境条件的内容也不同，通常涉及生产现场的温度、湿度、噪声干扰、振动、照明、室内净化和现场污染程度等。

（2）工作环境管理的具体内容

1）确定并管理使产品和服务符合要求、确保现场人员健康和安全的工作环境。

2）开展"5S"（整理、整顿、清扫、清洁、自律）管理，建立适宜的工作环境，提高作业人员的能动性，包括环境清洁安全、作业场地布局合理、设备工装保养完好、物流畅通、工艺纪律严明、操作习惯良好。

6. 检测设备或器具管理

（1）检测设备或器具对质量的影响

测量和试验设备能否处于准确状态直接影响到由测量获得的质量数据和信息的准确性和可靠性，并由此影响到对原材料、外购外协件、在制品、半成品和产成品是否满足规定要求的判断的准确性。有必要对测量和试验设备进行控制，以确保测量和试验设备的准确可靠。

（2）检测设备或器具管理的具体内容

1）配合管理部门确定测量任务及所要求的准确度，选择适用的、具有所需准确度和精密度能力的检测设备。

2）使用经校准并在有效期内的测量器具，确保检定或校准的标志清晰。

3）明确检测点，包括检测的项目、频次、使用的器具、控制的范围和记录的需求等。

4）在使用和搬运中确保检测器具的准确性。

以上对过程因素的管理内容是现场质量管理的主要工作或活动。它们需要由企业的管理人员和作业人员共同完成。其中，管理人员和技术人员应当为生产现场的质量控制和质量改进活动提供管理上和技术上的支持，如对质量控制和质量改进的策划；确定产品生产和服务提供的过程或工序；明确各过程或工序的要求；提供必要的工艺文件、操作规程、作业指导书等技术文件；研究分析过程或工序能力；组织和指导质量改进活动；提供现场质量管理所需的资源和必要的培训等。

4.1.2 生产过程的质量管理要点

生产过程是产品质量的直接形成过程。生产过程的质量管理的目标是保证实现设计阶段对质量的控制意图，其任务是建立一个控制状态下的生产系统，即使生产过程能够稳定地、持续地生产符合设计要求的产品。产品投产后能否保证达到设计质量标准，不仅和生产过程的技术水平有关，还和生产过程的质量管理水平有关。一般来说，生产过程的质量管理应当做好以下几方面的工作：

1）严格贯彻执行工艺规程，保证工艺质量；生产过程的质量管理就是要使影响产品质量的各个因素都处在稳定的受控状态。因此，各道工序都必须严格贯彻执行工艺规程，确保工艺质量，禁止违规操作。

2）搞好均衡生产和文明生产。均衡的、有节奏的生产过程，以及良好的生产秩序和整洁的工作场所代表了企业经营管理的基本素质。均衡生产和文明生产是保证产品质量、消除质量隐患的重要途径，也是全面质量管理不可缺少的组成部分。

3）组织技术检验，把好工序质量关，实行全面质量管理，贯彻预防为主的方针，并不是否定技术检验的把关作用，必须根据技术标准的规定，对原材料、外购件、在制品、产成品以及工艺过程的质量进行严格的质量检验，保证不合格的原材料不投产、不合格的零部件不转序、不合格的产成品不出厂。质量检验的目的不仅是发现问题，还要为改进工序质量、加强质量管理提供信息。因此，技术检验是制造过程质量控制的重要手段，也是不可缺少的重要环节。

4）掌握质量动态。为了真正落实制造过程质量管理的预防作用，必须全面、准确、及时地掌握制造过程各个环节的质量现状和发展动态，必须建立和健全各质量信息源的原始记录以及和企业质量体系相适应的质量管理信息系统（QIS）。

5）加强不合格品的管理。不合格品的管理是企业质量体系的一个要素。不合格品管理的目的主要是对不合格品做出及时的处置，如返工、返修、降级或报废，以及及时了解制造过程中产生不合格品的系统因素，对症下药，使制造过程恢复受控状态。因此，不合格品管理工作要做到三个"不放过"，即没找到责任和原因"不放过"，没找到防范措施"不放过"，当事人没受到教育"不放过"。

6）做好工序质量控制工作。制造过程各工序是产品质量形成的最基本环节，要保证产品质量，预防不合格品的发生，须做好工序质量控制工作。工序质量控制工作主要有以下三个方面：

① 针对生产工序或工作中的质量关键因素建立质量管理点。
② 在企业内部建立有广泛群众基础的质量管理小组，并对其进行积极的引导和培养。
③ 由于制造过程越来越依赖于设备，所以工序质量控制的重点将逐步转移到对设备工作状态的有效控制上来。

4.1.3 汽车生产流程与质量管理

汽车生产主要分为四大工艺，分别为冲压、焊装、涂装、总装。

1. 冲压

冲压是汽车生产的第一步，它靠压力机和模具对板材、带材、管材和型

微课视频
汽车生产流程与
质量管理

材等施加外力,使其产生塑性变形或分离,从而获得所需形状和尺寸的工件(冲压件)的成形加工方法。

在汽车生产过程中,车身钣金件是通过对钢板冲压而成的。汽车的车身、底盘、油箱、散热器片等都是冲压加工的。冲压生产现场、汽车冲压件分别如图4-1、图4-2所示。

图4-1 冲压生产现场　　　　　　　　图4-2 汽车冲压件

冲压过程的质量管理重点在于三个方面:制件精度、制件缺陷和制件外观面品质。

2. 焊装

焊装也称作熔接,是一种以加热、高温或者高压的方式接合金属或塑料的制造工艺及技术。

在汽车生产过程中,焊装即将冲压好的车身钣金件局部加热或同时加热、加压而接合在一起形成由车门、发动机舱盖、行李舱盖等组成的车身总成。焊装生产现场如图4-3所示。

焊装过程质量管理的重点为焊接的精度、焊点的强度、车身返修时间、车身的外观质量。

焊装白车身外观面质量检查是指质量部门过程审核的员工对焊装白车身进行外观面质量抽样检查,如图4-4所示。

图4-3 焊装生产现场

图4-4 焊装白车身外观面质量检查

3. 涂装

涂装即指对金属和非金属表面覆盖保护层或装饰层。在汽车生产中，涂装是指对车身钣金件进行防锈处理、喷涂漆等，它包括涂装前对被涂物（白车身等）表面的处理、涂布工艺和干燥三个基本工序。涂装生产现场如图4-5所示。

涂装的作用主要有两个：一是防护，它可以使车辆防锈、防蚀，如果涂装不过关，车辆就很容易腐蚀生锈；二是装饰，它可以使车辆更加美观。因此，涂装过程质量管理的重点主要是涂装的厚度、环保性能、防腐性能、涂装光泽度、硬度等。

图 4-5 涂装生产现场

4. 总装

总装意为把部件装配成总体。在汽车生产中，总装就是将涂装后的车身与底盘等装配成能正常行驶、符合各项标准的整车。总装生产现场如图4-6所示。

图 4-6 总装生产现场

汽车总装制造的主要任务是将汽车各组成部分零部件组装成整车，其中，整车关键力矩控制和装配过程中的外观质量是总装过程质量管理的重点。

4.1.4 标准作业

GB/T 20000.1—2014《标准化工作指南 第1部分：标准化和相关活动的通用术语》对标准的定义是，为了在一定范围内获得最佳秩序，经协商一致制定并由公认机构批准，共同使用的和重复使用的一种规范性文件。

标准化则是指为在一定的范围内获得最佳秩序，对实际的或潜在的问题制定共同的和重复使用的规则的活动。它包括制定、发布及实施标准的过程。

所谓标准化作业，就是在作业系统调查分析的基础上，将现行作业方法的每一操作程序和每一动作进行分解，以科学技术、规章制度和实践经验为依据，以安全、质量效益为目标，对作业过程进行改善，从而形成一种优化作业程序，逐步达到安全、准确、高效、省力的作业效果。作业标准化把复杂的管理和程序化的作业有机地融为一体，使管理有章法、工作有程序、动作有标准。作业标准化可优化现行作业方法，改变不良作业习惯，使每一名员工都按照安全、省力、统一的作业方法工作。作业标准化能将安全规章制度具体化。作业标准化所产生的效益不仅仅在安全方面，标准化作业还有助于企业管理水平的提高，从而提高企业经济效益。

1. 标准作业的概念

标准作业是指在节拍时间内，以有效的作业顺序，在同一条件下反复进行的操作，即以人的动作为中心、以高效的操作顺序有效地进行生产的作业方法。它由生产节拍、作业顺序、标准手册三要素组成。

2. 标准作业的目的

在制造企业里，所谓"制造"就是以规定的成本、规定的工时生产出品质均匀、符合规格的产品。如果制造现场的作业工序的前后次序随意变更，或作业方法、作业条件因人而异，则一定无法生产出能达到上述目的的产品。因此，必须对作业流程、作业方法、作业条件加以规定并贯彻执行，使之标准化。

标准作业有四大目的：技术储备、提高效率、防止再发、教育训练。标准化的作用主要是把企业内的成员所积累的技术、经验，通过文件的方式加以保存，而不会因为人员的流动，使整个技术、经验跟着流失，达到个人知道多少，组织就知道多少的效果，也就是将个人的经验（财富）转化为企业的财富。更因为有了标准化，每一项工作即使换了不同的人来操作，在工作效率和产品品质上也不会出现太大的差异。如果没有标准化，老员工离职时，他将所有曾经发生过问题的对应方法、作业技巧等宝贵经验装在脑子里带走后，新员工可能重复发生以前的问题，即便在交接时有了传授，但凭记忆很难完全记住。没有标准化，不同的师傅将带出不同的徒弟，其工作结果的一致性可想而知。

3. 作业标准书

作业标准是指导作业者进行标准作业的基础。作业标准是对作业者的作业要求，强调的是作业的过程和结果，作业标准是每个作业者进行作业的基本行动准则。具有代表性的作业标准书有作业指导书、作业要领书、操作要领书、换产要领书、搬运作业指导书、检查作业指导书、安全操作要领书等。

作业标准书的英文全称是"Standard Operating Procedure"，简称 SOP，英文直译是"标准操作流程"，又称为作业指导书。在实际的生产中，须不断对 SOP 进行修改和完善，以提高操作的规范性和高效性。

4. 作业标准书的作用

作业标准书是把现场所有的工作制定出一套流程，每个人按部就班地按照流程来执行，直接指示员工如何进行单元内操作，是作业员进行操作必须遵守的标准。根据作业标准书开展工作是正确作业的基础，全员应该遵守的标准工作流程是品质保证的基础。

5. 标准作业和作业标准的区别

标准作业是以人的动作为中心，强调的是人的动作。它由三个基本要素组成：节拍时间、作业顺序、标准手持。

作业标准是对作业者的作业要求，强调的是作业的过程和结果。它是根据工艺图样、安全规则、环境要求等制定的必要作业内容、使用工具类型和要达到的目标。

作业标准是每个作业者进行作业的基本行动准则,标准作业应满足作业标准的要求。

4.2 过程质量管理

产品质量是汽车企业的生命,只有站在顾客的立场,对汽车制造的全过程进行质量管理,才能生产出令顾客满意的优质汽车产品。

4.2.1 过程和过程质量的概念

在学习过程质量管理前,首先要了解过程和过程质量的概念。

1. 过程

过程的本意为事物发展所经过的程序、阶段。在质量管理领域,GB/T 19000—2016 将过程定义为"利用输入实现预期结果的相互关联或相互作用的一组活动"。

过程的任务在于将输入转化为输出,转化的条件是资源,通常包括人、机、料、法、环及测。其具有以下几个特点:

1)过程的输入可以是有形的,如设备、原材料、人力资源、能源,也可以是无形的,如信息;可以是原始的,也可以是某种中间产品。

2)过程必须是一种增值的活动。增值是对过程的期望,为了获得稳定和最大化的增值,组织应当对过程进行策划,建立过程绩效测量指标和过程控制方法,并持续改进和创新。

3)过程的各种资源不是独立的,过程和过程之间也不是孤立的,而是相互联系的,一个过程的输出经常成为另一个过程的输入,如合同评审的输出是设计的输入,设计的输出是生产和采购的输入。只有对过程实施有效的管理,才能更高效地得到期望的结果。

2. 过程质量

过程质量是指过程满足明确和隐含需要的能力的特性总和。既然过程的基本功能是将输入转化为输出,那么过程质量一方面可以通过构成过程的要素(如投入的资源)和相关活动满足明确和隐含需要的程度来考虑,另一方面也可以通过过程输出(如产品和劳务等有形或无形产品)的质量好坏来间接地反映。

制造业过程质量中的过程不是指广义的过程,它所指的是产品、零部件制造过程的基本环节,即工序。过程(工序)质量的高低主要反映在过程输出的合格率、废品率或返修率的高低上。

过程质量可分为开发设计过程质量、制造过程质量、使用过程质量与服务过程质量四个子过程的质量。

(1)开发设计过程质量

开发设计过程质量是指从市场调研开始,经过产品构思到完成产品设计为止的质量。开发设计过程质量是产品固有质量形成的决定性因素。

(2)制造过程质量

制造过程质量是指通过制造所形成的产品实体符合设计质量要求的程度。由于制造过程质量取决于制造过程中一系列工序的质量,所以又可称为工序质量。生产过程中,人、原材料、设备、制造方法、环境、检测六大因素在生产过程中同时对产品质量起控制作用,过程质量的好坏决定着产品质量的好坏。所以,其品质管理的重点是在制造过程中及时预防和控制出现不合格产品。

（3）使用过程质量

使用过程质量是指产品在使用过程中其固有质量的发挥程度。它取决于使用环境与使用条件的合理性、使用的规范性、使用者的操作水平及日常的维护保养状况。

（4）服务过程质量

服务过程质量是指产品进入使用过程后，生产企业对用户服务要求的满足程度。提高服务过程质量是保证产品固有质量充分发挥的重要环节，也是生产企业维护与提高其信誉以及收集质量信息的重要手段。在当今国际、国内市场中，服务过程质量已成为决定市场竞争力的重要因素之一。

4.2.2 过程质量的控制方法

过程质量的控制方法是指将产品或服务划分为不同的子过程，对这些过程制定质量标准和控制措施，进行质量控制的一种方法。

微课视频
过程质量的控制方法

1. 过程质量策划

质量策划是过程质量管理的重要内容，它实际上是一个过程，也有其输入—过程—输出的特殊要求。质量策划是针对具体的质量管理活动进行的，致力于制定质量目标，并规定必要的运行过程和相关的资源以实现质量目标。过程运行策划主要根据产品自身特点和工艺流程，分析产品市场定位、客户需求，确定重点关键过程，配置过程资源，最终形成过程控制文件，一般称为控制计划。控制计划的主要内容包括检查项目、检查方法、检查标准、检查频率、所需设备、记录表格等。

2. 过程质量审核

过程质量审核是通过对某些过程有侧重地进行检查、分析，以评价过程控制的有效性。过程质量审核的目的是验证影响生产过程的因素及其控制方法是否满足过程控制和工序能力的要求，及时发现存在的问题，并采取有效的纠正或预防措施进行改进和提高，确保过程质量处于稳定受控状态。

3. 关键过程、特殊过程的识别

（1）关键过程

关键过程是指在产品质量形成中，起决定性作用的过程。这样的过程必然是与关键件、重要件有关的过程以及加工质量不稳定的过程，包括：

1）通过加工形成关键、重要特性的过程。

2）加工难度大、质量不稳定的过程。

3）外购的关键件、重要件验收过程。

（2）特殊过程

特殊过程是通过检验和试验难以准确评定其质量的关键过程。

1）"通过检验和试验"既指对特殊过程加工的产品进行了通常的检验和试验，又指满足了通常的检验和试验的要求。

2）"难以准确评定其质量"是指产品通过了通常的检验和试验，但不一定就是合格品，可能有加工的内部缺陷未检验和试验出来，仅在使用后才能暴露出来。

3）"关键过程"明确给出特殊过程也是一种关键过程。

因此，特殊过程的根本特点是产品经加工后可能有未检验和试验出来的内部缺陷，故难以准确评定其质量。产生内部缺陷的起因可能是采用特种工艺（如焊接、电锁、热处理等）进行加工，可以说采用这些特种工艺进行加工决定了该加工过程是特殊过程。这才是特殊过程的实质。

4. 过程质量指导文件

常用的过程质量指导文件有以下几种：

1）作业指导书，是过程质量控制必要的重要文件，包括作业示意图、工艺规程、作业要求、工艺参数等。作业指导书是工人操作时必须执行的合法文件。

2）设备管理表，包括设备点检表、设备管理台账等。

3）记录表，包括随车质量记录表、控制图等。

5. 汽车生产过程的质量控制点

汽车生产过程包括冲压、焊装、涂装、总装四大工艺。

1）冲压车间的特点是自动化、批量化生产，不同件需要切换不同模具。因此，质量控制的关键是冲压所需的设备及模具。而冲压过程的质量检验一般设定为首件、末件和中间件抽检，通过人工目视、触摸的方式，将产品与样件进行比较，由于钣金件的冲压凹凸点、细裂纹等缺陷很难用肉眼辨别，因此在冲压线末端会设立有灯棚检查区域，以排除以上的不良现象。

2）对焊装来讲，最关键的质量控制点就是精度和强度。涉及车身强度、安全件焊接的位置为关键控制点。车身上有几千个焊点，一些整车厂会根据设计以及新车研发阶段的安全碰撞试验对焊点进行不同等级的划分，对关键的焊点进行更加严格的质量控制，如凿检或者超声波无损检测（图4-7）。

3）在现代化的制造车间里，涂装过程中的电泳（图4-8）、中涂等一系列工序都是靠设备进行保证的，因此设备点检、参数设定应为涂装的质量控制关键。

图 4-7 超声波无损检测

图 4-8 电泳

4）汽车的总装是整个汽车制造过程的最后阶段，它也是手工作业最密集的工序。因此，除了设备的点检外，工人装配自检同样非常重要。为了确保工人装配的正确性，通常在关键、特殊工位都要求工人对自己的操作进行自确认，将确认结果记录在随车的质量卡上。此外，总装的关键控制点，如涉及安全的力矩、制动系统、燃油系统、电器系统等都需要严格的设备检查和记录。对于重要的、涉及安全的部件，如安全带等，都需要记录追溯信息。还有各种检查，如碰撞测试（图4-9）、底盘检查（图4-10）。

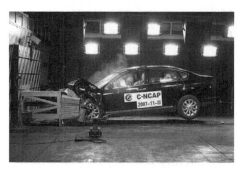
图 4-9 碰撞测试

图 4-10 底盘检查

4.2.3 过程能力评估

过程能力在制造业中又称为工序能力，它是指工序中人、机、料、法、环、测诸多因素均处于受控状态下，过程加工质量满足技术标准的能力，是对过程加工内在质量特性一致性的度量，是稳态下的最小波动。

自 20 世纪 80 年代以来，用于分析、评估过程能力的各种统计技术已广泛应用于制造过程。尽管过程能力分析并没有严格的定义，但已形成这样的共识，即过程能力分析的目标就是确定过程输出是否满足工程和顾客的要求。此外，也被广泛接受的是当过程处于统计控制状态时，对过程能力进行评价才有意义。

1. 过程能力指数

过程能力的高低不能完全决定过程产品的质量状况，通常情况下，过程不仅存在质量特性分散的情况，还存在着特性分布中心与期望值偏移的情况。过程能力示意图如图 4-11 所示。

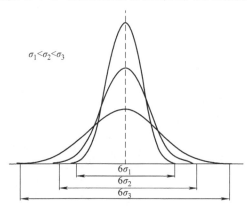

图 4-11 过程能力示意图

标准偏差越小，过程能力越高；标准偏差越大，过程能力越低。

作为度量过程能力是否满足规格要求的过程能力指数，是指过程能力满足产品质量标准要求（规格范围等）的程度。它是公差范围与过程能力的比值，一般用 C_p 表示。

$$C_p = \frac{T}{6\sigma} \approx \frac{T}{6S} \quad (4\text{-}1)$$

式中，T 为公差范围；σ 为总体标准偏差；S 为样本标准偏差。

当过程处于稳态时，产品计量特性值有 99.73% 落在 $\mu \pm 3\sigma$ 的范围内，其中 μ 为质量特性总平均值，σ 为质量特性的总体标准差，即有 99.73% 的产品落在如图 4-12 所示范围内，这几乎包括了全部产品。故通常用 6 倍标准差（6σ）表示过程能力，它的值越小越好。

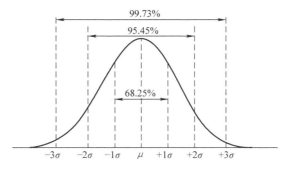

图 4-12 正态分布概率图

如上所述，若过程处于稳态，产品质量特性值分布的均值 μ 与公差中心 M 重合时，可以定量计算出该工序的不合格品率。过程能力指数对应的不合格品数见表 4-1。

表 4-1 过程能力指数对应的不合格品数

C_P	百万个零件不合格品数（双边）
0.5	133614
0.75	24400
1	2700
1.1	967
1.2	318
1.3	96
1.4	24
1.5	6.8
1.6	1.6
1.7	0.34
1.8	0.06
2	0.0018

2. 双侧公差情况下的过程能力指数

对于双侧公差，过程能力指数 C_P 的定义如下

$$T = T_U - T_L \tag{4-2}$$

$$C_P = \frac{T}{6\sigma} = \frac{T_U - T_L}{6\sigma} \tag{4-3}$$

式中，T 为技术公差的幅度；T_U、T_L 分别为上、下规格限；σ 为质量特性分布的总体标准差。T 反映的是产品技术的要求，而 σ 反映过程加工的一致性，将 6σ 与 T 比较，反映了过程中加工质量满足产品技术要求的程度。

C_P 值越大，表明加工质量越高，同时意味着对人员操作的要求、对设备精准度等的要求也越高，从而生产成本就越大，所以，对 C_P 的选择需要综合考虑技术与成本。

3. 单侧公差情况下的过程能力指数

若只有上限的要求而没有下限的要求，则过程能力指数计算公式为

$$T = T_U - \mu \quad (\mu < T_U) \tag{4-4}$$

$$C_{PU} = \frac{T}{6\sigma} = \frac{T_U - \mu}{6\sigma} \tag{4-5}$$

式中，C_{PU} 为上单侧过程能力指数。当 $\mu \geq T_U$ 时，记 $C_{PU} = 0$。

若只有下限要求，而对上限没有要求，则过程能力指数计算如下

$$T = \mu - T_L \quad (\mu > T_L) \tag{4-6}$$

$$C_{PL} = \frac{T}{6\sigma} = \frac{\mu - T_L}{6\sigma} \tag{4-7}$$

式中，C_{PL} 为下单侧过程能力指数。当 $\mu \leq T_L$ 时，记 $C_{PL} = 0$。

4. 有偏移情况下的过程能力指数

当产品质量特性值分布的均值 μ 与公差中心 M 不重合（图 4-13），即有偏离时，不合格品率必然增大，所计算出来的过程能力指数不能反映有偏移的实际情况，需要加以修正。

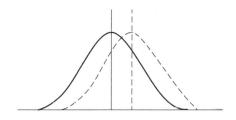

图 4-13 产品质量分布的均值 μ 与公差中心 M 不重合的情况

记修正后过程能力指数 C_{PK} 的计算公式为

$$C_{PK} = \min(C_{PU}, C_{PL}) \tag{4-8}$$

记分布中心 μ 对于公差中心 M 的偏移为 $\varepsilon = |M - \mu|$，定义 μ 相对于 M 的相对偏移 K 为

$$K = \frac{2\varepsilon}{T} \tag{4-9}$$

则过程能力指数修正为

$$C_{PK} = (1-K)C_P = (1-K)\frac{T}{6\sigma} \tag{4-10}$$

这样，当 $\mu = M$（即分布中心与公差中心无偏移）时，$K = 0$，$C_{PK} = C_P$。注意，C_{PK} 也必须在稳态下求得。

5. C_P 和 C_{PK} 的比较与说明

综上所述，无偏移情况下的 C_P 表示过程加工的一致性，C_P 越大，则质量能力越强，而在有偏移的情况下，C_{PK} 不仅反映加工能力，即"质量能力"，还反映过程中心与公差中心的偏移情况（管理能力）。由于 C_{PK} 和 C_P 侧重点不同，通常需要同时加以考虑。

4.2.4 过程审核

过程审核是内部质量审核的重点,其目的是验证影响生产过程的因素及其控制方法是否满足过程控制和工序能力的要求,及时发现存在的问题,并采取有效的纠正或预防措施进行改进和提高,确保过程质量处于稳定受控状态。

微课视频
过程审核

过程审核包括过程能力评估及过程控制,根据审核阶段,过程审核分为新车型阶段过程认证及量产车型的过程审核。以新车型阶段过程认证为例,根据新车型开发的不同阶段,设定不同阶段的合格品率目标,过程认证阶段、小批量试制阶段、迅速提产阶段这三个阶段中,只有上一个阶段达到审核合格的目标方能进入下一个阶段。

根据生产工艺的不同,冲压、焊装、涂装、总装车间有不同的审核重点。焊装车间主要审核焊接的精度、焊点的强度、车身返修时间、车身的外观质量;涂装车间主要审核涂装的厚度、环保性能、防腐性能、涂装光泽度、硬度等;而总装车间以装配为主,审核重点为力矩安全(安全等级要求越高的点过程能力指数 C_P、C_{PK} 的要求也越高)、电器系统审核、防水系统审核、四轮定位审核等。

审核要素包括5M1E,即人(Man)、机器(Machine)、物料(Material)、方法(Methods)、测量(Measurement)、环境(Environment)。

审核的目的是发现问题,督促整改。审核结果可以通过质量会议加以整改和督促,最终达到审核通过的目标。通用的过程审核流程如图4-14所示。

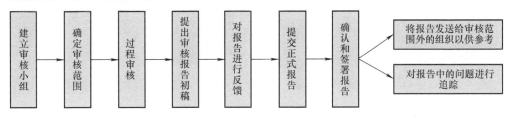

图4-14 过程审核的流程

4.3 精度质量管理

汽车由许多机械零部件组装而成,这些零部件的加工精度如何,将直接影响汽车产品的质量。因此,精度质量管理是汽车生产过程质量管理的关键环节之一。

4.3.1 精度质量管理概述

机械加工精度是指零件加工后的实际几何参数(尺寸、形状和位置)与理想几何参数相符合的程度,符合程度越高,加工精度就越高,反之就越低。零件实际几何参数与理想几何参数的偏离数值称为加工误差。

加工精度包括尺寸精度、形状精度和位置精度。尺寸精度是指加工后零件的实际尺寸与零件尺寸的公差带中心的相符合程度,包括直径、长度、表面距离等。形状精度是指加工后的零件表面的实际几何形状与理想的几何形状的相符合程度,包括直线度、平面度、圆度、圆柱度、线轮廓度和面轮廓度。位置精度是指加工后零件有关表面之间的实际位置准确程度,包括平行度、垂直度、倾斜度、同轴度、对称度、位置度、圆跳动和全跳动。

在汽车制造过程中，进行精度质量控制的主要测量设备是三坐标测量机。三坐标测量机（Coordinate Measuring Machine）简称CMM，自20世纪60年代第一台三坐标测量机问世以来，随着计算机技术的进步以及电子控制系统、检测技术的发展，为测量机向高精度、高速度方向发展提供了强有力的技术支持。

三坐标测量机具备高精度、高效率和万能性的特点，是完成各种汽车零部件几何量测量与质量控制的理想解决方案，如图4-15所示。

1）按测量范围分类，三坐标测量机可分为小型、中型和大型测量机。小型三坐标测量机的测量范围一般是最长的坐标方向小于500mm，它主要用于测量零件尺寸小、精度要求高的零件，如图4-16所示；中型三坐标测量机的测量范围为500~2000mm，它主要用于测量零件尺寸较大、精度中等或高精度的零件；大型三坐标测量机的测量范围大于2000mm，主要应用于汽车、发动机等大型零件的测量与检测，精度等级一般为中等。

图4-15 三坐标测量机测量车身精度

图4-16 小型三坐标测量机测量汽车零部件精度

2）按测量精度分类，三坐标测量机可分为低精度、中精度和高精度的测量机。低精度的测量机主要是具有水平臂的三坐标测量划线机，单轴的最大测量不确定度约为$1\times10^{-4}L$，空间的最大测量不确定度为$(2\sim3)\times10^{-4}L$，其中，L为最大测量程；中等精度的三坐标测量机的单轴最大测量不确定度约为$1\times10^{-5}L$，空间的最大测量不确定度为$(2\sim3)\times10^{-5}L$；高精度的三坐标测量机的单轴最大测量不确定度约为$1\times10^{-6}L$，空间的最大测量不确定度为$(2\sim3)\times10^{-6}L$。

3）按照测头是否和零部件表面接触，可以将三坐标测量机分为接触式三坐标测量机和非接触式三坐标测量机（图4-17）。

图4-17 非接触式激光三坐标测量机

4.3.2 车身精度管理

车身精度提升是汽车新产品开发中的一个重要环节。随着汽车产业的迅速发展，消费者对汽车换代需求增大，这导致汽车开发周期不断被压缩，同时对车身调试周期、精度提出了更高的要求。

微课视频
车身精度管理

1. 车身精度的概念和重要性

精度是表示观测值与真值的接近程度，它与误差的大小相对应，可用误差大小来表示精度的高低，误差小则精度高，误差大则精度低。每一种物理量要用数值表示时，必须先要制定一种标准，并选定一种单位（Unit）。这种标准的制定，通常是根据人们对于所要测量的物理量的认识与了解，并且要考虑这种标准是否容易复制，或测量的过程是否容易操作等实际问题。车身精度是指车身上点、线、面通过三坐标测量机测量得到的值与真值（图样数据或数据模型）之间的尺寸接近程度。测量统计结果就是车身精度测量报告，即通常所说的车身精度。

汽车车身是整个汽车零部件的装配载体，因此在汽车生产的四大工艺中，车身焊装占有重要的地位，它起着承上启下的作用。在车身焊装过程中，控制好车身的精度是一项非常重要的工作，这不仅关系到后续装配工作的生产效率，还直接关系到整车的质量，如外观质量、密封、车门开闭力及行驶噪声等。

2. 车身精度的偏差与控制

汽车车身焊装过程是一个非常复杂的过程，通常一个白车身是由 300~500 个具有复杂空间曲面的冲压零部件，经过数量众多的焊接工位，最终焊接而成的，同时车身焊装又是一个多层次体系结构，首先由数个冲压零件经焊装而成为焊接分总成，而分总成又作为下一层焊装的零部件。因此整个车身焊装过程中间环节众多，各种偏差不断传递、累计最终形成白车身的精度偏差。总体来讲，车身精度偏差的来源主要有以下几个方面：车身设计质量、冲压件或零部件本身的偏差、焊接夹具、焊接变形、操作等的影响，如图 4-18 所示。其中，冲压件或零部件本身的偏差和焊接夹具偏差是影响车身尺寸偏差的最主要的因素。

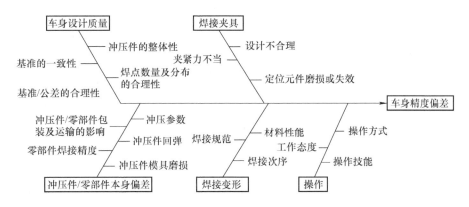

图 4-18 车身精度偏差来源

车身制造精度与普通的机加工产品的精度相比，具有以下特点：薄板冲压成形精度难以控制，由于薄板件的柔性，装夹定位和加工力影响严重，焊装过程复杂，影响因素多，偏差源诊断困难。面向全面质量控制中的车身制造精度控制体系框架如图 4-19 所示。

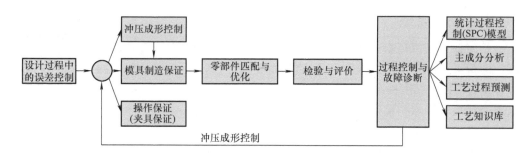

图 4-19　车身制造精度控制体系框架图

3. 夹具管理

在汽车车身的装配焊接生产过程中，为了保证产品质量、提高劳动生产率和减轻劳动强度，经常使用一些用以夹持并确定工件位置的工具和装置来完成装配和焊接工作。我们把这些工具和装置统称为焊装夹具。

只有保证了焊装夹具的稳定性与精确度，才能生产出准确的车身尺寸，从而提升汽车的内外饰配合尺寸质量。汽车焊装夹具按用途可分为装配用的夹具、焊接用的夹具、焊装夹具。在汽车车身制造中，为了便于装配和焊接也可以将焊装夹具分为合件焊装夹具、分总成焊装夹具、车身总成焊装夹具。汽车焊装夹具包括硬件和软件，硬件包括定位元件、夹紧机构、导向装置、夹具体四部分。软件主要为一些规范，如安装调试手册、调整图等。车身焊装夹具如图 4-20 所示。

图 4-20　车身焊装夹具

在车身焊装工序中，真正用于焊接操作的工作量约占 40%，而约 60% 的工作量为零部件的定位和装夹。汽车车身钣金件在焊装夹具中能否正确定位，是保证车身焊装精度的关键。

我们从工件角度出发，将其看成拥有六个自由度的刚体。那么要使工件在某个方向有确定的位置，就必须限制该方向的自由度。如果要使一个长方体工件在空间处于唯一确定位置，可在三个相互垂直的平面上，用适当分布的六个定位点（支撑钉）来限制工件的全部自由度，如图 4-21 和图 4-22 所示。上述确定工件位置的规则，称为六点定位规则。对于车身薄板零件，如果仅靠"3—2—1"（六点）定位规则定位，将无法保证其位置和形状，因此相关专家提出了应用于车身柔性零件的"N—2—1"定位原理，N 的数目通常会大于 3，在定位元件有定位误差的前提下，夹具定位元件的数目 N 取 4~6，这样就能比较好地减少车身零件的装配偏差。

汽车焊装夹具精度的影响因素主要有工装夹具的设计不合理、夹紧力不当、定位元件磨损或失效等。焊装夹具的设计精度要求主要有以下几个方面：

1）夹紧可靠，刚性适当。

2）夹紧时不应损坏焊件的表面质量。

3）用于大型板焊接结构的夹具，要有足够的强度和刚度，特别是夹具体的刚度，对结构的形状精度、尺寸精度影响较大，设计时要留有较大的裕度。

4）焊装夹具本身具有较好的制造工艺性和较高的机械效率。

技工教育和职业培训"十四五"规划教材
高职高专汽车制造类立体化创新教材

汽车生产质量管理任务工单

主　编　张俊峰　邓　璘
副主编　谢吉祥　杨正荣　刘阳勇
参　编　于志刚　张书诚　陈廷稳
　　　　陈心赤　陈　旭　翟候军

机械工业出版社

目 录

项目 1　质量管理基础知识 ·· 1

项目 2　质量管理体系 ·· 13

项目 3　零部件质量管理 ··· 20

项目 4　汽车生产过程质量管理 ·· 26

项目 5　整车质量管理 ·· 35

项目 6　汽车制造企业管理 ··· 40

项目 7　质量改进 ··· 51

项目 1
质量管理基础知识

学习任务

一、能够描述质量管理的概念及其发展史

1. 从 20 世纪六七十年代开始，国际上的质量竞争日趋激烈，人们越来越清楚地认识到：采用价廉质次的倾销策略已难以取胜，能够制胜的最重要法宝就是产品与服务的优良质量。正如美国质量管理专家哈林顿所说："这不是一场使用枪炮的战争，而是一场商业战争，战争中的主要武器就是产品质量。"

请根据 ISO 9000 标准中的术语定义，回答问题：什么是质量？质量管理又是什么？

2. 质量管理发展到今天，大致经历了三个阶段，请将每个阶段与其相对应的特点用直线连接起来。

质量检验阶段	过程控制
全面质量管理阶段	事后检验
统计质量控制阶段	全面性

3. 质量管理发展的三个阶段不是孤立的、互相排斥的，而是前一个阶段为后一个阶段的基础，后一个阶段是前一个阶段的继承和发展。那么，请问是什么原因促成这种继承和发展呢？

二、能够描述质量特性

4. 质量特性是指产品、过程或体系与要求有关的固有特性。由于顾客的需求是多种多样的,所以反映质量的特性也应该是多种多样的。另外,不同类型的产品,其质量特性的具体表现形式也不尽相同。请将下列质量特性的表现形式与其所属的产品类型用直线连接起来。

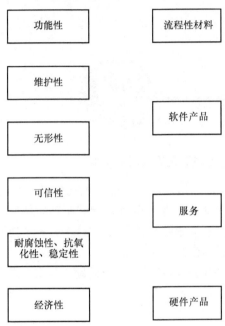

5. 质量特性可分为真正质量特性和代用质量特性。所谓真正质量特性,是指直接反映用户需求的质量特性。一般地,真正质量特性表现为产品的整体质量特性,但不能完全体现在产品的制造规范上,而且,在大多数情况下,很难直接定量表示。因此,就需要根据真正质量特性(用户需求)相应地确定一些数据和参数来间接反映它,这些数据和参数就称为代用质量特性。依据以上材料,回答下列问题:

(1)以下质量特性中,属于软件产品的质量特性的是(　　　)。

A. 安全性

B. 功能性

C. 韧性

D. 同步性

(2)汽车轮胎的下列质量特性中,不属于代用质量特性的是(　　　)。

A. 耐磨度

B. 抗压性

C. 使用寿命

D. 抗拉强度

（3）一种电视机产品的以下质量特性中，不属于真正质量特性的是（　　）。

A. 价格

B. 清晰度

C. 色彩鲜明度

D. 音响保真度

三、能够理解质量产生、形成和实现的过程

6. 产品质量是如何产生、形成和实现的，有没有规律性？这个问题直接关系到质量管理的理论基础，其重要性不言而喻。但是，对这个表面上看似简单的问题，人们却经历了一个漫长而艰辛的历史探索过程。美国质量管理专家朱兰于 20 世纪 60 年代用一条螺旋曲线来表示质量的形成过程，我们称之为朱兰质量螺旋曲线，如下图所示。

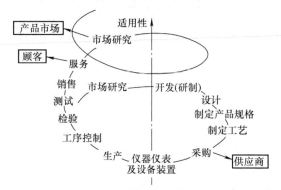

请根据该图阐述朱兰质量螺旋曲线的理念。

7. 质量形成过程的另一种表达方法是"质量环"。1994 版的 ISO 9000 标准就采用了这种表达方法。硬件产品的质量环包括 12 个环节，如下图所示，请将其中缺失的环节名称补充完整。

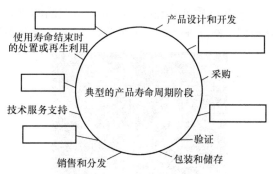

8. 20 世纪 70 年代末期，日本产品开始大量进入美国市场，不断蚕食着美国企业的市场份额，而传统的质量控制方法面对这种状况已经显得力不从心。朱兰博士主张要想解决质量危机，就需要破除传统观念，从根本上改造传统的质量管理，按照新的行动路线来行事，这一路线便是朱兰所提出的三部曲，即质量管理是由质量策划、质量控制和质量改进这三个互相联系的阶段所构成的一个逻辑过程，如下图所示。

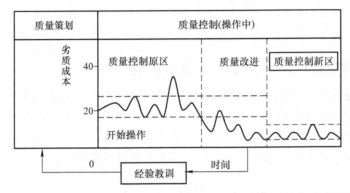

请根据该图，分别阐述这三个阶段关注的目标和实现目标的相应手段。

质量策划：

质量控制：

质量改进：

四、能够掌握质量管理理论及相关术语

9. 成立于 1991 年的一汽 - 大众是我国第一个按经济规模起步建设的现代化乘用车企业，经过多年的发展，一汽 - 大众已经是目前我国汽车市场上重要的产品提供商之一。

那么，高品质汽车质量是如何完美保证的呢？在一汽 - 大众的质保宣传片里，答案是一个又一个数字：100% 在线检查、5000 个焊点破坏实验、2 万个测量点精密测量、469 万千米道路测试、850 家经销商的跟踪反馈……"这些数字其实代表着一汽 - 大众对质量的追求和管理方式。目前，一汽 - 大众实施的是全员、全过程质量管理体系，从公司总经理到一线员工，全员都是质量管理的参与者；从产品的概念开发到用户，全过程都有质量指标，质量分解到了产品诞生的各个过程。"一汽 - 大众质量保证总监说。

请根据以上材料,以小组为单位,学习和讨论对质量管理的理解。并完成以下任务:

(1)说出全面质量管理的定义。

(2)描述质量控制的程序。

(3)描述一汽-大众的质量管理模式。

10. 20世纪70年代是丰田汽车公司飞速发展的黄金期,平均年产汽车达到200多万辆。进入20世纪80年代,丰田汽车公司的产销量仍直线上升,到20世纪90年代初,其年产汽车已经超过了400万辆,接近于500万辆,击败福特汽车公司,汽车产量名列世界第二。2007年,丰田汽车公司总共生产了949.77万辆汽车,超过美国通用汽车公司,成为世界第一汽车生产厂商,而其利润十年来一直在全世界汽车行业中保持第一。丰田汽车公司为何会取得如此骄人的成绩?一是丰田汽车公司有很强的技术开发能力,而且十分注重研究顾客对汽车的需求;二是丰田汽车公司很注重产品品质,其认为品质管理是"以最经济的手段,制造出市场最有用的产品"。为此,丰田汽车公司从源头保证产品质量,以自动化为质量控制的重要手段,以方针目标管理为全公司开展质量管理活动的组织制度,以加强供应链的质量管理来保证产品的整体质量。

请根据以上材料,以小组为单位,学习和讨论对质量管理的理解。并完成以下任务:

(1)描述企业的质量目标。

(2)描述质量信息的管理流程。

(3)以丰田质量管理模式为基础,帮助其他汽车制造企业设计质量管理方案。

11. 要理解、掌握及运用全球通用的质量管理工具——ISO 9001质量管理体系,术语知识很重要。请完成下面的质量管理相关术语习题:

（1）（单选）在质量管理中，致力于制定质量目标并规定必要的运行过程和相关资源以实现质量目标的活动是（　　）。

A. 质量策划

B. 质量控制

C. 质量保证

D. 质量改进

（2）（单选）在质量管理中，致力于增强满足质量要求的能力的活动是（　　）。

A. 质量策划

B. 质量控制

C. 质量保证

D. 质量改进

（3）（单选）以下关于质量方针和质量目标的描述，错误的是（　　）。

A. 企业应在相关职能和层次上建立质量目标

B. 质量目标应与质量方针保持一致

C. 质量方针应可测量

D. 质量方针为建立和评审质量目标提供框架

（4）（多选）ISO 9000 标准将"质量管理"定义为在质量方面指挥和控制组织的协调的活动，这些活动通常包括制定质量方针和质量目标，以及（　　）。

A. 质量战略

B. 质量保证

C. 质量策划

D. 质量控制

E. 质量改进

（5）（判断）质量控制是消除偶发性问题，使产品质量保持规定的水平。（　　）

（6）（判断）质量改进和质量控制都是为了保持产品质量稳定。（　　）

（7）（判断）质量管理体系是为实现质量方针和质量目标而建立的管理工作系统。（　　）

（8）（判断）质量策划明确了质量管理所要达到的目标以及实现这些目标的途径，是质量管理的前提和基础。（　　）

（9）（判断）质量改进就是通过采取各种有效措施，提高产品、过程或体系满足质量要求的能力。（　　）

（10）（名词解释）质量方针

（11）（名词解释）质量控制

（12）（名词解释）质量保证

（13）（名词解释）质量改进

五、能够掌握质量管理方式

12. 2018年9月14日，工业和信息化部发布加强汽车产品质量建设、促进汽车产业健康发展的指导意见。意见明确提出，汽车生产企业要建立汽车产品质量责任制，不断完善产品质量管理体系，改进、提高汽车产品设计、生产、销售、服务全过程质量管理水平。据此回答下列问题。

（1）汽车生产企业建立汽车产品质量责任制的意义在哪里？

（2）请为汽车生产企业设计一份建立质量责任制的方案。

13. 某汽车检测公司想要制定一份2019年度质量控制计划，目的是促进2019年度本公司的工作质量控制，监视检测过程并排除导致不合格、不满意的原因，以取得准确、可靠的数据和结果，依照此计划执行确保检测结果的准确性、有效性和客观性。请根据质量控制计划的相关知识，帮助该公司将质量控制计划表补充完整。

序号	质量控制项目	计划实施日期	负责人	参加人员	备注
1	学习培训				
2	校准、鉴定				
3	内部审核				
4	管理评审				
5	期间检查				
6	质量监督				
7	标准、法律法规查新				
8	内部比对（综、安、环）				
9	外部比对（综、安、环）				

14. 对于生产企业来说，企业的生产和经营都离不开计量管理，通过计量管理，可以保证生产企业的产品质量和控制产品的生产成本。一个生产企业产品的质量关系到一个企业整体的好坏，而计量管理是企业质量发展的重要指标。据此完成下列计量管理相关习题。

（1）（单选）计量检定人员的义务不包括（   ）。

A. 参加本专业继续教育

B. 保证计量检定数据和有关技术资料的真实完整

C. 保守在计量检定活动中所知悉的商业和技术秘密

D. 承担质量技术监督部门委托的与计量检定有关的任务

（2）（多选）计量标准器具的使用必须具备哪些条件？（   ）

A. 经计量检定合格

B. 具有正常工作所需要的环境条件

C. 具有称职的保存、维护、使用人员

D. 具有完善的管理制度

（3）（多选）计量工作有如下特点（　　）。

A. 计量涉及的专业面广

B. 计量要求的环境条件严格

C. 计量标准及其配套仪器设备价格昂贵

D. 计量所依据的方法由法规性文件加以控制

15. 质量信息是有关质量方面的有意义的数据，是指反映产品质量和企业生产经营活动各个环节工作质量的情报、资料、数据、原始记录等。它是组织开展质量管理活动的一种重要资源，为了确保质量管理的有效运行，应将质量信息作为一种基础资源进行管理。为此，应当做好哪些方面的工作？

16. 企业产品推销，产品经过不同的推销员描述，客户得到的产品概念可能会不一样。若出台产品销售终端用语，按照统一的标准去推销产品，无论什么样的客户，其得到的信息都是一致的，也就不会出现上述情况了。据此回答下列问题：

（1）什么是标准化管理？为什么要进行标准化管理？

（2）如何施行标准化管理？

六、能够掌握常用的质量管理工具

17. 下表为某汽车制造企业的车身缺陷位置调查表，你能否从中找出缺陷发生的原因并给出合理建议？

车型	HY-850	检查处	车身	工序	总装
检查者	王××	调查目的	喷漆缺陷	调查数	2139

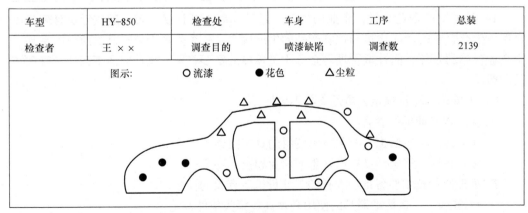

18. 某服装厂质量部最近检查了一批服装，发现在不合格项目中，断线的有80件，棱角褶皱的有16件，做工不一致的有115件，脏污4件，走线不直25件，不对称9件，

其他问题的 7 件。试绘制排列图，并从图中找出造成本周顾客投诉的主要原因有哪些。

19. 因果图，又称为特性要因图，或形象地称为树枝图或鱼刺图，它是用来表示和分析质量问题与其潜在的原因关系的一种图表。一家印刷企业的复印机的复印质量总是达不到预定标准，希望通过因果图找出复印机复印不清楚的原因，以便采取针对性的措施加以解决。以下为该企业拟采取的因果图绘制步骤，请根据该步骤绘制正确的因果图。

（1）确定待分析的质量问题，将其写在右侧的方框内，画出主干，箭头指向右端。确定复印机复印不清楚作为此问题的特性，在其左侧画一个自左向右的粗箭头。

（2）确定该问题中影响质量原因的分类方法。按分析工序质量问题的影响因素——人、机、料、法、环五大因素，造成复印机复印不清楚的原因可以具体分成复印人员、复印机、复印纸、原稿、复印方法及复印环境六大类，用中箭头表示。

（3）将各分类项目分别展开，每个中枝表示各项目中造成质量问题的一个原因。作图时，中枝平行于主干，箭头指向大枝，将原因记在中枝上下方。

（4）对于每个中枝的箭头所代表的一类因素进一步分析，找出导致它们质量不好的原因，逐类细分，用粗细不同、长短不一的箭头表示，直到能采取措施为止。

（5）分析图上标出的原因是否有遗漏，找出主要原因，画上方框，作为质量改进的重点。

20. 某柴油机装配厂的气缸体与气缸垫之间经常发生漏油现象，为解决这一质量问题，对该工序进行现场统计。被调查的 50 台柴油机，有 19 台漏油，漏油率为 38%。通过分析，认为造成漏油的原因有两个：一是该工序涂密封剂的工人 A、B、C 三人的操作方法有差异；二是气缸垫分别由甲、乙两厂供应，原材料有差异。

为弄清究竟是什么原因造成漏油或找到降低漏油率的方法，该厂分别采用操作工人、气缸垫两种标志数据进行分层，得到的统计情况分别如下表所示。

按操作工人分层统计表

操作者	漏油	不漏油	漏油率（%）
A	6	13	32
B	3	9	25
C	10	9	53
合计	19	31	38

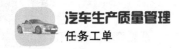

按气缸垫生产厂家分层统计表

供应厂	漏油	不漏油	漏油率（%）
甲	9	14	39
乙	10	17	37
合计	19	31	38

从上面两个分层统计表中能得出什么结论？

21. 直方图能比较形象、直观、清晰地反映产品质量的分布情况，根据形状判断它是正常型还是异常型，如果是异常型，还要进一步判断它是哪种类型，以便分析原因，采取措施。常见的直方图形状如下图所示，请标出各形状的类型名称，并描述各类型所表示的含义。

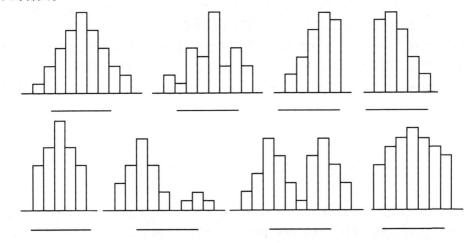

22. 散布图的类型主要看点的分布状态，判断自变量 x 与因变量 y 之间有无相关性。两个变量之间的散布图的图形形状多种多样，请将下列散布图的形状名称与其相应的示意图用直线连接起来，并描述各种散布图的特点及其所代表的含义。

项目 1
质量管理基础知识

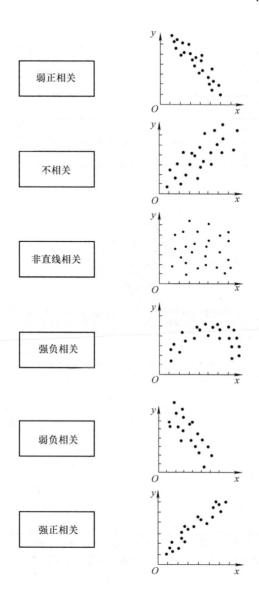

23. 控制图又称为管理图,是一种质量控制工具。在控制图中,由上、下控制界限到中心线的区域可分为 A、B、C 三个,如下图所示。请描述当点子出现哪些情况时,可判断生产过程发生了异常?

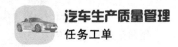

```
                              ———————————————  UCL
         A
         ─────────────────────────────────────
         B
         ─────────────────────────────────────
         C
         ───────————————————————————————————— CL
         C
         ─────────────────────────────────────
         B
         ─────────────────────────────────────
         A
                              ———————————————  LCL
```

鉴 定

序号	学习目标	鉴定1	鉴定2	鉴定3	鉴定结论	鉴定教师签字
1	能够描述质量管理的发展史				□通过 □不通过	
2	能够描述质量特性				□通过 □不通过	
3	能够理解质量产生、形成和实现的过程				□通过 □不通过	
4	能够掌握质量管理理论及相关术语				□通过 □不通过	
5	能够掌握常用的质量管理方式				□通过 □不通过	
6	能够掌握常用的质量管理工具				□通过 □不通过	

注：任课老师可以通过平时教学过程中学习者的学习态度、参与教学活动的积极性、职场安全意识及终结性鉴定结果等确定其最后鉴定结果，每个学习者最多可以鉴定三次，鉴定老师可以把鉴定情况填写在上表中。

项目 2
质量管理体系

学习任务

一、能够描述质量管理体系的相关概念

1. 在社会飞速发展的今天，各行各业的市场竞争都非常激烈，人们对产品质量的要求越来越高，企业只有不断提高产品的质量才能在市场上占据一席之地，企业想要获得更高的经济效益，想要占据一定的市场份额，就必须通过严格的质量管理来保证产品质量，在降低成本的同时提高生产效率，提升企业的经济效益。一个有生命力的质量管理体系是企业提高产品质量的保证，企业建立质量管理体系，一方面要满足组织内部进行质量管理的要求，另一方面也要满足顾客和市场的需求。

据此，完成以下习题：

（1）（单选）建立质量管理体系必须依据（　　）。

A. 统一的模式

B. 上级的要求

C. 组织自身的特点

（2）（单选）ISO 9000 系列标准是由若干个标准组成的。这套标准是由（　　）制定的。

A. 国际标准化组织

B. 加拿大标准协会

C. 英国标准协会

D. 美国机械工程师协会

（3）（多选）在 2015 版 ISO 9000 系列标准中，属于核心标准的有（　　）。

A. ISO 9000：2015《质量管理体系——基础和术语》

B. ISO 9001：2015《质量管理体系——要求》

C. ISO 9004：2009《质量管理体系——业绩改进指南》

D. ISO 19011：2011《质量和环境管理体系审核指南》

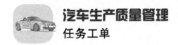

二、能够描述质量管理体系的要素

2. 下图为质量管理体系要素之一的过程方法示意图，请根据图详细阐述过程方法的定义。

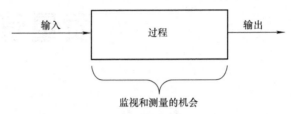

3. 应用过程方法的作用有哪些？

4. 下图为 PDCA 循环示意图，其中的 P、D、C、A 分别指什么？ PDCA 循环又是如何应用于过程的？

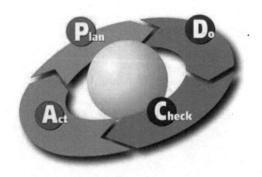

5. 下页图为以过程为基础的质量管理体系模式示意图，请将图中缺少的内容信息补充完整。

6. 根据 2015 版 ISO 9000 系列标准建立质量管理体系时应注意的问题有哪些？

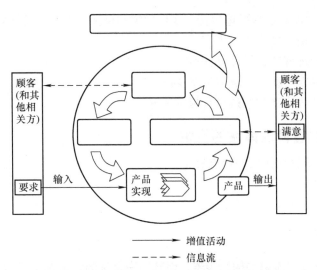

7. 完成下列有关过程策划、过程控制和过程运行的习题。

（1）（多选）进行过程策划时应注意的问题有（　　　）。

A. 及时发现异常波动，采取措施减少损失

B. 抓住影响过程的主要因素

C. 注重以往类似过程的相关信息

D. 加强对特殊过程的控制

（2）（多选）下列属于过程控制活动的有（　　　）。

A. 检验员加强检验，无漏检、错检，保证不合格品不转序

B. 加强培训，提高操作人员的技能，少出或不出不合格品

C. 设备定期进行维修，保证设备正常运行

D. 技术部完善各项工艺，从工艺上满足过程需要

E. 采购部保证物料供应，满足生产均衡

F. 是一种程序，包括以上所有控制

（3）（多选）为保证过程平稳运行，实现预定的目标，应注意的问题有（　　　）。
A. 选用合格人员，减少人为失误
B. 严格执行管理规范，保证过程稳定性
C. 及时发现异常波动，采取措施减少损失
D. 做好记录，为完善和改进过程提供依据

三、能够掌握质量管理体系的构筑

8.（多选）质量管理体系的特点有（　　　）。
A. 由过程构成
B. 客观存在的
C. 以文件为基础
D. 不断改进的

9. 以下为质量管理体系的构筑步骤，但其顺序是乱的，请按正确的步骤重新排列。
① 确定质量方针和质量目标
② 组织落实，制定计划
③ 教育培训，统一认识
④ 调查分析管理现状
⑤ 质量管理体系的文件化
⑥ 调整组织机构，合理配备资源

10. 在质量管理体系构筑过程中，文件化是十分重要的一环，有关质量管理体系文件的编制原则有哪些？

11.（多选）质量管理体系的运行是指组织的全体员工依据质量管理体系文件的要求，为实现质量方针和质量目标，在各项工作中按照质量管理体系文件要求操作，保持质量管理体系持续有效的过程。为确保体系有效运行，应当注意的问题有（　　　）。
A. 质量管理体系运行前的培训
B. 组织协调
C. 做好过程控制，严格按规范操作
D. 监视与测量过程，不断完善体系
E. 质量管理体系审核

12. 作为企业中的一员，你认为员工在质量管理体系的建立、运行和保持过程中应当发挥什么样的作用？

项目 2
质量管理体系

四、能够掌握质量管理体系的审核

13. 某企业分公司组织进行了本年度第二次内部质量管理体系审核，该分公司副总经理对此次审核提出了明确要求，他指出：要认真仔细地对照标准严格审核，通过多找问题，多发现问题，才能有利于分公司质量管理体系的不断改进和提高。他强调，下一年是分公司的技术质量年，分公司将把技术、质量工作作为该年的工作重点之一来抓，通过狠抓技术、质量工作，把产品质量提上去，把质量损失降下来，从而提高企业的市场竞争力。

根据材料，完成下列问题：

（1）质量管理体系审核的目的、目标分别是什么？

（2）质量管理体系审核的依据有哪些？

（3）质量管理体系审核的方式有哪些？

（4）怎样对企业进行质量管理体系的内部审核？

（5）质量管理体系审核的内容有哪些？试着帮助该企业制订某部门的内审计划。

五、能够掌握 ISO 9000 系列标准相关知识

14. 国际标准化组织（International Organization for Standardization）简称 ISO，成立于 1947 年，总部位于瑞士日内瓦，是国际标准化领域中一个十分重要的组织。ISO 来源于希腊语"ISOS"，即"EQUAL"——平等之意。其第 176 个技术委员会——质量保证技术委员会（后改名为"质量管理和质量保证技术委员会"）于 1987 年首次颁布 ISO 9000《质量管理和质量保证系列国际标准》，这就是最早的 ISO 9000 系列标准。

据此完成下列问题。

（1）（单选）ISO 9000 系列标准是由（　　　　）制定的。

A. ISO/TC175

B. ISO/TC176

C. SAC/TC151

D. IEC

（2）（多选）ISO 9000 系列标准产生的背景有（　　　　）。

A. 科学技术和生产力的发展
B. 国际贸易的发展
C. 质量管理的发展
D. 组织生存和提高效益的需要

15. 某企业准备申请质量管理体系认证，据此完成下列问题。

（1）什么是质量管理体系认证？

（2）对企业而言，推行 ISO 9000 质量管理体系认证的好处有哪些？

六、能够掌握 TS16949 系列标准的相关知识

16. 简述 TS16949 标准产生的背景、内容结构以及特点。

17. TS16949 标准只适用于汽车相关产品的设计和开发、生产以及相关的安装和服务。以下为与汽车生产相关的案例，判断其是否符合最新的 TS16949 标准的要求，并说明理由。

（1）在生产现场，操作员正在使用一把新的游标卡尺进行测量，因为是新购置，有出厂合格证，所以没有再进行检定。

（2）天星公司为某整车厂研制开发了一种新型燃油泵，5 只样件在制造过程中，恰逢公司当时生产任务大，特别是镀锌车间，公司于是决定镀锌过程委托给某电镀厂生产。

（3）红星厂准备将一批汽车压缩管接头按要求送往顾客，但从成品库房领出后才发现零件表面有小锈点，库管员说这些零件入库时都是合格的，可能是存放时间长了不可避免地生锈了。

（4）某厂销售科与小货车制造厂签订了一份合同，要为小货车厂制造车厢围板，要求原材料所用钢板的厚度为 3.0mm，但该厂冲压机床最大吨位只能成型 2.5mm 厚的钢

板，车间主任查找当时的合同评审相关记录，却没有发现任何这方面的论证。

18. 作为全世界的汽车生产行业质量保证的标志，贯彻 TS16949 标准的必要性是多方面的。这表现在哪些方面？

19. 某汽车零部件供应商若要申请 TS16949 认证，它需要满足的要求有哪些？审核需要提交哪些文件？

20. TS16949 标准以国际上普遍接受的 ISO 9001 标准为基础，补充进汽车工业的特殊要求而形成。那么它们二者之间的区别有哪些呢？

鉴　定

序号	学习目标	鉴定1	鉴定2	鉴定3	鉴定结论	鉴定教师签字
1	能够描述质量管理体系的相关概念				□通过 □不通过	
2	能够描述质量管理体系的要素				□通过 □不通过	
3	能够掌握质量管理体系的构筑				□通过 □不通过	
4	能够掌握质量管理体系的审核				□通过 □不通过	
5	能够掌握 ISO 9000 系列标准的相关知识				□通过 □不通过	
6	能够掌握 TS16949 系列标准的相关知识				□通过 □不通过	

注：任课老师可以通过平时教学过程中学习者的学习态度、参与教学活动的积极性、职场安全意识及终结性鉴定结果等确定其最后鉴定结果，每个学习者最多可以鉴定三次，鉴定老师可以把鉴定情况填写在上表中。

项目 3
零部件质量管理

学习任务

一、能够描述零部件质量管理的基础知识

1. 下图为汽车的结构组成示意图,简述其四个基本部分的作用及组成。

2. 按照汽车零部件的作用,它们可以分为哪几种类型?针对每一类型的零件举 2 个实例。

项目 3
零部件质量管理

二、能够掌握开发阶段的零部件质量管理

3. 零件开发阶段的目的主要是将图样和技术规格转变成实实在在的物品，并能够符合设计的要求，其各阶段示意图如下图所示。这个阶段与 PDCA 循环具有相通之处，请利用 PDCA 循环的原理描述零件开发的四个阶段。

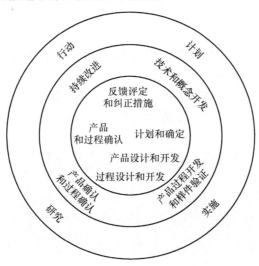

4. 开发阶段零部件质量管理的主要内容是，通过相应的检验方式确认每个零件的各个评价项目是否达到质量要求和标准。请以汽车座椅、保险杠、前照灯为例，简述它们的生产、制造有哪些质量要求或标准。

零部件	质量要求或标准
汽车座椅	
保险杠	
前照灯	

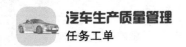

三、能够掌握量产阶段的零部件质量管理

5. 简述量产阶段零件质量管理的工作——稳定性监控的主要内容。

6. 在稳定性监控中,为了保证每个环节确认的检查项目保持一致,汽车厂会与供应商一起商定一份《零件检查基准书》,并定义检查手段、频次等,依据图样、技术规格作为检查的项目,双方都按照《零件检查基准书》的规定实施检查。某汽车制造企业选定一家汽车玻璃制造厂作为其前风窗玻璃的供货商,请你代表汽车制造企业与该厂商定一份《零件检查基准书》。

汽车零部件检查基准书							
零件号		零件名称	前风窗玻璃		关重件标识		
检查项目		规范/公差	特性标识	检查手段	样本		备注
					容量	频次	
尺寸	1						
	2						
	3						
	4						
	5						
	6						
外观	1						
	2						
	3						
	4						
	5						
	6						
性能	1						
	2						
	3						
	4						
	5						
	6						
批准/日期		审核/日期			编制/日期		
供应商代码		供应商名称			会签代表/日期		

7. 变化点管理的目的是规范所有涉及原材料、组成零件、工序、供应商等对零件质量可能有影响的更改的管理，以确保更改在严密的控制下进行。请简述变化点零件管理对象的范围。

四、能够掌握不合格品的不良类型

8. 不合格零件即质量特性与相关技术要求和图样工程规范相偏离，不再符合接收准则的产品。按照整车零部件的类别，不合格零件有外观不良、功能不良以及存在综合缺陷和潜在风险三种类型。以下是几种常见的不合格汽车零件，请将它们进行分类，并针对每一类型不合格零部件再举3个实例。

① 车身承载件出现断裂。
② 软件不兼容。
③ 车门密封条密封不良。
④ A/B/C 内饰板划伤。
⑤ 前风窗玻璃有杂质。
⑥ 金属类零部件漆面破损。

外观不良：_____；功能不良：_____；综合缺陷和潜在风险：_____

9. 下页图为不合格品的处理流程图，请将其中缺失的信息补充完整，并简述不合格品的处理流程。

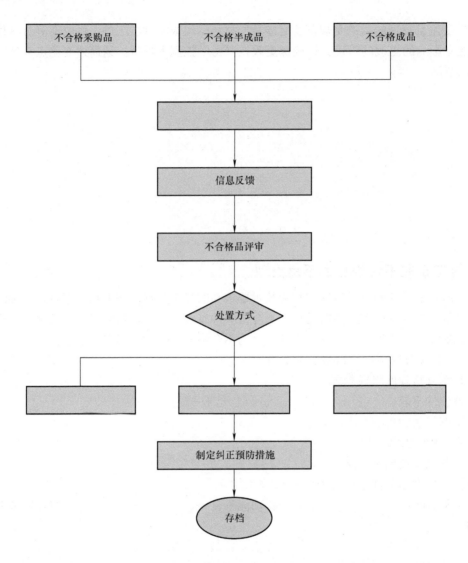

10. 检查员在每日作业检查时发现焊接库存缓冲区车身外板有严重开裂现象，请问他下一步应该怎么处理？并画出处理流程图。

11. 再发防止计划属于预防性的质量管理方法，在发现不合格件及对其进行处理的基础上，积累相关经验，对可能发生的异常事件进行预计，将不良事件遏止在苗头阶段，属于较高一级的质量管理方法。简述再发防止计划的实施步骤。

12. 上网查询或去企业实地调查，利用实际案例完成一份汽车制造厂进行汽车零部件质量管理的报告，以小组为单位相互学习与分享。

鉴 定

序号	学习目标	鉴定1	鉴定2	鉴定3	鉴定结论	鉴定教师签字
1	能够描述零部件质量管理的基础知识				□通过 □不通过	
2	能够掌握开发阶段的零部件质量管理				□通过 □不通过	
3	能够掌握量产阶段的零部件质量管理				□通过 □不通过	
4	能够掌握不合格品的不良类型				□通过 □不通过	
5	能够掌握不合格品的处理流程				□通过 □不通过	

注：任课老师可以通过平时教学过程中学习者的学习态度、参与教学活动的积极性、职场安全意识及终结性鉴定结果等确定其最后鉴定结果，每个学习者最多可以鉴定三次，鉴定老师可以把鉴定情况填写在上表中。

项目 4
汽车生产过程质量管理

学习任务

一、能够描述生产现场质量管理的主要内容和生产过程的质量管理要点

1. 现场质量管理的主要内容 5M1E 指的是，人员（Man）、设备（Machine）、物料（Material）、作业方法（Method）、测量（Measurement）、环境（Environment）。请根据所学知识，分别说明它们对质量的影响以及管理的具体内容。

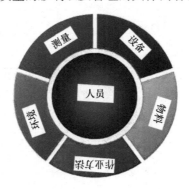

2. 制造过程质量管理的目标是保证实现设计阶段对质量的控制意图，其任务是建立一个控制状态下的生产系统，使生产过程能够稳定、持续地生产符合设计要求的产品。请简述生产过程的质量管理要点。

项目 4
汽车生产过程质量管理

二、能够掌握汽车生产流程的四大工艺及其管理重点

3. 汽车生产的流程主要分为四大工艺——冲压、焊装、涂装、总装。请将它们的具体表述与相应的生产现场图用直线连接起来，并简述四大工艺的质量管理重点。

将冲压好的车身钣金件局部加热或同时加热、加压而接合在一起

将钢板冲压成车身钣金件

将涂装后的车身与底盘等装配成能正常行驶、符合各项标准的整车

对金属和非金属表面覆盖保护层或装饰层

三、能够掌握标准作业的相关知识

4. 简述标准作业和作业标准的区别。

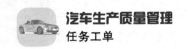

四、能够掌握过程质量管理

5.（多选）过程的任务在于将输入转化为输出，转化的条件是资源，通常包括人、机、料、法、环及检测。其具有以下几个特点（　　）。

A. 过程的输入可以是有形的

B. 一个过程的输出经常成为另一个过程的输入

C. 过程必须是一种增值的活动

D. 过程的各种资源不是独立的，过程和过程之间也不是孤立的，而是相互联系的

6. 过程质量是指过程满足明确和隐含需要的能力的特性总和。它可分为开发设计过程质量、制造过程质量、使用过程质量与服务过程质量四个子过程的质量。请在下图中将四个子过程质量的概念补充完整。

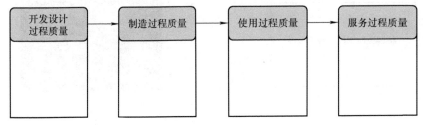

7. 什么是过程质量策划和过程质量审核？

8.（多选）关键过程是指在产品质量形成中，起决定性作用的过程，包括（　　）。

A. 加工难度大、质量不稳定的过程

B. 通过加工形成关键、重要特性的过程

C. 通过检验和试验难以准确评定其质量的过程

D. 外购的关键、重要件验收过程

9. 请将下列常用的过程质量指导文件进行分类。

①工艺规程；②工艺参数；③设备管理台账；④作业要求；⑤设备点检表；⑥随车质量记录表；⑦作业示意图；⑧控制图

作业指导书：

_____

设备管理表：

_____

记录表：

_____

10. 以汽车生产过程中的焊装（下页图）工艺为例，说明在此生产过程中的工序有

哪些？并简述其质量控制点。

11. 下图为某公司螺栓的拧紧力矩值，该点公差设计值为 $10\sim18\mathrm{N}\cdot\mathrm{m}$。以小组为单位，分析该图，并说说你对 C_P、C_PK 的理解。

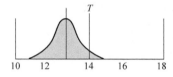

μ	C_P	C_PL	C_PU	C_PK
13	2	1.5	2.5	1.5

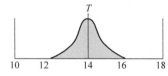

μ	C_P	C_PL	C_PU	C_PK
14	2	2.0	2.0	2.0

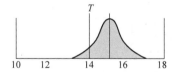

μ	C_P	C_PL	C_PU	C_PK
15	2	1.5	2.5	1.5

12. 某汽车制造公司质量部每年都有驾驶技能比赛，张师傅每年都在比赛中获奖，是众所周知的"好司机"，有一天他当着同事的面吹牛到，"无论路面状况什么样，我开车开得都一样直。"同事要求他示范，否则要请客吃饭。但是要如何证明他开车很直呢？有人建议在车底悬挂一个扎破的漏水袋，通过漏水袋漏出的水滴痕迹来证明他是否开得直。下页图为张师傅在车底挂了漏水袋开车后的鸟瞰图，据此回答下页问题。

（1）通过观察鸟瞰图，你认为张师傅的车开得直吗？

（2）请用过程能力指数的相关知识为张师傅辩护。

13. 请分别列出双侧公差情况下、单侧公差情况下、有偏移情况下的过程能力指数的计算公式。

14. 请根据过程审核流程图，具体阐述如何进行过程审核。

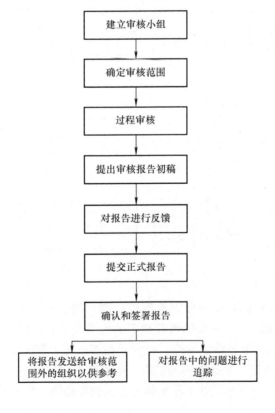

项目 4 汽车生产过程质量管理

五、能够掌握精度质量管理

15. 评价精度质量的参数有哪些？三坐标测量机的类型有哪些？试着从网上查询机器设备的厂家及价格、功能等。

16. 下图为车身精度偏差来源的鱼骨图，试分析造成车身精度偏差的主要因素有哪些。

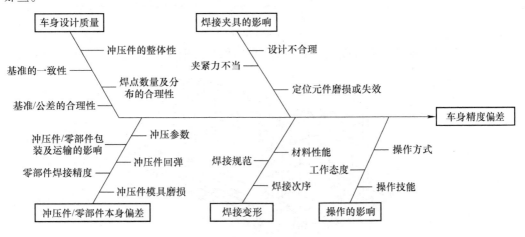

17. 在车身焊装工序中，真正用于焊接操作的工作量约占 40%，而约 60% 的工作量为零部件的定位和装夹。汽车车身钣金件在焊装夹具中的正确定位，是保证车身焊装精度的关键。试述车身钣金件在焊装夹具中如何正确定位。

18. 夹具管理分为日常管理和定期管理，日常管理和定期管理又分别有哪些具体工作呢？请将下页图补充完整。

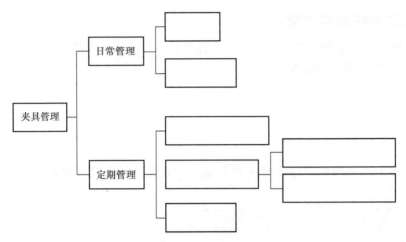

19. 下图为汽车坐标系示意图,请在图中标出正确的坐标,并简述检具的定位原则。

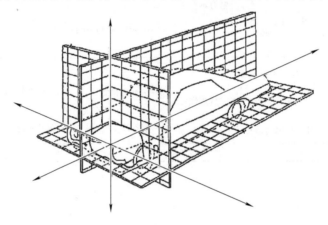

20. 下图分别为白车身综合匹配样架和内外饰部件功能匹配检具实例图,请分别简述两者的作用。

21. 监测装置是指用于对产品质量特性形成过程进行监控或测量的装置，是用来确保产品质量符合性的重要手段之一，包括监视装置和测量装置。监测装置要定期检定，请简述周期检定计划的实施步骤。

六、能够掌握生产现场班组管理

22. 班组管理中的激励原则有哪些？

23. 针对不同发展层次的员工宜采用不同风格的领导方式，请将员工的发展层次与其宜采用的领导风格用直线连接起来。

能力低，意愿较高		支持型的领导风格
能力高一些，意愿低		授权式的领导风格
能力较高，意愿或高或低		教练型的领导风格
能力高，意愿也高		命令式领导风格

24. 生产现场的安全管理是十分必要的，有效的安全管理能减少伤害和疾病，保证员工的健康；没有安全事故发生，士气高昂，生产力也高，同时还能降低生产成本。安全管理重在预防，试述工作现场的安全分析。

25. 简述生产管理中的班前、班中、班后管理要点。

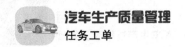

26. 简述机器设备的使用管理和维护管理要点。

鉴 定

序号	学习目标	鉴定1	鉴定2	鉴定3	鉴定结论	鉴定教师签字
1	能够描述生产现场质量管理的主要内容和生产过程的质量管理要点				□通过 □不通过	
2	能够掌握汽车生产流程的四大工艺及其管理重点				□通过 □不通过	
3	能够掌握标准作业的相关知识				□通过 □不通过	
4	能够掌握过程质量管理				□通过 □不通过	
5	能够掌握精度质量管理				□通过 □不通过	
6	能够掌握生产现场班组管理				□通过 □不通过	

注：任课老师可以通过平时教学过程中学习者的学习态度、参与教学活动的积极性、职场安全意识及终结性鉴定结果等确定其最后鉴定结果，每个学习者最多可以鉴定三次，鉴定老师可以把鉴定情况填写在上表中。

项目 5
整车质量管理

学习任务

一、能够掌握整车质量检查的流程与方法

1. 请将整车质量检查中的检查项目填写到整车质量检查流程图的正确位置。

①合格出厂　　②整车抽检　　③淋雨测试　　④动态测试
⑤总装终装线　　⑥转鼓测试　　⑦整车终检线

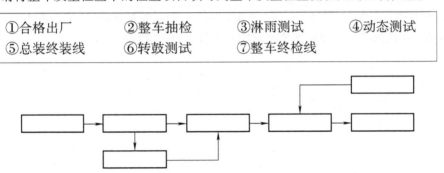

2. 整车检查的问题点可分为三大类：外观、静态功能和动态功能，那么如何来划分它们呢？请根据下图的描述进行划分并将它们填写在正确的位置。

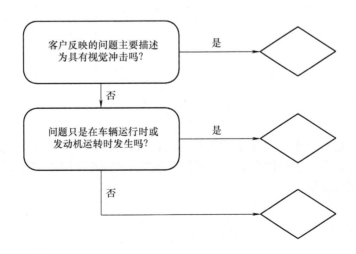

35

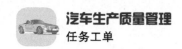

3. 在整车质量检查中，缺陷主要分为三种：外观缺陷、静态功能缺陷以及动态功能缺陷，请将下列缺陷正确分类。

> ①椅背后仰时阻力较大
> ②驾驶时有异响
> ③使用遮阳板时有异响
> ④可见毛边
> ⑤收音机不工作
> ⑥缺少降噪垫
> ⑦转向盘不对中
> ⑧密封胶中断或缺失
> ⑨使用门把手时感到有模具留下的利边
> ⑩故障指示灯持续亮
> ⑪使用不良密封胶
> ⑫翼子板有划痕
> ⑬音响异音

外观缺陷：_____
静态功能缺陷：_____
动态功能缺陷：_____

二、能够掌握整车质量评审的规范

4. 评审缺陷通过三个字母 A、S、D 来区分。A 表示外观缺陷，S 表示静态功能缺陷，D 表示动态功能缺陷。简述整车质量评审分类及严重程度级别。

5. 分别阐述外观、静态功能以及动态功能的评审规范。

6. 在动态功能评审中，在有特殊要求且条件允许的前提下，不同类型的车辆应在不同类型的路面进行不同里程的测试。请将下页表中的车辆在不同的路面应进行测试的里程和所占比重填写完整。

路面类型	所占比重(%)		
	A 级车	C 级车	E 级运动车型
城市路面			
乡村路面			
高速公路			
山路			
轻度坏路			

7. 列出评审严重度指数的计算公式,并说明车型目标分值的给定应考虑哪些方面。

8. AUDIT 法是一种先进的质量管理方法。只要是存在着顾客关系的各个环节,并且顾客在安全、可靠、价格、舒适、方便、美观、环保等方面有要求的产品和服务,均可采用 AUDIT 法来评审其质量。简述 AUDIT 的定义及实施程序。

9. 简述不合格车辆的处理方法。

10. 下图为CCC认证的标志，简述其含义及CCC认证的主要内容。

11. 根据国家法律法规的规定，"凡列入强制性产品认证目录内的产品，没有获得指定认证机构的认证证书，没有按规定加施认证标志，一律不得进口、不得出厂销售和在经营服务场所使用"，某新建汽车制造厂生产的汽车在强制性产品认证目录内，因此必须要获得CCC认证，请同学们完成如下任务：

（1）新建汽车厂为什么要进行CCC认证？

（2）进行CCC认证要准备的资料有哪些？

（3）制定实施CCC认证的计划。

（4）申请认证成功后企业将得到什么标志？

（5）企业获得CCC认证标志后还有哪些工作要做？

12. 天津一汽丰田汽车有限公司向国家市场监督管理总局备案了召回计划，决定召回2018年3月19日至2018年10月16日期间生产的部分卡罗拉汽车，共计13048辆。

本次召回的搭载LED前照灯的卡罗拉GL-i智辉版车辆，由于前照灯光束高度自动调节ECU的控制软件不当，导致在车辆后部降低时（车辆满载乘员等情况），ECU不能对光束进行正确的调节，会使对向行驶车辆驾驶人产生炫目感，存在安全隐患。天津一汽丰田汽车有限公司将为本次召回对象车辆免费修正前照灯光束高度自动调节ECU的控制软件，并对车辆高度传感器进行初始化设定，以消除安全隐患。

天津一汽丰田汽车有限公司将通过挂号信、电话或短信等方式通知相关用户，安排免费检修事宜。用户可拨打客户服务热线800-810-1210（座机拨打）、400-810-1210（手机拨打）进行咨询。用户也可登录国家市场监督管理总局缺陷产品管理中心网站（www.dpac.samr.gov.cn）以及关注微信公众号（SAMRDPAC）了解更多信息。此外，也可拨打国家市场监督管理总局缺陷产品管理中心热线电话：010-59799616，反映召回活动实施过程中的问题或提交缺陷线索。

据此回答以下问题：

（1）天津一汽丰田汽车有限公司对"2018年3月19日至2018年10月16日期间生产的部分卡罗拉汽车"实施召回的法律依据是什么？此次召回属于主动召回还是责令召回？

（2）消费者（车主）可通过什么途径去了解有关本次召回的信息、维修途径等？

（3）谁对此次召回事件的效果进行验收和监督？

（4）召回应如何具体实施？

（5）你能否再列举一些其他的汽车召回案例？

鉴 定

序号	学习目标	鉴定1	鉴定2	鉴定3	鉴定结论	鉴定教师签字
1	能够掌握整车质量检查的流程与方法				□通过 □不通过	
2	能够掌握整车质量评审的规范				□通过 □不通过	
3	能够掌握奥迪特（AUDIT）质量评审的实施程序				□通过 □不通过	
4	能够掌握不合格车辆的处理方法				□通过 □不通过	
5	能够描述CCC认证的含义及步骤				□通过 □不通过	
6	能够熟悉《缺陷汽车产品召回管理条例》				□通过 □不通过	

注：任课老师可以通过平时教学过程中学习者的学习态度、参与教学活动的积极性、职场安全意识及终结性鉴定结果等确定其最后鉴定结果，每个学习者最多可以鉴定三次，鉴定老师可以把鉴定情况填写在上表中。

项目 6
汽车制造企业管理

学习任务

一、能够理解生产管理的概念、原则、内容和任务

1. 狭义的生产管理与广义的生产管理有什么区别？

2.（多选）生产管理的原则包括（　　）。
A. 科学管理
B. 以需定产，以产促销
C. 尽可能多地生产
D. 提高经济效益
E. 均衡生产
F. 准时生产
G. 安全和文明生产

3. 生产管理的内容可按照计划、组织、准备、控制、现场管理五个职能来进行划分，请将它们与具体的管理内容用直线连接起来。

控制职能	生产计划与生产作业计划，以及保证生产计划实现的技术组织措施计划
组织职能	技术文件的准备，工艺装备的准备，设备检修与调整的准备、做好外协件、外购件、工具、计量器具、动力等方面的供应准备
准备职能	根据生产类型和生产规模，合理地划分和布置车间、工段、班组和工作场地
现场管理	对从事产品生产、加工有关活动的场所进行现场调度、质量分析、安全监督等，使生产活动有秩序、按计划地进行
计划职能	生产作业计划是否按期实现，各种生产准备是否及时完成，各种物资供应、毛坯、半成品与零件是否按期投入生产

4. 下图为生产管理系统图，请根据该图简述生产管理的任务。

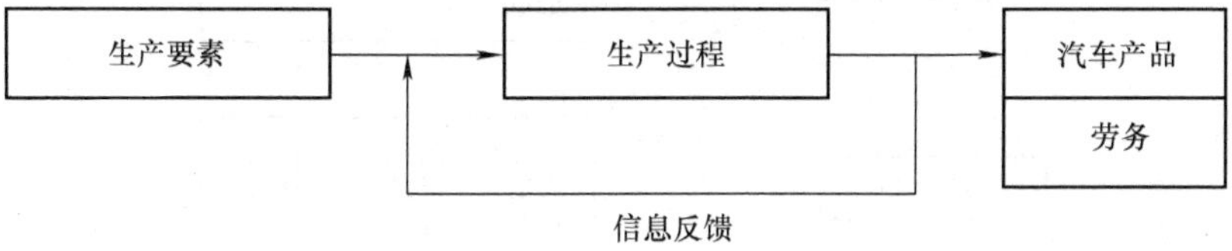

生产要素 → 生产过程 → 汽车产品 / 劳务

信息反馈

二、能够理解生产过程的含义、合理组织要求及生产过程的空间组织和时间组织

5. 工业企业的生产过程按其所经过的各个阶段工作的作用来分，可分为生产技术准备过程、基本生产过程、辅助生产过程和生产服务过程等。请将汽车生产过程中的工作

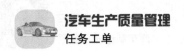

类型正确归类。

| ①设计开发 | ②冲压 | ③焊装 | ④涂装 | ⑤总装 |
| ⑥零部件生产 | ⑦营销 | ⑧样车制造 | ⑨成品检查 |

生产技术准备过程：＿＿＿＿＿＿＿＿＿＿＿＿＿＿＿＿＿＿＿＿＿＿＿＿＿＿
基本生产过程：＿＿＿＿＿＿＿＿＿＿＿＿＿＿＿＿＿＿＿＿＿＿＿＿＿＿＿＿
辅助生产过程：＿＿＿＿＿＿＿＿＿＿＿＿＿＿＿＿＿＿＿＿＿＿＿＿＿＿＿＿
生产服务过程：＿＿＿＿＿＿＿＿＿＿＿＿＿＿＿＿＿＿＿＿＿＿＿＿＿＿＿＿

6. 合理组织生产过程是对各个工艺阶段和各工序的工作进行合理安排，使劳动工具、劳动力和劳动对象达到最优的结合，产品在生产过程中行程最短、时间最省、效率最高、耗费最小。请将合理组织生产过程的基本要求与它们的具体要求或表现用直线连接起来。

目标性	—	生产过程的各阶段、各工序之间在生产能力上要保持适当的比例关系
比例性	—	组织生产过程的根本依据
集合性	—	生产过程的各阶段、各工序之间的活动在时间上是紧密衔接的
平行性	—	生产过程产品的投入、制造和出产阶段都有节奏地进行
连续性	—	充分利用时间和空间，大大缩短产品的生产周期，提高生产效率
适应性	—	要有灵活的生产组织方式和现代的管理方法、提高竞争能力
均衡性	—	找出生产过程有无多余的组成部分

7. 生产类型可划分为大量生产类型、成批生产类型和单件小批生产类型，汽车制造

属于大量生产类型。请简述三种生产类型的特点。

8. 生产过程的空间组织是根据企业的经营目标所提出来的产品品种、数量、交货期的要求，确定企业各产品的生产过程在空间上的运动形式，即生产过程各工艺阶段、各工序的分布和原材料、半成品的运输路线等。那么，在汽车生产过程中，该如何进行空间组织？

9. 福特于 1914~1920 年创立了汽车工业的流水生产线，其特点是把生产管理工作和生产技术的发展与完善密切结合起来，把管理工作从单纯对人的管理，发展到把人和机器联系起来，同时从整体出发对各项作业、各道工序进行协调，因而大大提高了生产过程的连续性和节奏性。汽车流水线生产相比传统的生产方式具有哪些优势？

三、能够了解生产计划的主要内容和指标，掌握生产计划的执行与控制

10. 生产计划是企业在规定的计划期内，应当生产的产品品种、量、产值、质量和出产期限等指标。它是依据市场调查、市场预测与销售计划等各方面综合平衡后确定的。据此回答下列问题：

（1）（多选）生产计划工作的主要内容包括（　　）。

A. 调查和预测社会对产品的需求

B. 核定企业的生产能力

C. 确定企业经营目标，制定经营策略

D. 选择制定计划的方法，正确制定生产计划、库存计划、生产进度计划、计划工作程序以及计划的实施与控制工作

（2）（多选）企业生产计划的主要指标有（　　）。

A. 品种指标

B. 产量指标

C. 产值指标

D. 质量指标

（3）（判断）事后弥补不如事中控制，事中控制不如事前预防。（　　）

（4）（单选）对于生产控制的基本程序，正确的是（　　）。

A. 测量比较→控制决策→制订标准→实施执行

B. 控制决策→测量比较→制订标准→实施执行

C. 制订标准→测量比较→控制决策→实施执行

D. 测量比较→制订标准→实施执行→控制决策

（5）简述生产调度工作的原则以及主要内容。

四、能够掌握技术管理的内容、任务及技术管理负责人的岗位职责

11. 企业技术管理是整个企业管理系统的一个子系统，是对企业的技术开发、产品开发、技术改造、技术合作以及技术转让等进行计划、组织、指挥、协调和控制等一系列管理活动的总称。据此，回答下列问题：

（1）（多选）技术管理的主要内容有（　　）。

A. 建立知识创新和技术管理体系，完善技术创新体制，密切联系科研院所，为企业的产品开发和技术攻关创造条件。

B. 制定技术创新政策，为企业塑造一个良好的创新环境

C. 积极收集科技信息，注重吸收和引进外来经验，用别人的先进经验弥补企业自身

的不足，促进企业不断发展

D. 开发创新人才资源，积极招聘和培养技术人才，建立一支思想素质和业务素质都过硬的科技队伍

E. 对企业的技术革新、技术开发、技术引进和技术改造等工作进行有效的管理

（2）汽车制造企业技术管理的基本任务有哪些？

（3）如果你是某汽车制造企业的技术管理负责人，你认为你的岗位职责有哪些？

五、能够掌握工艺管理工作的性质、内容以及加强工艺管理的措施

12. 生产工艺管理系统能满足各生产企业的要求，其主要用于装置开停工、生产装置达标、生产工艺、临时工艺卡、临时标准等的信息采集、处理、传输、存储以及为决策支持层提供生产工艺方面的数据依据，真正实现企业数据的共享。你认为汽车生产工艺管理系统应该是什么样的？应该具备哪些功能？

13. 刘洋是某汽车制造企业管理部门新入职的员工，部门对其定位是从事工艺管理相关的工作。据此，回答下列问题：

（1）对于工艺管理，他还不知道都需要做哪些工作，你能告诉他吗？

（2）（多选）加强工艺管理的措施有（   ）。
A. 采用最新工艺
B. 正确进行工艺设计
C. 开展工艺研究，积极探索新工艺
D. 加强工艺检查

（3）刘洋认为在工艺管理中，工艺人员的权责同样十分重要，你认为工艺人员的权责有哪些？

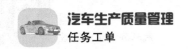

六、能够掌握工艺过程控制管理的方法

14. 汽车制造过程中的热处理、电镀、喷涂、焊接、锡焊、模塑和铸造作为一个特殊的工艺过程，由于其材料特性的差异性、工艺参数的复杂性和过程控制的不确定性，长期以来一直视为汽车零部件制造业的薄弱环节，并将在很大程度上直接导致整车产品质量的下降和召回风险的上升。为了系统解决上述问题，美国汽车工业行动集团（AIAG）的工作小组先后开发了持续质量改进（CQI）系列标准。据此，回答下列问题：

（1）美国汽车工业行动集团（AIAG）开发持续质量改进（CQI）系列标准的目的是什么？

（2）查询资料了解CQI的评估流程及要求。

（3）如何区分一般工序、关键工序以及特殊工序？

（4）如何加强工艺过程控制管理？

七、能够掌握技术管理的基本任务

15. 技术项目的开发与管理包括技术开发、技术引进以及技术改造三部分：技术开发是指利用从研究和实际经验中获得的现有知识或从外部引进技术，为生产新的产品、装置，建立新的工艺和系统而进行实质性的改进工作；技术引进是指通过国际间的技术交流和转移，有计划、有重点、有选择地从国外取得先进技术的活动；技术改造是指企业为了提高经济效益、提高产品质量、增加产品品种、促进产品升级换代、扩大出口、降低成本、节约能耗、加强资源综合利用和三废治理、劳保安全等目的，采用先进的、适用的新技术、新工艺、新设备、新材料等对现有设施、生产工艺条件进行的改造。据此，回答下列问题：

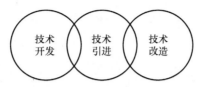

（1）技术开发对象主要包括设备与工具、生产工艺、能源与原材料、生产环境四个方面。请将开发对象与它们的开发目的用直线连接起来。

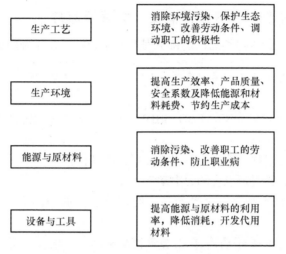

（2）技术开发途径主要包括自行开发、成果引进、联合开发三种。查阅资料，并结合自己的认知，举几种汽车制造企业的技术开发途径实例。

（3）改革开放40多年来，中国汽车产业发生了翻天覆地的变化。现在，中国已成为世界第一汽车制造大国，汽车产业也已成为国民经济的重要支柱产业。然而，改革开放初期，我国几乎完全没有现代化的汽车制造体系，以至于上海引进桑塔纳技术三年后，国产化率仅3%。而现在，我国已完全建成现代化的汽车制造体系，制造水平达到世界先进水平。

结合材料说明，技术引进包括哪些内容？

（4）1992年，上海大众汽车公司进行二期技术改造，投资23亿元，在桑塔纳轿车的基础上，增加桑塔纳2000轿车新品种。该项目于1995年投入批量生产，当年生产桑塔纳和桑塔纳2000轿车16万辆，达到设计生产纲领，当年销售收入184.31亿元，税后利润19.92亿元，走出了一条投资少、进度快、见效早的技术改造成功之路。

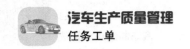

结合实例说明,技术改造的优点有哪些?

八、能够理解汽车新产品开发的意义、方式及程序

16. 汽车新产品包括六种类型,请将下列新产品开发活动正确归类。

> ①宝马公司在原来的 7 系、5 系、3 系的基础上改进的新 7 系、新 5 系、新 3 系轿车
> ②在汽车上新安装 ABS、EBD、BDL、ASR、ESP 系统或全球定位系统(GPS)
> ③大众汽车将老款"桑塔纳"提高配置,降低价格
> ④丰田开发的普锐斯混合动力电动汽车
> ⑤丰田卡罗拉本身是一个老产品,但在首次投放中国市场时,仍是新产品
> ⑥大众汽车在 1.8L 手动档、1.8L 自动档的基础上,推出 1.6L 手动档、1.6L 自动档两款新车型
> ⑦通用汽车公司开发的自主魅力燃料电动汽车
> ⑧福特汽车公司将两厢版福克斯开发出三厢版福克斯
> ⑨比亚迪汽车公司开发的电动汽车

全新产品:＿＿＿＿＿＿＿＿＿＿＿＿＿＿＿＿＿＿＿＿＿＿＿＿＿＿
改进型新产品:＿＿＿＿＿＿＿＿＿＿＿＿＿＿＿＿＿＿＿＿＿＿＿
形成系列型新产品:＿＿＿＿＿＿＿＿＿＿＿＿＿＿＿＿＿＿＿＿
降低成本型新产品:＿＿＿＿＿＿＿＿＿＿＿＿＿＿＿＿＿＿＿＿
重新定位型新产品:＿＿＿＿＿＿＿＿＿＿＿＿＿＿＿＿＿＿＿＿

17. 目前,各大汽车制造企业都在大力开发汽车新产品,不断推动汽车的更新换代。汽车企业为什么要进行新产品开发?

项目 6 汽车制造企业管理

18. 汽车新产品的开发有四种方式，即独立开发、技术引进、开发与引进相结合、联合开发。请简述四种开发方式的特点，并举例说明采用各开发方式的优势与缺陷。

19. 在汽车新产品的商业化过程中有 70% 左右的新产品商业化失败，为了减少新产品开发的风险，开发必须按照一定的科学程序来进行。以下为汽车新产品开发的程序，请按正确的程序将其排列。

①价值分析　　　②市场调研　　　③形成产品概念
④研发设想　　　⑤研发筹备　　　⑥研发立项
⑦产品研制　　　⑧市场试销　　　⑨制定营销规划
⑩产品试验与鉴定

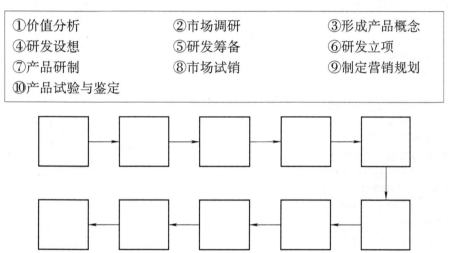

20. 某汽车制造企业想要开发新能源汽车新产品，你认为它应该采取哪种开发策略，并说明你的理由。

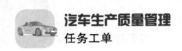 汽车生产质量管理
任务工单

鉴 定

序号	学习目标	鉴定1	鉴定2	鉴定3	鉴定结论	鉴定教师签字
1	能够理解生产管理的概念、原则、内容和任务				□通过 □不通过	
2	能够理解生产过程的含义、合理组织要求及生产过程的空间组织和时间组织				□通过 □不通过	
3	能够了解生产计划的主要内容和指标，掌握生产计划的执行与控制				□通过 □不通过	
4	能够掌握技术管理的内容、任务及技术管理负责人的岗位职责				□通过 □不通过	
5	能够掌握工艺管理工作的性质、内容以及加强工艺管理的措施				□通过 □不通过	
6	能够掌握工艺过程控制管理的方法				□通过 □不通过	
7	能够掌握技术管理的基本任务				□通过 □不通过	
8	能够理解汽车新产品开发的意义、方式及程序				□通过 □不通过	

注：任课老师可以通过平时教学过程中学习者的学习态度、参与教学活动的积极性、职场安全意识及终结性鉴定结果等确定其最后鉴定结果，每个学习者最多可以鉴定三次，鉴定老师可以把鉴定情况填写在上表中。

项目 7
质量改进

学习任务

一、能够描述质量改进的概念及意义

1. 企业提供的产品或服务质量的好坏，决定了顾客的满意程度。要提高顾客的满意度，就必须不断地进行质量改进。质量改进是质量管理的一个十分重要的环节。什么是质量改进？质量改进与质量控制、质量突破的关系是怎样的？

2. 目前，我国汽车制造企业更迫切地需要开展质量改进，以提高汽车产品的质量水平，提高顾客的满意程度，不断降低成本，提高市场竞争力。据此，回答下列问题：
（1）（多选）质量改进的必要性体现在（　　　）。
A. 在关键环节日积月累的质量改进，会取得意想不到的效果
B. 技术与不同企业的各种资源之间的最佳匹配问题，要求技术必须不断改进
C. 新技术、新工艺、新材料的发展，对原有的技术提出了改进要求
D. 优秀的工程技术人员也需要不断学习新知识
（2）（多选）质量改进的意义包括（　　　）。
A. 有利于发挥各部门的质量职能，提高工作质量
B. 促进新产品开发，改进产品性能，延长产品的寿命周期
C. 更加合理、有效地使用资金和技术力量，充分挖掘组织的潜力
D. 提高产品的适应性，从而提高组织产品的市场竞争力

二、能够掌握质量改进的步骤和内容

3. 下页图为质量改进上升的示意图，请根据该图阐述质量改进的基本过程。

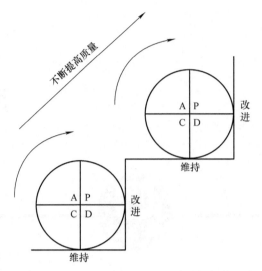

4. 质量改进的过程本身就是一个 PDCA 循环，在质量改进中，PDCA 循环的四个阶段具体可分作 7 个步骤来实施。请将它们正确排序，然后简述每个步骤的具体内容和注意事项。

①调查现状	②明确问题	③拟定对策并实施
④分析问题原因	⑤防止再发生和标准化	
⑥总结	⑦确认效果	

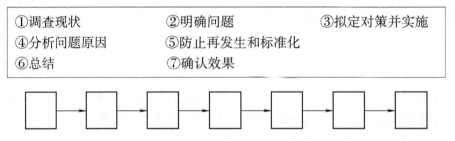

三、能够掌握质量改进的组织与推进

5. 依据质量改进工作的主体不同，可以分为员工个人的改进和团队改进。在员工个人的改进工作中，最典型的是合理化建议和技术革新；在团队改进中，最典型的是 QC 小组和六西格玛团队。据此，回答下列问题：

（1）（单选）六西格玛管理起源于（　　）。

A. 通用电气

B. 丰田汽车

C. 摩托罗拉

D. 壳牌石油

（2）（单选）六西格玛改进的五个阶段 D、M、A、I、C 中的 D 表示（　　）。

A. 实施
B. 设计
C. 界定
D. 缺陷

（3）（单选）通常所说的六西格玛质量水平对应 3.4×10^{-6} 缺陷率，是考虑了过程输出质量特性的分布中心相对目标值（　　）偏移。

A. 3σ
B. -1.5σ
C. 1.5σ
D. $\pm 1.5\sigma$

（4）（单选）在六西格玛改进 DMAIC 的过程中，确定当前水平（基线）是（　　）阶段的活动要点。

A. 界定
B. 测量
C. 分析
D. 控制

（5）（多选）以下哪些类型适合确定为六西格玛项目？（　　）

A. 疏通瓶颈，提高生产效率
B. 关注成本节约
C. 改进服务，提高顾客满意度
D. 提高质量，降低缺陷
E. 新技术宣传推广

6. 质量改进的组织分为两个层次，一是质量委员会，二是质量改进小组。具体回答下列问题：

（1）质量委员会和质量改进小组都是干什么的？各有什么特点？

（2）A 是质量委员会中的一员，B 是质量改进团队中的组长，C 是质量改进团队中的成员。请告诉他们，他们的工作职责分别有哪些？

7. 某汽车铸造厂对本厂产品质量进行分析时发现，不合格品的原因主要为有气孔、偏心，但同时认为，该类铸造件的合格率可以接受，没必要增加成本去进行质量改进。据此回答下列问题：

（1）该企业犯了哪种质量改进的错误？

（2）质量改进的障碍都有哪些？你认为该如何避免？

（3）（多选）质量改进的过程不是一蹴而就的，而要根据公司取得的进展和结果，持续进行质量活动。要做到持续改进，必须做好（　　）工作。
A. 检查
B. 培训
C. 表彰
D. 报酬

四、能按照企业要求组建质量管理小组

8. 早在新中国成立初期的工业建设中，就出现了马恒昌小组、郝建秀小组、赵梦桃小组等一大批先进班组，坚持"质量第一"的方针，在提高产品质量上不断做出贡献，提供了班组质量管理的经验。1978年9月，北京内燃机总厂在学习汲取了日本的经验后，建立了我国第一个QC小组。据此回答下列问题：

（1）什么是质量管理小组？它具有哪些特点？

（2）（多选）QC小组活动的宗旨有（　　）。
A. 发扬自主管理和民主精神
B. 尊重人，创造愉快的工作环境
C. 提高员工素质，为企业和社会做贡献
D. 激发员工的积极性和创造性，开发无限的人力资源

9. 某汽车零件生产企业想要组建质量管理小组，但对组建的具体事项仍有一些问题和疑惑，请你以咨询顾问的身份帮助他们进行解答。

（1）组建QC小组应遵循哪些原则？

（2）QC小组的组建程序分为哪几种情况？该如何选择？

（3）质量管理小组如何进行注册登记？

五、能按照质量管理小组活动的步骤组织或参加质量管理活动

10. QC 小组活动的步骤实际上就是按照 PDCA 循环的四个阶段开展的，请将 QC 小组活动的步骤正确填写在 QC 小组活动步骤图中。

①实施对策　　　②制定巩固措施　　　③现状调查
④选择课题　　　⑤制定对策　　　　　⑥设定目标
⑦总结及今后打算　⑧分析原因　　　　　⑨确定主要原因
⑩检查效果

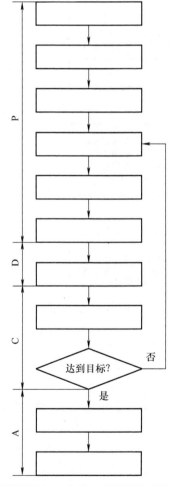

11. 根据 QC 小组活动课题的特点、内容，可将活动课题分为两大类五种类型。请将

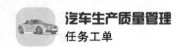

不同类型的课题与它们的选题范围、适用人员用直线连接起来，并回答QC活动小组应如何选题。

| 服务型 | 以提高业务工作质量、解决管理中存在的问题，提高管理水平为选题范围 | | 由管理人员、技术人员和操作人员三结合进行活动 |

| 管理型 | 以解决技术关键问题为选题范围 | | 以生产和服务一线员工为主开展活动 |

| 现场型 | 以稳定生产工序质量、改进产品质量、降低消耗、改善生产环境为选题范围 | | 为科研人员、设计开发人员、技术人员、营销人员和管理人员使用 |

| 创新型 | QC小组成员运用新的思维方式，创新的方法，开发新产品(新项目)、新方法，实现预期目标 | | 以管理人员为主参与活动 |

| 攻关型 | 以推动服务工作标准化、程序化、提高服务质量和效益为选题范围 | | |

12. 在开展QC小组活动中，可以用到的方法有哪些？请分别说明各个步骤能用到的方法。

六、能够对质量管理小组活动的成果进行总结并撰写报告并发表

13. 小王是某企业质量管理小组的成员,经过一段时间的努力,他所在的质量管理小组取得了一定的成果。作为本部门重点培养的管理人员,对成果进行总结和撰写成果报告的重任自然就落到了小王的肩上。在他开始撰写之前,还有一些问题需要解决。

（1）QC 小组活动取得的成果可以分为哪几种类型？每种类型的成果的特点是什么？

（2）成果报告的主要内容通常包括哪些？

（3）成果报告的编写要求有哪些？

（4）你能为小王提供一些成果报告的编写技巧吗？

（5）成果报告撰写完后,接下来就是发表了,成果发表的形式有哪几种？各有什么特点？

（6）小王有些疑惑,成果报告都已经撰写出来了,为什么还要发表？你能告诉他为什么吗？

14. 对 QC 小组活动成果的评审,就是用评审标准衡量小组活动达到标准的程度,审查小组活动成果是否完整、正确、真实、有效。评审的目的是为肯定取得的成绩,总结成功的经验和不足之处,不断提高 QC 小组的活动水平,同时为表彰先进、落实奖励,使 QC 小组活动持续进行下去。据此回答下列问题：

（1）QC 小组活动成果的评审原则有哪些？

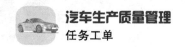

（2）查阅资料，了解中国质量管理协会颁布的QC小组活动成果评审标准。

七、能够开展"5S"管理活动

15. 5S是指整理（Seiri）、整顿（Seiton）、清扫（Seiso）、清洁（Seiketsu）和素养（Shitsuke），请在下表中将各种活动的定义、目的、意义、要点等填写清楚。

5S	定义	目的	意义	要点
整理				
整顿				
清扫				
清洁				
素养				

16. 下图为"5S"之间的相互关系图，请根据"5S"之间的相互关系将它们填写在括号中正确的位置上。

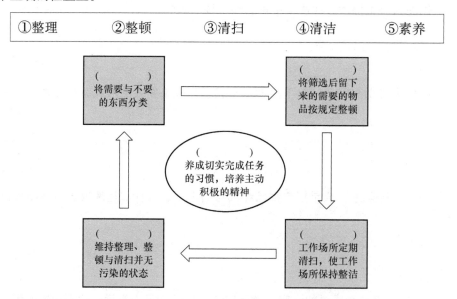

17. 对于汽车生产企业而言，实施"5S"管理的意义有哪些？

18. 某企业在推行 5S 管理之初，采取试点推行的办法。通过定点照相，把每个部门最脏、最乱、最差的地方找出来。随着工作的开展，样板区现场发生了显著变化，干净、整洁的样板呈现在员工面前，使员工对这一新事物逐渐有了认同的感觉。为了推行 5S，该企业采取了各项积极措施。厂部推行委员会制定要与不要判断基准、油漆使用教程、如何划线、物品定位及标示准则、废弃物处理方法等规则，采用定点照相法来对比实施 5S 管理前后的变化，用红牌作战方法对问题加以改进。厂领导亲临一线指导 5S 管理，物品摆放井然有序，事事有人负责，员工能够以高度的热情投入到生产中。通过推行 5S 管理，该企业的生产现场管理水平得到了极大的提高，为其他各项工作的开展起到了积极的促进作用。

案例中提到的"定点照相法""红牌作战法"分别是什么？如何操作？在"5S"管理中还有没有其他方法可以采用？

19. 请说明下列图例中不同颜色的线条所代表的含义。

图例	颜色代表的意义

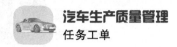

20. 下图为生产现场零件的摆放图例，请说明零件 5S 的要求。

鉴　定

序号	学习目标	鉴定1	鉴定2	鉴定3	鉴定结论	鉴定教师签字
1	能够描述质量改进的概念及意义				□通过 □不通过	
2	能够掌握质量改进的步骤和内容				□通过 □不通过	
3	能够掌握质量改进的组织与推进				□通过 □不通过	
4	能按照企业要求组建质量管理小组				□通过 □不通过	
5	能按照质量管理小组活动的步骤组织或参加质量管理活动				□通过 □不通过	
6	能够对质量管理小组活动的成果进行总结并撰写报告				□通过 □不通过	
7	能够开展"5S"管理活动				□通过 □不通过	

注：任课老师可以通过平时教学过程中学习者的学习态度、参与教学活动的积极性、职场安全意识及终结性鉴定结果等确定其最后鉴定结果，每个学习者最多可以鉴定三次，鉴定老师可以把鉴定情况填写在上表中。

项目 4
汽车生产过程质量管理

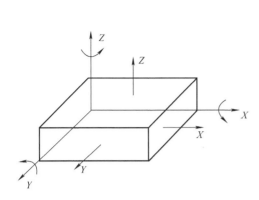

图 4-21 刚体在空间的六个自由度

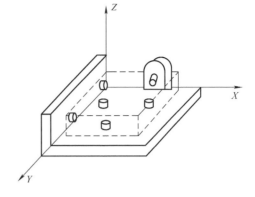

图 4-22 刚体的六点定位（完全定位）

汽车件所需的夹紧力，是为了保证安装精度，使各相邻焊件相互紧贴，消除它们之间的装配间隙所需的力，或者是根据图样要求，保证给定间隙和位置所需的力。在进行焊接工件夹具的设计计算时，首先要确定装配、焊接时焊件所需的夹紧力，然后根据夹紧力的大小、焊件的结构形式、夹紧点的布置、安装空间的大小、焊接机头的焊接可达性等因素来选择夹紧机构的类型和数量，最后对所选夹紧机构和夹具体的强度和刚度进行必要的计算或验算。

定位元件是夹具中最主要的组成件，它确定着被装配零件在夹具中的位置，从而保证了被装配的所有零件相互位置的技术要求，有时还直接确定焊接结构的外形。定位元件的失效分为磨损失效、变形失效和断裂失效等。

汽车焊装夹具制造过程中的管理分为日常管理和定期管理。日常管理分为夹具 5S 和夹具日常点检。定期管理分为夹具定期检查和保养、定位元件精度检测和车身精度检测。定位元件精度检测又分为定位元件形状精度检测和定位元件位置精度检测，如图 4-23 所示。

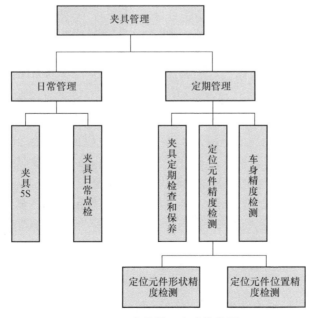

图 4-23 夹具管理方法结构图

4. 检具管理

在汽车生产流水线上，如果某一个零件尺寸超差导致装配困难将会影响生产线节拍，甚至造成全线停产。因此必须对每一个零部件进行质量控制，而快速、准确判断零件尺寸、形状、位置合格与否，最有效的工具就是检具。

检具是工业生产企业用于控制产品各种尺寸（例如孔径、空间尺寸等）的简捷工具，适用于大批量生产的产品，如汽车零部件，以替代专业测量工具，如光滑塞规、螺纹塞规、外径卡规等。

根据汽车检具的用途和使用的场合，检具主要分为单件检具、总成检具和开口检具。单件检具是为了开发车身、整车相关的部件、保证冲压成形部件或注塑件的品质使用，如为尺寸和外形的检查等而开发的检具。总成检具用于测量和检查零部件在焊装或组装后的尺寸和外形，以便了解和解决问题。此外，通过定期检验，保证组装零件的质量。开口检具用于检验车身的开口部位（前后风窗玻璃安装部位）的尺寸和外形，制造出一个与组装配件形状一致的检具，在车身上装配并加以比较，以便找出车体的问题并加以修正。

在零件生产现场，通过检具实现对零件的在线检测，为此需要将零件准确地安装于检具上，然后通过目测，或使用测量表、卡尺对零件型面、周边进行检查，也可以借助检验销或目测对零件上不同性质的孔及零件与零件之间的连接位置进行目检，从而保证在生产时实现零件质量状态的快速判断。在此情况下，通过目检或测量可以判断零件轮廓周边大小和形状区域以及相对位置与通过 CAD/CAM 直接加工的检具理论值之间的偏差。对于零件上的某些极其重要的功能性尺寸，还能利用检具进行数值检测。通常不能借助检具直接获得零件基于车身坐标系统精确的坐标值，而须将零件置于检具上通过三坐标测量机测量方能获得。现代检具的结构在设计时需考虑其可以作为测量支架使用。但是当检具的在线检查功能与测量支架功能不能同时满足使用需要时，应首先满足检具的在线检查功能。常用汽车检具如图 4-24 所示。

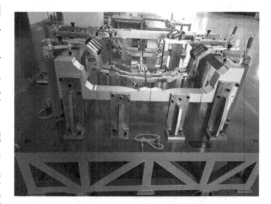

图 4-24 常用汽车检具

检具的定位原则是，空间上限制一个产品的六个自由度，在检具上根据零件的特性允许有超出"3—2—1"原则的过定位，以保证零件定位的可靠性。在检具设计、制造、测量中，设计基准、加工基准、测量基准在任何时候都要尽量保证统一。检具设计之初一定要确认客户提供的产品数据模型绝对坐标系为汽车坐标系。每一个客户提供的产品的 3D 造型都有一个绝对坐标系，汽车上所有的零件绝对坐标系都是同一个，这样不同的零件按照同一个坐标系组装起来就是一辆整车数据模型，这个绝对坐标系就称为汽车坐标系，如图 4-25 所示。

通常车身长度方向为绝对坐标系的 X 向，方向为车前部至尾部；车身宽度的中间为 Y 向的零位，驾驶人一侧为 Y 向负值，前排乘客侧为 Y 向正值；Z 向为车身高度方向，方向为车身底部至车身顶部。

检具的维护保养工作包括以下几方面：

1）每天下班前必须把工作过的检具表面擦拭干净。

2）检具使用完毕后用细棉纱把检具的工作面、压紧钳、检验销、通止规等擦拭干净并涂防锈油，将检验销插在检具本身或放于检验销存放盒内。

项目 4
汽车生产过程质量管理

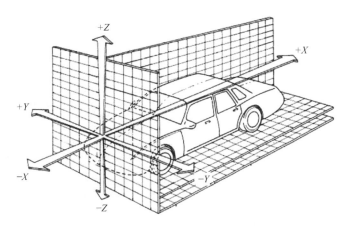

图 4-25 汽车坐标系

3）检具使用完毕后应检查所有的压紧钳和检验销的螺钉有无松动；检验销和通止规拴绳有无松脱。

4）用防护套或塑料布把检具包好，防止灰尘，特别是长期不用的检具存放。

5）年度校正报告和日常保养记录均须存档备查。

5. 白车身综合匹配样架

白车身综合匹配样架是用于对冲压单件、外购件、焊接分总成进行尺寸认可及匹配认可，从而可控制冲压单件、焊接分总成和白车身，保证其可量化、可测量和可追溯的设备。

白车身综合匹配样架是用于模拟生产车间及焊装车间不同单件、总成的焊装过程的高端设备，它既可以在新车型的前期及时发现并更改模具上的偏差，又可以作为前期测量夹具，对被测件进行前期的快速测量检验。白车身综合匹配样架实例如图 4-26 所示。

白车身综合匹配样架的主要目的有：

1）加快新车型成熟工艺。

2）模拟以及评价各种更改（零件更改、夹具更改等）。

3）目视评价车体零件配合。

4）加快整车量产之前的质量分析。

5）帮助分析零件生产和生产过程之间的潜在问题并做出正确、经济的决策。

图 4-26 白车身综合匹配样架实例

6）对技术方案做出评价。

7）生产过程和最初理想阶段的对比。

8）帮助并缩短汽车样机和量产之间的评价过程。

6. 内外饰部件功能匹配检具

内外饰部件功能匹配检具是在从产品研发到整车数据冻结阶段后，根据车身的数据模型，按 1∶1 的比例制作一个标准化的车身模型，一般用航空用铸铝制作。由于完全按照设计数据制造，并且采用精密的数控机床进行加工，整个内外饰部件功能匹配检具相对于设计数据模型可以说是零偏差，是三维数据模型的真实再现。

内外饰部件功能匹配检具是用铝合金制造而成的零公差总成或车身,是开发过程总装件检测、匹配和评价的手段,主要对门盖总成、内外饰零件、电器总成等进行尺寸认可及匹配认可,确保精度质量,其实例如图 4-27 所示。

内外饰部件功能匹配检具的主要作用包括以下几点:

1)直观地对汽车内外饰的设计进行评审,检测汽车内外饰部件的整体尺寸及效果。零件在内外饰部件功能匹配检具上的匹配结果,是校正原设计缺陷和不足,进行设计数据模型更改,校正零部件制造偏差,进行制造过程控制的重要依据。

图 4-27　内外饰部件功能匹配检具实例

2)设计开发和量产过程中,进行有效的车身与零部件问题校验。

3)内外饰部件功能匹配检具是一个高度模块化的检具,可以自由设计检查项,所有模块和零部件可以互换。例如前端模块,前照灯、进气格栅和发动机罩等在模块和实物零部件之间可以任意互换,这是任何一种检具都无法做到的。而单纯使用三坐标测量机进行检测,是难以完成任务的,特别是无法达到直观的效果。由自由设计检查项延伸开来,就是内外饰部件功能匹配检具理论上是可以任意切割,这就决定了其成本可视预算而定。预算多的时候可以做个完整的车,像真车一样,就是一个全铝车身;预算少的时候,也可以只做前端和后端,内模型暂时不做,并且没有匹配关系的地方可以挖空,节省材料,同时也节省加工时间,从而节省成本。

白车身综合匹配样架与内外饰部件功能匹配检具是相辅相成的,分别涵盖了白车身质量控制和总装件质量控制两个领域,在国内这两种都属于质量控制领域的高端设备。

内外饰部件功能匹配检具是用于检查总装件(主要是内外饰)与车身的匹配检具,而白车身综合匹配样架是检查白车身零件及各级总成的匹配检具,是对整个白车身装配工艺流程的验证。白车身综合匹配样架在车身设计基本结束后和焊装夹具投入制造前投入使用,这种综合运用主要应用于主机厂控制和改进整车工艺质量。

4.3.3　监测装置管理

监测装置是指用于对产品质量特性形成过程进行监控或测量的装置,是用来确保产品质量符合性的重要手段之一,包括监视装置和测量装置。监视装置是指用于监视生产条件,以调整和控制生产条件为目的,为产品符合提供证据的设备和仪器(不含生产条件的安全监视系统);测量装置是指为实现测量过程所必需的测量仪器、软件、测量标准、标准物质或辅助器械,以及它们的组合。

微课视频
监测装置管理

监测装置的范围见表 4-2。

监测装置要定期检定,周期检定计划按如下步骤实施:

1)根据周期检定计划的要求,各部门根据实际情况提前安排专人负责将待检的监测装置送检。

2)检定和校准由企业质量管理部门实施或联系国家授权的计量检定机构实施。

表 4-2 监测装置的范围

分类			用途	举例
监视装置			监测生产条件,并具备判断生产条件是否适合的装置	压力表、温度计、电流表、流量计等监测生产条件的装置
测量装置	计量器具	直接监测	可以直接读出被测工件的尺寸监测值的器具	游标卡尺、千分尺、钢直尺
		比较监测	用来判断工件合格与否的器具(不可直接读出监测值)	塞尺、塞规
	检测和试验设备	精密监测器具	用于精密监测的装置	三坐标测量机、圆度仪、厚度计、分析天平等
		试验机	用于测试材料的物理性质或产品性能的装置	四轮定位仪、万能材料试验机、直读光谱仪等
		分析仪器	定性定批地测定物件的性能、构造、组织的仪器	金相显微镜、气相色谱仪等
		力矩装置	在生产线上,用于测定工件的质量特性,能判定合格与否	力矩扳手
	检定/校准标准器		用于检定/校准以上设备的仪器及辅助器具	力矩扳手校正仪、指示表检定仪、硬度标准块等

3)检定和校准合格的监测装置由企业质量管理部门或国家授权的计量检定机构签字确认,发放加盖检定印章的检定和校准证书。

4)使用部门对自校监测装置按照计划进行自校,将自校数据提交质量部确认,质量部按规定发放校准标志。

对于不合格的监测装置,使用部门一经发现应立即停止使用,隔离存放,做出明显的标签或标志,在不合格原因被排除并经再次计量确认(自校或数据比对)后才能重新投入使用,并保存记录。

此外,监测装置的调拨、闲置、降级、报废、损坏和遗失的处理需有明确的规定,并保存处理结果记录。

4.4 生产现场班组管理

现场管理的最基本单元就是班组,班组的现场管理水平是企业的形象、管理水平和精神面貌的综合反映,是衡量企业素质及管理水平高低的重要标志。搞好班组生产现场管理,有利于企业增强竞争力,改善生产现场状况,消除"跑、冒、漏、滴"和"脏、乱、差"现象,提高产品质量,保证安全生产,提高员工价值,对提高企业管理水平,提高经济效益,增强企业竞争力具有十分重要的意义。

班组虽是企业内部最小的组织单位,但是企业的许多工作最终都需要通过班组来贯彻落实。企业方针、企业改革、思想工作、队伍建设、生产指标的完成、劳动保护、质量管理等都要落实到班组中。

4.4.1 班组人员管理

现场管理的各项目标的达成都要依靠人来完成，管理的核心要素是人，班组的绩效归根到底是班组成员共同实现的，班组管理的核心是人员管理。

基于人性假设理论，人是复杂的，虽然人在不同的情境下会表现出不同的行为，但人的本质是善的，组织可能由于发展阶段、环境、岗位不同等因素使得针对某一简单人性假设都无法实现和谐管理，因此管理方法要根据具体情况合理选择和实施。这也就意味着人员管理的复杂性，所以，班组长必须掌握班组人员的态度、思想、需求、目标、技能等方面的实际情况并进行有针对性的管理。

微课视频
班组人员管理

1. 依据制度进行人员管理

制度是规矩，没有规矩不成方圆。管理是手段，制度是保证。企业管理的规范化、标准化来源于制度。企业的生存和发展离不开标准化和规范化的制度。制度可以使企业的员工有文化、有秩序、有组织、有成效。

（1）在制定班组制度时要避免的问题

1）违反法规。班组的各项制度要符合国家、行业和企业的法律法规的要求。要在法律法规政策和要求的指导下制定合法的规章制度。在企业改革中，有些新的条文只要有利于国家和社会稳定和谐，有利于企业生产经营发展和员工生活，就可以实行。

2）草率行事。在制定制度时要经过多方面的考虑，不要为了应付差事草草了事，要做认真的调查和研究，充分考虑到客观需要，同时，制定出的制度必须向员工宣布并在实际工作中按照制度的要求进行工作，这样的制度才具有实际意义。

3）违背常理。制度过于苛求，超出常人接受的范围，惩罚过于严厉，过于理想化，这会导致执行过程中很难落实到位；或者过于宽松，过于随意，没有太大的约束力，没有效果。这样的制度都不会发挥出应有的作用。

4）形同虚设。制度出台以后，关键在于执行。定而不宣，立而不用，等于没有制度。对违反制度的行为姑息纵容，因人而异，亲疏有别，这只能使制度自行废除，形同虚设。

（2）培养员工遵守纪律

1）培养员工的良好习惯。制度就是规矩，要使员工遵守规矩，就要从基础工作抓起。执行制度是一项必须长期坚持的，而又丝毫不能松懈的基础管理工作。班组长要经常向员工做一些宣传和教育的工作，坚决按照制度规定实施必要的考核和奖惩。只有基础工作常抓不懈，并保持长效稳定的状态，才能使制度真正落实到位。

2）从员工身边小事抓起。班组长要充分利用班组早会和日常巡检的时间，对员工进行作业观察，纠正员工的不良习惯。要做好身边小事的细致性工作。

3）以身作则。要想让员工遵守制度，首先从班组长做起。班组长要严格执行企业和班组的各项管理制度，为员工提供榜样示范。

（3）班组管理制度

1）企业规章制度。企业规章制度包括人事制度、考核制度、奖惩制度、劳动合同等，目的是确保各项工作合理、有序地进行。

2）行政管理制度。行政管理制度包括员工守则、例会制度、保密制度、行政管理、后勤服务等，目的是用来规范员工的行为，树立企业的形象。

3）技术管理制度。技术管理制度包括生产组织管理制度、生产现场管理制度、生产技术管理制度、工艺技术管理制度、技术档案管理制度等,目的是促进技术的发展,建立良好的秩序,保证生产过程符合要求。

4)质量管理制度。质量管理制度包括生产准备管理制度、工序质量管理制度、产品检验制度等,目的是确保产品与服务质量以及质量改进工作的进行。

5)设备管理制度。设备管理制度包括设备操作规程、持证上岗制度、巡检制度、设备保养制度、设备维护制度等,目的是确保生产正常进行,提高设备效益。

2. 以激励为主的人员管理

激励是通过影响员工个人需求的实现来提高他们的工作积极性,引导他们在企业经营中的行为。班组管理中的激励,旨在了解班组成员个人需求和制度对个人需求满足感的影响。

激励是调动员工的主人翁意识,让他们积极参与到管理活动中来,使他们在参与管理活动的过程中,能够逐渐实现自我价值,获得自我实现需要的满足。需要理论认为,需要的满足是人的一切行为的原动力,而激励与需要密切相关。因此,有效的激励机制的构建,是调动员工积极性的主要手段,是提高员工素质的有力杠杆,是形成良好组织文化的有效途径,是进行人本管理、有效开发人力资源的关键。

(1)激励原则

班组管理中的激励要遵循以下原则:

1)目标结合原则。在激励机制中,设置目标是一个关键环节。目标设置必须同时体现组织目标和员工的需要。

2)物质激励和精神激励相结合的原则。物质激励是基础,精神激励是根本。在两者结合的基础上,逐步过渡到以精神激励为主。

3)明确性原则。明确性原则包括三层含义:其一,明确激励的目的;其二,公开,特别是对分配奖金等大量员工关注的问题时,更为重要;其三,直观,实施物质奖励和精神奖励时都需要直观地表达它们的指标。明确性与激励影响的心理效应成正比。

4)合理性原则。激励的合理性原则包括两层含义:其一,激励的措施要适度,要根据所实现目标本身的价值大小确定适当的激励量;其二,奖惩要公平。

5)引导性原则。外部激励措施只有转化为被激励者的自发自觉,才能取得激励效果。因此,引导是激励的内在要求。

6)时效性原则。要把握激励的时机,"雪中送炭"和"雨后送伞"的效果是不一样的。激励越及时,越有利于将人们的激情推向高潮,使其创造力连续有效地发挥出来。

7)按需激励原则。激励的起点是满足员工的需要,但员工的需要因人而异、因时而异,并且只有满足最迫切的需要,激励强度才大。因此,领导者必须深入地进行调查研究,不断了解员工需要层次和需要结构的变化,有针对性地采取激励措施,才能收到实效。

8)正激励与负激励相结合的原则。所谓正激励就是对员工的符合组织目标的期望行为进行奖励。所谓负激励就是对员工违背组织目标的非期望行为进行惩罚。正负激励都是必要而有效的,不仅作用于当事人,而且会间接影响周围其他人。

(2)激励中的关键因素

激励中的关键因素主要有激励时机、激励频率、激励程度、激励方向。

1)激励时机。激励时机是激励机制的一个重要因素。激励在不同时间进行,其作用与效果是有很大差别的。激励如同发酵剂,何时该用、何时不该用,都要根据具体情况进行具体分析。根据时间快慢的差异，激励时机可分为及时激励与延时激励；根据时间间隔是否规律，激励时机可分为规则激励与不规则激励；根据工作的周期，激励时机又可分为期前激励、期中激励和期末激励。激励时机既然存在多种形式，就不能机械的强调一种而忽视其他，而应该根据多种客观条件，进行灵活的选择，更多的时候还要加以综合的运用。

2）激励频率。所谓激励频率是指在一定时间里进行激励的次数，它一般是以一个工作周期为时间单位的。激励频率的高低是由一个工作周期里激励次数的多少所决定的，激励频率与激励效果之间并不完全是简单的正相关关系。激励频率的选择受多种客观因素的制约，这些客观因素包括工作的内容和性质、任务目标的明确程度、激励对象的素质情况、劳动条件和人事环境等。一般来说有以下几种情形：

① 对于工作复杂性强、比较难以完成的任务，激励频率应当高；对于工作比较简单、容易完成的任务，激励频率就应该低。

② 对于任务目标不明确、较长时间才可见成果的工作，激励频率应该低；对于任务目标明确、短期可见成果的工作，激励频率应该高。

③ 对于各方面素质较差的班组人员，激励效率应该高；对于各方面素质较好的班组人员，激励频率则应该低。

④ 在工作条件和环境较差的部门，激励频率应该高；在工作条件和环境较好的部门，激励频率则应该低。

3）激励程度。所谓激励程度是指激励量的大小，即奖赏或惩罚标准的高低。它是激励机制的重要因素之一，与激励效果有着极为密切的联系。能否恰当地掌握激励程度，直接影响激励作用的发挥。超量激励和欠量激励不但起不到激励的真正作用，有时甚至还会起反作用。例如，过分优厚的奖赏，会使人感到得来全不费工夫，丧失了发挥潜力的积极性；而过分苛刻的惩罚，可能会导致人的破罐破摔心理，挫伤班组成员改善工作的信心；过于吝啬的奖赏，会使人感到得不偿失，多干不如少干；过于轻微的惩罚，可能导致人的无所谓心理，不但不改掉毛病，反而会变本加厉。

所以从量上把握激励，一定要做到恰如其分，激励程度不能过高也不能过低。激励程度并不是越高越好，超出了这一限度，就无激励作用可言了，正所谓"过犹不及"。

4）激励方向。所谓激励方向是指激励的针对性，即针对什么样的内容来实施激励，它对激励效果也有显著影响。马斯洛的需要层次理论有力地表明，激励方向的选择与激励作用的发挥有着非常密切的关系。当某一层次的需要得到满足时，应该调整激励方向，将其转移到满足更高层次的优先需要，这样才能更有效地达到激励的目的。如对一个具有强烈自我表现欲望的员工来说，如果要对他所取得的成绩予以奖励，奖给他奖金和实物不如为他创造一次能充分表现自己才能的机会，使他从中得到更大的鼓励。

3. 发挥班组长领导力进行人员管理

作为班组生产管理的直接指挥者和组织者，班组长也就成为企业中最基层的负责人，属于"兵头将尾"，是一支数量非常庞大的队伍，在实际工作中，经营层的决策做得再好，如果没有班组长的有力支持和密切配合，没有一批领导得力的班组长来组织开展工作，那么经营层的决策就很难落实。班组长既是产品生产的组织领导者，也是直接的生产者。因此班组长在现场管理中的作用非常重要。

（1）领导和管理的区别

管理和领导之间有很多的不同。管理更多地强调执行计划，领导则是更多建立愿景，建立目标树立理想。管理者更多的是管理现状，而领导则是更多地创造未来。管理要很具体，而领导则要视野宽阔，能看到全局战略。管理集中于事，领导则集中于人，管理是引领别人去做事，而领导强调的是引领人、感召人，引发人自觉的行动。如果说管理关注内部，那么领导则是关注外部。管理是指挥控制和监督，而领导更多的则是授权激励和教练。如果说管理是正确做事，那么领导就是做正确的事。如果说管理要强调制度和流程，那么领导就强调原则。如果说管理是复制，那么领导则是未来和远创。管理是怎样做，领导则是做什么。管理主要来自于职务赋予他的权利，即刚性权利，而领导更多的是基于影响力，即柔性权利。领导者拥有这种影响力是内在的随身携带的，而不是别人赋予的，与岗位无关；而管理者则是通过组织授予的权利。因此领导者拥有追随者，而管理者只有下属。管理者是用制度去约束人，是被动地做事；而领导者的追随者却是主动做事。

在进行人员管理时不仅仅要用制度，为了调动员工的积极性，应该更多发挥领导力进行管理。

（2）员工发展的四个层次

领导是一个过程。领导的对象是员工。首先要确定下属到底处于一个什么样的发展层次。员工的发展有以下四个阶段：

1）能力低，意愿较高。这是员工发展的第一个阶段的特征。这个阶段员工的特点是想做但不会做，能力和意愿的训练刚刚开始，这种意愿过高也不是一种正常的情况，有的时候可能是自信心过强，甚至言过其实。

2）能力高一些，意愿低。经过4~5个月的工作以后，员工开始进入发展的第二个阶段，员工的能力和意愿开始有一些变化，能力相对于第一阶段已经提高了一些。当初他进入这家公司的时候，还是招聘他的人，还是这个公司给他的印象，或是他自己的理想他都愿意进来，这个时候给他展现的都是企业中比较好的一面。但是经过4~5个月以后，他慢慢地发现这个企业中也有一些不规范的操作，领导者也不是那么尽如人意，这个企业的环境也不是那么温馨，慢慢地看到了企业中的一些问题和阴暗面，意愿开始下降。

3）能力较高，意愿或高或低。经过9~10个月的工作以后，员工进入到第三阶段，这时员工的能力和阅历已经进入到一个较高的状态，意愿比起第一阶段可能要低一点，比起第二阶段可能要高一点。进入第三个阶段以后，员工的工作意愿相对地呈现出一种或高或低的状态。遇到自己能够胜任的工作时，工作意愿就高。遇到一个具有挑战性的工作时，工作意愿就降低。所以，员工意愿的高低不稳定的状态说明这个时候自信心不是很足。

4）能力高，意愿也高。经过12个月的工作以后，员工进入第四阶段，他们的工作能力和意愿相对比较高，能力高，意愿也就高，可以说是双高阶段。这个时候，领导者唯一需要布置给他的就是工作目标，他会做，他也愿意做，相对比较稳定，这种人是值得保留的对象。

员工发展的四个阶段是一个普遍规律，大多数员工的发展都遵循这个规律。领导者把握了这个规律，就能够对症下药，对员工的发展给予帮助，使员工的发展尽快达到理想的阶段。

此外，领导者需要注意的是，员工发展的四个阶段与时间并没有必然的联系。在很多情况下，员工发展的不同阶段与所接受的任务和目标有关。任务和目标不同，对员工的能力和意愿构成不同的挑战。因此，员工在完成某项任务的过程中，可能处于第一阶段；但是在从事另一项任务时，可能就处于第四个阶段。

（3）领导风格

对于不同发展阶段的员工应采用不同的领导方式，常见的领导风格有以下几种。

1）命令式领导风格。

① 命令式领导风格的特征是多指挥，少支持，即很少支持下属的意见。

② 命令式领导方式适用于领导处于发展第一阶段的员工时，领导者需要经常运用命令式领导方式。

③ 对于工作职责、目标不是非常清楚的新员工，领导者需要给他准确地进行角色定位，明确其职责。

2）教练型的领导风格

① 教练型领导风格的特征是领导指挥与支持并重。教练型的领导同样给予下属大量指示，同时也试图倾听下属对决定的想法，但决策的控制权仍然掌握在领导者的手中。教练型领导者增加了一种关系行为，善于及时给下属提供工作表现好坏的反馈，如会对员工好的行为进行及时赞赏。

教练型的领导方式具有高指挥、高支持的特点，适合指导处于发展第二阶段的员工。处于发展第二阶段的员工已有了一些工作能力，但是工作意愿降低。因此，采用教练型的领导方式能够继续提高员工的工作能力，并通过支持性行为对员工进行鼓励，提升员工的工作意愿。

② 教练型领导的工作方式是确认下属的问题，设定下属工作的目标，说明决策的理由，并征求下属的意见，倾听下属的感受，以促发创意；支持和赞美下属的态度、热诚和进步；由领导者作最后的决策，继续指导任务的完成。

3）支持型的领导风格。

支持型领导方式的特点是多支持，少指导。在决策时，支持型的领导请下属参与进来，创造宽松的气氛鼓励下属提问，与下属共同作决定。

支持型的领导会经常举行团队会议，群策群力，集思广益。支持型的领导还会帮助下属制定个人的职业发展计划，认可和主动倾听下属的意见，并提供解决问题的便利条件。

支持型的领导方式适合处于发展第三阶段的员工。在这个发展阶段，员工具有较高的工作能力，不需要过多的指挥；但同时，员工的工作意愿容易产生波动。因此，领导者要少指导、多支持，提升员工的工作意愿。

4）授权式的领导风格。

① 授权式领导方式的特征是少支持，少指导，决策过程委托下属去完成。授权式的领导明确告知下属希望他们自己发现并纠正工作中的错误，允许下属承担风险和进行变革。

授权式的领导方式适合处于发展第四阶段的员工。这些员工能力高、意愿足，不需要领导者过多的指挥和支持。过多的指挥和支持反而有可能产生消极作用。

② 授权型领导的工作方式是授权并不是完全放手，授权型的领导要与下属共同界定问题，共同制定目标。目标管理不能授权，领导者一定要与这些员工共同制定工作目标，让下属自行制定发展计划，自己决策，领导者不应该再多加干涉。领导者与下属共同制定工作目标时，就意味着在很大程度上要参考下属的意见。通常下属会提出难度不大的目标，在这种情况下，领导者要鼓励下属接受高难度挑战，与下属共同制定一个具有相当难度但是又可通过努力能够完成的目标。对下属的贡献予以肯定和奖励，提供成为他人良师的机会。授权并不是完全放手，领导者要定期检查下属的工作，跟踪下属的工作绩效。

（4）合理领导的原则

1）因人而异。对于不同类型的员工，要采取不同的领导方式。不同的员工所处的发展阶段不同，领导者也要采取相应的领导方式。

2）因时而异。根据企业发展周期的不同，领导者所采取的领导方式也是不同的。

① 在企业发展的早期，领导者要多采用命令式的领导方式。

② 在企业的成长阶段，领导者要指挥与支持并重，多采用教练型的领导方式。

③ 当企业进入成熟期，领导者要更多地采用支持型的领导方式。

④ 企业完全成熟之后，授权式的领导方式应该占据主导地位。

3）因事而异。根据事情的轻、重、缓、急和不同的目标，企业领导者应该采取不同的领导方式。如在处理危机事件时，就应该采取命令式的领导方式，果断、快捷地做出决定并加以实施。

4）因地而异。地区发展不均衡，人们对管理理念的接受程度是不同的。因此，根据不同地区人们对于管理理念接受的程度，领导者要相应地采取不同的领导方式。

4. 部属培育——OJT

企业的品牌和资产虽然很重要，但企业的一切工作都是要通过人来运作的。因此，对于员工的教育培训是非常重要的。教育就是传授知识，训练是把传授的知识进行练习。教育主要是让他知道怎么做，训练是让他能够做得好。企业培训员工的方式方法有很多，OJT 是一种常用的方法。

（1）OJT 的含义

OJT（On the Job Training）的意思是在工作现场内，领导和技能娴熟的老员工对下属、普通员工和新员工们通过日常的工作，对必要的知识、技能、工作方法等进行教育的一种培训方法。

（2）OJT 的目的

1）让员工能熟练而出色地做好自己的工作。

2）提高本部门的整体工作业绩。

3）促进员工的个人能力成长。

4）通过指导别人，负责培训的人自己也获得能力提高。

（3）OJT 的实施步骤

1）准备工作。对于现场员工而言，针对企业生产总体需求和个人未来发展期望，针对每个人找出技能需求与目前人员能力状况之间的差距，根据差距确定最需培训的方向和科目。根据确定的培训内容，讲清楚目标、要求，营造学习气氛，进入正确的状态。

2）讲授。将培训的工作内容分解，按步骤一步一步地讲给他听，做给他看，强调要点，并告诉他注意事项，传授要清楚、耐心、完整，不要超过他的理解能力。

3）试做。让他试做，重点是要有人监督，帮助他改正错误。并请他一边试做，一边说步骤和注意事项。

4）考核。请他开始工作，指定协助人，尝试检查，鼓励发问，逐渐减少指导，直至无人指导、无人监督。必要时进行考试，考试内容就是操作内容。

（4）不同员工的教导方式

1）外向的、理性的员工——快速明理。对待这样的员工，要采取"快速明理"的沟通方式,即直截了当地、明白清楚地把内容讲给他,不打一点折扣。因为一般他们的性格比较急躁,认为得到领导的指示后去执行就可以了。千万不要啰嗦,这样只会把简单的事情复杂化。

2)外向的、感性的员工——乐在其中。公司里如果有既外向、又很感性的员工,就要采取"乐在其中"的方式与其沟通。这样的员工,外向的性格决定其敢说敢言但不一定符合现实,说了不一定会马上执行。对待这样的员工,与他们缺乏的不是沟通,而是需要用"感情"去感化他,用对他的尊重、赞赏、肯定和建立一种"兄弟情谊"去感化他,做到这几点,一定会看到一位为企业做任何事情都心甘情愿的员工出现。

3)内向的、理性的员工——慢工细活。遇到内向又理性的员工怎么办?他们一切讲求证据,但是又不愿意向别人讲出来,他会考虑自己讲出的话是否会得罪什么人,或是担心他讲出来证据不充分,别人是不是会认真理解,他们的处事原则是言多必失。所以和他沟通,永远得不到一个最终的、最根本的结果。教育这样的员工,就要采取"慢工细活"的方式逐步渗透,最终感化,得到他的认可,才会达到教学沟通的可能。

4.4.2 安全管理

有效安全管理的好处是显而易见的。减少相关的伤害和疾病,让员工全都健康安全;没有事故发生,士气高昂,生产力也高,还能降低生产成本。

微课视频
安全管理

1. 事故发生的骨牌理论

(1)多米诺骨牌理论的产生原因

由于社会大环境的不稳定因素、不安全因素存在,同时由于人的缺点、人的一些惰性因素,会导致不安全行为。不安全行为就会导致一些事故,有事故就会带来伤害,这就是多米诺骨牌理论。

(2)防止事故的方法

当环境问题存在了,人的缺点也体现出来了,不安全行为也就产生了,这时就会出现伤害事故,产生一个伤害结果。

从骨牌理论里面,也可以找到防止事故的方法。安全管理的目标就是避免事故、减少伤害,就是不能让最后这两块倒掉。如果把不安全行为抽掉,前面的倒下来,也构不成事故,也不会产生危害,就可以达到减少事故的目的。

2. 事故的预防与控制

(1)事故的一般机理

事故的一般机理如图 4-28 所示。

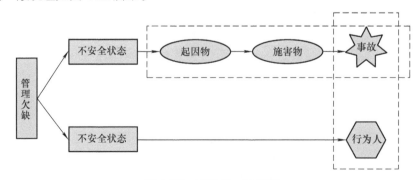

图 4-28 事故的一般机理

事故的预防和控制要从三个角度来考虑：从工程技术（Engineering）的角度、从教育（Education）培训的角度、从管理强化（Enforcement）方面来落实，即所谓的3E原则。

（2）防呆法或工程手段的具体应用

1）消除潜在的危险。先把有危险的地方去掉，尽量减少生产线上的有危险的物质。

2）利用闭锁装置。压力机要冲压一个零件时，一些开关是有两个按钮的，单独按一个按钮它不会运作，只有在手离开工作台的时候，并且两个手都按到位，这个设备才会运转，使人的手不至于被压到。这属于一种闭锁，要求两个动作同时去做，这才是安全的。

3）能量屏蔽。对于噪声可以用屏蔽或者罩起来的办法，让它只在小范围内有影响。

4）距离保护。把特殊的危险品放到一个最偏僻的角落里面，走到那里的人较少，免得人会受到伤害。

5）设置薄弱环节。熔丝是一个很直观的例子，电流过载时，先把熔丝烧断，不至于酿成大问题。反过来，弱化不了的话也可以强化，用特殊材料（如耐磨的地方用一些特殊的材料），这些措施都做不到的话，就想办法把人保护起来。

6）警告提示。警告提示是在安全生产上用得最多的。例如，叉车上警告灯和喇叭，会闪会响，这就是灯光和声音的提示；另外，颜色的提示，也可以起到一个安全警示的作用。

3. 全员参与

安全管理需要全员参与。各个层面的人都必须承担责任，高层一定要给予如人、物、时间等资源的支持，主管要有一线监察的责任，班组长要有现场管理的目标和权限，员工要遵守各项规章制度，完成自己的工作和相关的安全责任。

4. 工作现场的分析

（1）基础性的安全卫生检查

1）回顾相关工作。包括健康安全系统的记录和一些事故报告，即过去发生了什么，有什么借鉴的经验等。

2）培训记录和相关文件。做安全检查或者体系审核的时候，一定要看的文件就是培训记录，要保证所有的人员接受过培训才能够在相应的岗位工作。相关文件还包括一些考试的成绩等。

3）突发事件的预案。例如火灾，有没有什么措施去预防，或者说发生了之后有没有避免损失的预案。

4）健康安全手册。对手册内容的实效性、合理性等要经常进行检查。

（2）对危害进行调查和评估

通过调查和评估已发现危害，然后看是不是需要增加个人的防护装备，通过调查明确这些问题。

（3）工作风险分析

工作风险分析是调查里面常用的工具，英文缩写为JSA或者JHA。

1）要将一个工作进行逐步分解，寻找出每一步可能存在的危害。

2）明确潜在的风险并且确定适合安全的工作方法。

（4）安全健康的调查

每个部门都要进行定期的现场诊断，诊断有几种形式。

1）每个部门进行定期的（通常是每周）现场诊断。内审，也就是部门内部的员工审查，也可以请更高一个层面的人来协助进行现场诊断，诊断的范围可以是全面的、较长周期的，也可以是每周、每月，也可以是针对某一领域的。例如，查查培训情况，了解一下安全分析质量，做一个定期的诊断。

2）建立日常工作区的检查流程。部门内部员工在线的巡检应该怎么做，要有一个明确的流程，还要有工具。

3）开发并使用检查表。使用检查表可以使部门内部或者班组内部员工使用的标准是一样的，便于整理、分析、记录。

4）建立一个对员工来说是可靠的系统。这一系统使员工不会害怕遭到报复，鼓励员工向管理层反映出现的危险，并能得到定期的、合适的反馈。

4.4.3 生产管理

生产现场班组管理中的生产管理同样十分重要。

1. 班前管理

1）布置生产任务和人员工作安排。

2）传达上级有关指示。

3）提出特殊或重要岗位的要求和注意事项。

4）结合具体任务、设备、作业环境情况，布置安全工作。

① 做好危险点（危险因素）分析，进行安全技术交底。

② 提醒班组成员应注意的安全事项以及预防措施。

③ 上一班发生的违规行为与纠正处理方法。

④ 传达企业内外近期发生的安全事故教训及本班预防类似事故的对策。

⑤ 检查班组成员正确穿戴、使用工作防护用品的情况，及时纠正不良习惯。

5）解答班组成员的相关问题。

微课视频
生产管理

2. 班前交接管理

（1）两不离开原则

1）"班后会议"未开完不离开车间。

2）事故分析会议未开完不离开车间。

（2）交班管理

1）1 小时内不得任意改变负荷和工艺条件，生产中的异常情况应得到消除。

2）检查设备是否运行正常、无损坏、无反常状况、清洁无尘。

3）认真做好原始记录。

4）搞好工作场地卫生清洁。

5）接班者到岗后，交班人员应说清楚。

（3）接班管理

1）接班人员必须提前 30 分钟到岗。

2）到岗后检查生产、工艺指标、设备记录、消耗物品、工位器具和卫生等情况。

3）提前 15 分钟召开班前会。

4）没有发现问题及时交接班，并在交接班记录上双方签字。

5）接班者到岗后，交班人员要说明情况。

3. 班中控制

班组长在作业过程中应把握的内容有以下几点：

1）生产作业计划是否明确合理。

2）计划调整对人员、设备及其他方面的影响。

3）人员出勤及变动的状况，员工精神状况及士气。

4）员工的工作技能（交叉式多能型）。

5）缺料、设备故障等引起的停产时间。

6）不良品发生的原因及对策，不良品的善后处理。

7）零部件、工装夹具及生产辅料是否足够齐全。

8）生产是否正常，能否完成生产计划。

9）是否有加班事宜。

10）工作方法是否合适，是否存在浪费，有无可改善之处。

此外，班后还应进行工作总结、问题处理等。

4.4.4 设备管理

现代化的汽车制造设备是资金密集的资产，尤其是大型、自动化成套装备的价格更加昂贵。因此，做好设备管理工作，通过制度化、习惯化、科学化的维护使设备在良好的状态下工作，避免其发生故障。使设备生命周期内的费用与效益之比达到最佳的程度，它是设备管理的核心。

微课视频
设备管理

1. 机器设备的使用管理

（1）合理配置设备

企业应根据自己的生产过程、工艺特点并考虑安全、环保的要求，首先由工艺技术部门和生产部门，合理地配备、安置各种类型的设备。要使设备的使用条件与生产要求相适应，根据设备的结构、性能特点和生产能力，恰当地安排每台设备的生产任务，不得超负荷运转，使设备能够充分发挥效用。

（2）培养合格的操作者

企业根据设备的技术要求和复杂程度，配备相应的工种和经过培训能够胜任的操作者。随着设备日益现代化，其结构日趋复杂，要求具有一定的文化程度和技术水平，以及熟悉设备结构的工人来掌握。因此，必须加强技术教育和素质教育，使操作者既能熟练安全操作设备，又能精心维护设备。

企业应根据设备使用和维护的具体要求，采取必要的防护、防振、防潮、防腐、防尘、保温等措施，配备必要的测量、保险用的仪器设备，还应具备良好的照明和通风等。有些精密、特殊设备，如坐标键床、精密数显电子设备、高精度磨削设备、齿加工设备，条件要求严格，最好设立单独工作间，配备恒温装置。

（3）严格执行设备使用程序

"培训→教育→考核→颁证→操作"，是新员工独立使用设备的基本程序，企业必须严格执行。

2. 机器设备的维护管理

设备维护是操作人员为保持设备正常技术状态和延长使用寿命必须进行的日常工作。

(1) 设备维护的"四项要求"

1) 整齐。工具、工件、附件放置整齐;安全防护装置齐全;线路管道完整。

2) 清洁。设备内外清洁;各滑动面及丝杠、齿轮、齿条等无油污、无碰伤;各部位不漏油、不漏水、不漏气、不漏电;切屑垃圾清扫干净。

3) 润滑。按时加油、换油,油质符合要求;油壶、油枪、油毡、油线清洁齐全,油标明亮,油路畅通。

4) 安全。实行定人定机和交接班制度;操作人员熟悉设备结构和遵守操作规程,合理使用设备和精心维护设备,从而防止发生事故。

(2) 现场设备维护管理的内容

设备维护工作,按时间可分为日常维护和定期维护;按维修方式可分为一般设备维护和重点设备维护。

维护工作内容大致包括查看、检查、调整、润滑、拆洗和修换等现场管理工作。

(3) 设备的日常维护

设备日常维护包括每日维护和周末清扫。每日维护,要求操作工人在每班生产中必须做到,班前对设备的润滑系统、传动机构、操纵系统、滑动面等进行检查,再开动设备;班中要严格按操作规程使用设备,发现问题及时进行处理;下班前要认真清扫设备,清除铁屑,擦拭清洁,在滑动面上涂上油层。每周末要对设备进行彻底清扫、擦拭,按照"整齐、清洁、润滑、安全"四项要求进行维护,由维护工人和设备管理部门的负责人员分别进行检查评分,并公布检查评分结果。每月评奖一次,年底总评一次,成绩突出者给予奖励,以调动操作工人维护设备的积极性,使日常维护工作做到经常化、制度化。

(4) 设备的定期维护

设备的定期维护是在维修工人辅导下,由设备操作工人按照定期维护计划对设备进行局部或重点部位拆卸和检查,彻底清洗内部和外表,疏通油路,清洗或更换油毡、油线、过滤器,调整各部配合间隙,紧固各个部位。电器部分的维护工作由维修电工负责。定期维护完成后应填写设备维修卡记录维护情况,并注明存在的主要问题和要求,由维修组长及生产工段长验收,机械师提出处理意见,反馈至设备管理部门进行处理。

设备"定期维护"间隔期一般为:两班制生产的设备每三个月进行一次,干磨多尘的设备每一个月进行一次。对精密、重型、稀有设备的维护要求和内容应做专门研究,一般是由专业维修工人进行定期清洗及调整。

 课程育人

课程育人之四

生产过程质量管理属于质量管理的基础活动,在制造企业质量管理实践中属于必备技能。严把质量检验关,以质量取得成功,海尔总裁张瑞敏认为没有质量,就没有海尔的今天。例如举世闻名"砸冰箱事件",此举在海尔员工的心目中种下了"有缺陷的产品就是废品"的质量观。此后,每一个海尔员工自觉遵守"精细化,零缺陷"的生产理念,严把质量关,逐渐把海尔冰箱做到了全国第一。

另外，以从国外购买的产品标注"Made in China"为例，增强学生支持国货，科技自信，不盲目崇洋媚外的优良品质，进而推进以"学科德育"为核心理念的教学目标改革。而不是一味崇尚西方的文化理论，要给学生树立起积极正向的爱国榜样，以海尔的核心价值观为例，海尔精神：敬业报国、追求卓越；海尔作风：迅速反应、马上行动；海尔生存理念：永远战战兢兢、永远如履薄冰；海尔用人理念：人人是人才、赛马不相马；海尔质量理念：优秀的产品是优秀的人干出来的，以海尔公司质量理念培养学生综合素质的过程中突出理想信念教育的重要地位，提高学生学习本课程兴趣，激发学生实业报国的热情与信心，助力实现立德树人的目标。

项目 5
整车质量管理

任务描述

某汽车厂商生产的一批车辆经过品质部门的整车检查，包括外观、静态功能和动态功能以及淋雨测试之后，发放了 CCC 标志认证证书及合格证书，分发到经销商处进行销售。

赵先生从经销商处购买了其中的一辆，但半年行驶 6200km 后就发现车门密封条漏水了，接下来电动方向盘、汽车喇叭等地方也先后维修过，车辆前后到维修站开单维修超过 60 天。虽然维修站对他的修车要求很配合，但是频繁的修理已经严重影响了他的正常工作和生活，他向厂商提出退车或换车的要求。

那么，赵先生的车符合退车或换车的要求吗？如果你是汽车生产厂商，你该如何处理赵先生的诉求？

项目 5 整车质量管理

学习目标

1. 能够掌握整车质量检查的流程与方法
2. 能够掌握整车质量评审的规范
3. 能够掌握奥迪特（AUDIT）质量评审的实施程序
4. 能够掌握不合格车辆的处理方法
5. 能够描述 CCC 认证的含义及步骤
6. 能够熟悉《缺陷汽车产品召回管理条例》

知识与技能点清单

序号	学习目标	知识点	技能点
1	能够掌握整车质量检查的流程与方法	1. 整车质量检查的流程 2. 整车检查的问题点	能正确检查整车质量
2	能够掌握整车质量评审的规范	1. 整车质量评审分类及严重程度级别 2. 整车质量评审规范	能正确评审整车质量
3	能够掌握奥迪特（AUDIT）质量评审的实施程序	1. AUDIT 的定义、内涵 2. AUDIT 的实施程序	能使用 AUDIT 法评审整车质量
4	能够掌握不合格车辆的处理方法	不合格车辆的处理方法	能正确处理不合格车辆
5	能够描述 CCC 认证的含义及步骤	1. CCC 认证的含义和主要内容 2. 进行认证要准备的资料 3. 认证步骤 4. 认证证书及认证标志的颁发及使用 5. 获证后的跟踪检查和监督管理	能按照 CCC 认证步骤准备申请资料和进行申请
6	能够熟悉《缺陷汽车产品召回管理条例》	1.《缺陷汽车产品召回管理条例》 2. 召回实施 3. 汽车召回案例	能用《缺陷汽车产品召回管理条例》正确分析汽车召回案例

学习信息

5.1 整车质量检查

整车质量检查是为了确保交付到客户手中的整车质量符合要求,包括整车质量检查、整车质量评审以及不合格车辆的处理。

5.1.1 整车质量检查概述

整车质量检查即对所有整车外观以及静态、动态功能实行 100% 的全方位检查。外观及静态检查是在多方位、高亮度灯光照明下,不放过任何瑕疵,确保整车交付质量。动态功能检查是每辆车出厂前在跑道上模拟各种路面进行动态测试。跑道长 1.6km,包括坑洼路、石块路、井盖路、过水路面等 10 余种复杂路况,通过检查确保整车交付良好的驾乘体验。

微课视频
整车质量检查概述

整车装配完成下线之后,需要通过四轮定位、前照灯调节、电气检查和尾气排放等整车检查,通过之后再进行外观、静态功能以及动态功能检查,检查合格之后打印合格证,确认为合格车辆。整车质量检查流程如图 5-1 所示。汽车整车检查区如图 5-2 所示。

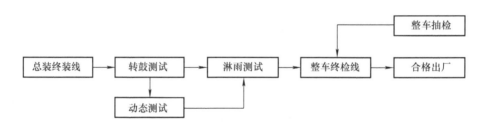

图 5-1 整车质量检查流程图

图 5-2 汽车整车检查区

不合格车辆需要进行返修,整车检查的问题点主要分为三大类:外观、静态功能和动态功能,其划分标准如图 5-3 所示。

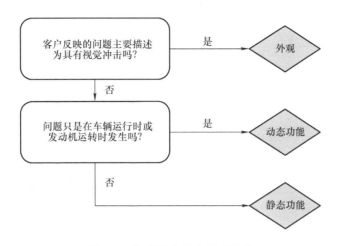

图 5-3 汽车整车检查划分标准

1. 外观缺陷

外观缺陷包括以下几类：

1）翼子板有划痕。

2）可见毛边。

3）使用不良密封胶。

4）密封胶中断或缺失。

2. 静态功能缺陷

静态功能缺陷包括以下几类：

1）使用遮阳板时有异响。

2）使用门把手时感到有模具留下的利边。

3）椅背后仰时阻力较大。

4）收音机不工作。

5）音响异音。

3. 动态功能缺陷

影响驾驶感受的问题，如可驾驶性、乘坐、操控、换档、噪声振动及不平顺性、警告灯、仪表问题等，包括以下几类：

1）方向盘不对中。

2）故障指示灯持续亮。

3）驾驶时有异响。

4）缺少降低噪声振动及不平顺性的零部件，如降低噪声垫。

5.1.2 整车质量评审

整车质量评审是以用户在使用中对产品的质量要求为标准，由企业独立的专业部门对已验收合格的产品所进行的检查和评价。

1. 评审分类及严重程度级别

按如图 5-3 所示的顺序给每一个问题根据其问题最重要性质赋予一个评

微课视频
整车质量评审

审分类。

评审缺陷通过三个字母 A、S、D 来区分。A 表示外观缺陷，S 表示静态功能缺陷，D 表示动态功能缺陷。

评审的缺陷评审分类等级见表 5-1。

表 5-1 缺陷评审分类等级表

分类	分类
外观：A100、A50、A10、A1	动态功能：D100、D50、D10、D1
静态功能：S100、S50、S10、S1	

评价外观、静态功能、动态功能时，缺陷的评分是不同的。为了尽可能保证结果客观，分数在 CPA 信息系统中生成。当系统对某一缺陷给出 50 分或 100 分时，这些缺陷将作为"一级优先级"问题。在这种情况下，需要对车辆进行返修，按工厂要求填写反馈系统表格。

缺陷分值的基本标准见表 5-2。

表 5-2 缺陷分值的基本标准表

严重程度级别	基本标准
100	外观 ● 对于这类车辆，有 100% 的客户会关注这一状况，认为其"无法接受"并拒绝提车 动态/静态功能 ● 车辆的功能特征完全不可用或"无法使用" ● 故障/抛锚/无法驾驶，振动或车身底盘噪声过大（基于客户的第一印象） 关键问题 ● 不符合法规要求
50	外观 ● 对于这类车辆，有 50% 的客户会关注这一状况，认为其令人讨厌，并考虑保修 动态/静态功能 ● 车辆功能时好时坏或有操作故障，大多数客户认为"需要修理" 关键问题 ● 趋近于法规规定的界限
10	● 对于这类车辆，有 10% 的客户会关注这一状况，认为其"令人失望" ● 这类车辆的客户可能会在进行常规维护时要求对问题进行保修 ● 保修风险较低
1	● 对于这类车辆，有 1% 的客户会关注这一状况，认为其是"较小的缺陷" ● 轻微配合缺陷或在 B 区域内，只有高期望的客户才会认为是质量低劣 ● 持续改进，为大多数客户忽略但不具备竞争力 ● 包括在指标内但趋近于指标极限的情况

注：1. 与法规有关的 100 及 50 可视为"关键问题"。
2. 车辆必须按"目前状况"评审，不考虑因时间的推移而引起的改善或退化。

2. 缺陷所在区域（外观评价）

以客户的观点（站在驾驶人的角度）根据缺陷的可见性将车辆划分成不同区域。缺陷所处的区域决定缺陷分值的高低。A 区是驾驶人可以感知的主要区域（如驾驶人部位的车辆上方外侧、内部驾驶人侧、仪表面板、仪表台等）。

3. 车辆返修

将需要进行返修的车辆（分值为 50 或 100）交给车间进行返修。车辆返修后由汽车制造企业质量管理部门进行确认，确认结果合格后该车辆可以进行移交。车辆返回各车间之前，应由汽车制造企业质量管理部门确认返修完成情况。

5.1.3 整车质量评审规范

在整车质量评审的过程中，如外观和静态功能、动态功能的评审，评审时间，处理准则等，还要遵守一定的评审规范。

1. 外观和静态功能评审

将车辆放置到指定区域，并按照用户产品评审质量标准对车辆进行评审。作业人员录入缺陷点，信息系统将自动给出缺陷的评分。

2. 动态功能评审

在进行动态功能评审时，由作业人员录入缺陷，信息系统自动给出缺陷的评分。验证完成后，将车辆停放在评审区域，以便各车间负责人确认问题点。

3. 动态功能评审的特殊要求

每日抽检的车辆应在规定跑道进行 16km 的测试，相关驾驶人员应当通过相关驾驶资格认证。在有特殊要求且条件允许的前提下，动态功能评审可按如表 5-3 所示的路况及里程进行。

表 5-3 动态功能评审参考路况及里程表

路面类型	所占比重（%）		
	小型车（A-B 级）	中型车（C-D 级）	高端型车（E 级 - 运动 & 商务车型）
城市路面	35	30	20
乡村路面	20	30	30
高速公路	20	20	20
山路	10	10	15
轻度坏路	15	10	15

由通过认证的驾驶人员对选取的车辆进行 30km 以上的测试。每天从抽选的车辆中预留一辆车，在指定路线由 2 名驾驶人完成 90km 的动态测试。对于完成 90km 测试的车辆，应按照相关标准每周进行一次全负荷测试、备胎测试和牵引杆试验。

4. 评审时间

各类车型的缺陷评审时间参考表见表 5-4。

表 5-4 各类车型的缺陷评审时间参考表

评审类型	车辆类型			
	小型车（A-B 级）	中型车（C-D 级）	高端型车（E 级 - 运动车型）	高端型车（E 级 - 商务车型）
外观	25min	30min	35min	35min
静态功能	25min	30min	35min	35min
动态功能（30km）	120min	120min	120min	150min（50km）
总时数	170min	180min	190min	220min

5. 处理准则

每日抽检 5 辆车，按如表 5-5 所示的准则对出现的缺陷进行处理。

表 5-5 某企业的处理准则

		样车		处理准则	责任人
		DM10	DM50	DM100		
1	1~2 项非重复发生		0	0	持续改善	评审负责人和车间负责人
2	3~4 项重复发生		0	0	填写反馈系统表格并进行生产线复查	评审负责人和车间负责人
3	>5 项非重复发生		0/1	0	填写反馈系统表格①、在线复查/返修该班次最后 2h 生产的车里、评审：停线或停止入库	评审负责人、质量部和车间负责人
4	无具体要求		>1	≥1	填写反馈系统表格、在线复查、评审：停线、停止入库、停止车辆移交	评审负责人、质量部和车间主管

注：50 分和 100 分缺陷必须进行返修。
① 如果非重复发生的 10 分项缺陷在一周内反复发生，则应填写反馈系统表格。

6. 评价指数计算

ASI（评审严重度指数）的计算公式为

$$ASI = \frac{\#A100 \times 100 + \#A50 \times 50 + \#A10 \times 10 + \#A1 \times 1}{评审车辆数}$$

式中，# 表示缺陷数量。

ASI 总分的计算公式为

$$ASI总分 = 外观ASI + 静态功能ASI + 动态功能ASI$$

得分结果由信息系统自动给出。

车型目标分值的给定应考虑以下几方面：

1）完成车型平均分值。
2）外观评价的平均分值：字母 A 打头的分值。
3）静态功能评价的平均分值：字母 S 打头的分值。
4）动态功能评价的平均分值：字母 D 打头的分值。

5.1.4 整车奥迪特（AUDIT）质量评审

以往的质量检验方法主要是站在生产者的角度看产品质量是否达标，其产品是否满足顾客的需求只有等到产品投放市场后才能得知，这往往会给企业带来难以弥补的损失。AUDIT 质量评审是一种新型的质量检验方法，它站在消费者的立场上，促使企业主动地去满足顾客需求，从而使企业在激烈的质量竞争中稳操胜券。

AUDIT 质量评审方法是德国大众汽车公司于 20 世纪 70 年代根据汽车市场由卖方转为买方，为更好地生产出用户满意的而不是工厂满意、走向市场而不是走向库房的汽车而提出的一套质量监督检验方法。

"AUDIT"一词来源于拉丁文，意为"复查、审核"。在汽车行业，AUDIT 被看成是国际上通用的汽车整车质量评审的一种方法，世界上许多国家的汽车公司和厂家都用 AUDIT 质量评审来对整车质量进行评审鉴定，我国的一汽、二汽、上汽和长安汽车等汽车制造企业全部采用 AUDIT 质量评审方法。我国于 1997 年也对原蓝皮书的内容按照 AUDIT 质量审核内容进行了修订，发行了新版的白皮书 QC/T 900—1997《汽车整车产品质量检验评定方法》，在全国汽车行业推广使用。

1. AUDIT 的定义

整车 AUDIT 质量评审是由生产企业中经过专业训练的评审员独立地站在用户使用产品的立场上，按照顾客的眼光和要求，对经过检验合格的整车质量进行检查、评价。所谓"独立"，是指评审员既不是对产品质量负有责任的人，也不是被审核领域有连带责任的人。

2. AUDIT 的内涵

汽车制造企业按照顾客的眼光和要求对经过检验合格的整车进行质量检查和评价，将检查出的质量缺陷落实责任，分析缺陷产生的原因，并采取整改措施消除缺陷，逐步提高产品的质量。通常而言，AUDIT 方法对检查出来的缺陷用扣分的形式来表示，根据缺陷的等级程度确定扣分的多少。扣分越多，则说明顾客的满意度越低。

显然，AUDIT 与质量检验同样都是产品质量进行检查，但两者有着明显的不同。通过将检验方法与 AUDIT 方法进行对比分析，可以深刻地认识 AUDIT 方法的内涵。

1）立场不同。AUDIT 是站在顾客的立场上检查和评审产品质量的，质量检验主要是站在生产者的立场上给质量把关。

2）时间不同。质量检验在前，AUDIT 在后，只有经过质量检验合格，并出具合格证的产品，才能进行 AUDIT 检查。

3）标准不同。质量检验依据的是各种技术标准，AUDIT 依据的是顾客的各种要求，它的目的是使顾客满意。

4）数量不同。质量检验可以有全检和抽检，AUDIT 只进行抽检，且抽检的准则与常规抽检不同。

5）结论不同。质量检验判定被检产品是否合格，对合格的产品出具合格证，对不合格的产品出具不合格证，AUDIT 检查则不出具合格证，它只给出顾客的满意度。

6）作用不同。质量检验主要是把关，AUDIT 主要是找出产品的缺陷，使产品质量不断得到提高。

3. AUDIT 的实施程序

AUDIT 评审的目的是使整车质量不断得到改善，关键还是在于企业质量部门要组织责任部门动用一切手段，消除 AUDIT 评审中发现的各种缺陷。

（1）设置专职的 AUDIT 工作组

为保证工作中的权威性，AUDIT 工作组一般由企业负责人直接领导，人数一般以 3~5 人为宜，如果产品复杂，人数可更多些，但 AUDIT 人员都应该有较高的素质。工作组必须独立地工作，不受领导意志的干扰，工作组的日常工作也不应受到企业其他工作环节的影响。

（2）制定检查表

以用户满意为准则制定检查表，制表时可以参考各种标准和资料，特别要借鉴同行企业的 AUDIT 检查表。检查表的项目应能够反映用户的观点，应将所有可能引起用户不满意的项目（例如焊道表面气孔问题）都加入检查表。

在确定扣分时，应该收集用户的意见，对于用户不十分抱怨的缺陷少扣分，对于用户抱怨大的缺陷应多扣分。

（3）编制作业指导书

AUDIT作业指导书包括AUDIT检查表、实施AUDIT检查的工作程序和具体操作规程。它是AUDIT检查员赖以实施检查工作的依据。

（4）确定审查周期、抽样原则和检查场地

AUDIT属于质量监督的范畴，要真正起到监督作用，AUDIT就应连续进行，不能间断；AUDIT抽样的数量多少应依据产品的复杂程度、检查员的数量、质量情况和生产情况而定，但在抽样时应保证样品的均匀性，要保证各种型号的产品都能抽到，合理确定抽样地点；检查场地要求宽敞、明亮、清洁，配备必要的检查工具，最好能够接近产品的装配车间，以便于搬运和向制造人员展示缺陷。

（5）实施检查

抽取样品并进行各项检查，在检查中每发现一项缺陷，就根据其严重程度计算扣分值并做好记录，并在情况说明栏中填写责任单位名称，描述缺陷情况。在检查过程中应注意以下事项：

1）对缺陷的位置、形貌要进行详细记录。

2）发现缺陷应立即向主管领导报告。

3）抽样和检查时不要对样品作任何处理。

4）在检查过程中发现新的缺陷后，应请示领导在检查表中增加这一项内容。

5）应向有关人员公布检查的原始记录，由责任单位来人认可审查结果、缺陷。

（6）评定质量等级，发表AUDIT公报

在检查结束后，利用计算机对结果进行处理，确定待检产品的扣分值和产品的质量等级。采用发布会的形式发布AUDIT公报。在发布公报时，应由AUDIT检查员宣读公报内容，回答问题，评讲质量情况，有关领导表态、观看实物等，注意不要流于形式。

（7）后续工作

在公报发布完后，应将资料归档保存，经常统计分析AUDIT的各种材料，跟踪质量趋势，定期撰写质量分析报告；采取措施消除发现的缺陷。

对在奥迪特质量评审中暴露的缺陷，由奥迪特质量评审机构组织人员召开专题质量分析会，分析质量缺陷产生的原因，制定相应的对策措施。对由于管理和技术造成的缺陷，采取限期由责任部门负责解决的办法；对综合性的质量缺陷，采取质量攻关、质量管理或设立质量控制点，彻底解决。

5.1.5 不合格车辆的处理

不合格车辆的处理方法如下：

1）立即进行问题追溯，根据样车生产编号前后各追溯至少5辆车进行此项目检查，具体追溯数量视不合格等级而定。

2）针对不合格问题进行一次解析，若为非复合问题，则抽查员可直接判定责任部门，交车返修并提交不合格对策要求书；若为复合问题，则交由相应工程师进行解析。

3）当不合格车辆返修完成后，抽查员须再次对该车进行此项目检查确认，判定合格方可关闭该车的此项抽查流程。

5.2　CCC 认证管理

CCC 认证是强制性的产品认证，汽车产品属于强制性认证产品的范畴，只有获得认证后，才能批量生产，进入市场实现销售并交付顾客使用。

5.2.1　CCC 认证的含义

1. 概述

CCC 认证的全称为"强制性产品认证制度"，它是中国政府按照世贸组织有关协议和国际通行规则，为保护消费者人身安全和国家安全、加强产品质量管理、依照法律法规实施的一种产品合格评定制度。CCC 认证的英文名称为 China Compulsory Certification，英文缩写为 CCC，也是国家对强制性产品认证使用的统一标志。

CCC 标志一般贴在产品表面，或通过模压压在产品上，细看会发现多个小菱形的"CCC"暗记。每个 CCC 标志后面都有一个随机码，每个随机码都有对应的厂家及产品。认证标志发放管理中心在发放强制性产品认证标志时，已将该编码对应的产品输入计算机数据库中，消费者可通过国家认监委强制性产品认证标志防伪查询系统对编码进行查询。CCC 标志示意图如图 5-4 所示。

中国政府为兑现入世承诺，于 2001 年 12 月 3 日对外发布了强制性产品认证制度，从 2002 年 5 月 1 日起，国家认监委开始受理第一批列入强制性产品目录的 19 大类 132 种产品的认证申请。

图 5-4　CCC 标志示意图

CCC 认证从 2002 年 5 月 1 日（后来推迟至 2003 年 8 月 1 日）起全面实施，原有的产品安全认证和进口安全质量许可制度同期废止。目前已公布的强制性产品认证制度有《强制性产品认证管理规定》《强制性产品认证标志管理办法》《第一批实施强制性产品认证的产品目录》（以下简称《目录》）和《关于实施强制性产品认证制度有关问题的通知》。第一批列入强制性产品认证目录的产品包括电线电缆、开关、低压电器、电动工具、家用电器、音频设备、视频设备、信息设备、电信终端、机动车辆、医疗器械、安全防范设备等。

需要注意的是，CCC 标志并不是质量标志，而只是一种最基础的安全认证。

CCC 认证主要是试图通过"统一目录，统一标准、技术法规、合格评定程序，统一认证标志，统一收费标准"等一揽子解决方案，彻底解决长期以来中国产品认证制度中出现的政出多门、重复评审、重复收费以及认证行为与执法行为不分的问题，并建立与国际规则相一致的技术法规、标准和合格评定程序，从而促进贸易便利化和自由化。

2. CCC 认证的主要内容

CCC 认证就是中国强制性产品认证的简称。对强制性产品认证的法律依据、实施强制性产品认证的产品范围、强制性产品认证标志的使用、强制性产品认证的监督管理等作了统一的规定。主要内容概括起来有以下几个方面：

1）按照世贸有关协议和国际通行规则，国家依法对涉及人类健康安全、动植物生命安全和健康，以及环境保护和公共安全的产品实行统一的强制性产品认证制度。国家认监委员会统一负责国家强制性产品认证制度的管理和组织实施工作。

2）国家强制性产品认证制度的主要特点是国家公布统一的目录，确定统一适用的国家标准、技术规则和实施程序，制定统一的标志，规定统一的收费标准。凡列入强制性产品认证目录的产品，必须经国家指定的认证机构认证合格，取得相关证书并加施认证标志后，方能出厂、进口、销售和在经营服务场所使用。

3）根据我国入世承诺和体现国民待遇的原则，原来两种制度覆盖的产品有138种，此次公布的《目录》删去了原来列入强制性认证管理的医用超声诊断和治疗设备等16种产品，增加了建筑用安全玻璃等10种产品，实际列入《目录》的强制性认证产品共有132种。

4）国家对强制性产品认证使用统一的标志。新的国家强制性认证标志名称为"中国强制认证"，英文名称为"China Compulsory Certification"，英文缩写为CCC。中国强制认证标志实施以后，取代了原实行的"长城"标志和"CCIB"标志。

5）国家统一确定强制性产品认证收费项目及标准。新的收费项目和收费标准的制定，将根据不以营利为目的和体现国民待遇的原则，综合考虑现行收费情况，并参照境外同类认证收费项目和收费标准。

6）强制性产品认证制度于2002年8月1日起实施，有关认证机构正式开始受理申请。原有的产品安全认证制度和进口安全质量许可制度自2003年8月1日起废止。

3. 与汽车有关的第一批强制性认证产品

与汽车有关的第一批强制性认证产品包括：

（1）机动车车辆及其安全附件

1）汽车：在公路及城市道路上行驶的M、N、O类车辆。

2）摩托车：发动机排气量超过50mL或最高设计车速超过50km/h的摩托车。

3）汽车、摩托车零部件：汽车安全带、摩托车发动机。

（2）机动车辆轮胎

1）汽车轮胎：轿车轮胎（轿车子午线轮胎、轿车斜交轮胎）、载货汽车轮胎（微型载货汽车轮胎、轻型载货汽车轮胎、中型/重型载货汽车轮胎）。

2）摩托车轮胎（代号表示系列、公制系列、轻便型系列、小轮径系列）。

（3）安全玻璃

安全玻璃包括汽车安全玻璃（A类夹层玻璃、B类夹层玻璃、区域钢化玻璃、钢化玻璃）、建筑安全玻璃（夹层玻璃、钢化玻璃）、铁道车辆用安全玻璃（夹层玻璃、钢化玻璃、安全中空玻璃）。

5.2.2 CCC认证步骤

CCC认证步骤主要包括以下几项：

1. CCC认证资料提供清单

（1）初次申请或相关信息变更时须提供的文件资料

1）强制性产品认证申请书。

2）申请人的《企业法人营业执照》或登记注册证明复印件（初次申请或变更时提供）。

3）生产厂的组织结构图（初次申请或变更时提供）。

4）申请认证产品工艺流程图（初次申请或变更时提供）。

5）例行检验用关键仪器设备（见认证实施规则工厂质量控制检测要求）、清单（初次申请或变更时提供）。

　　6）产品总装图、电气原理图。
　　7）申请认证产品中文铭牌和警告标记（一式两份）。
　　8）申请认证产品中文使用说明书。
　　9）同一申请单元内各型号产品之间的差异说明。
　　10）同一申请单元内各型号产品的外观照片（一式两份）。
　　11）要求提供的其他有关资料（如有 CB 测试报告请提供）。
　（2）同类产品再次申请时须提供的文件资料
　　1）强制性产品认证申请书。
　　2）产品总装图、电气原理图。
　　3）申请认证产品中文铭牌和警告标记（一式两份）。
　　4）申请认证产品中文使用说明书。
　　5）同一申请单元内各型号产品之间的差异说明。
　　6）同一申请单元内各型号产品的外观照片（一式两份）。
　　7）要求提供的其他有关资料（如有 CB 测试报告请提供）。
　（3）产品检测送样时应提供的资料
　　1）送样登记表。
　　2）CCC 申请详细资料。
　　3）产品说明书。
　　4）产品规格书。
　　5）产品维修手册。
　　6）产品电路图（包括原理图和印制线路板图）。
　　7）同一申请单元中主送型号产品与覆盖型号产品的差异说明。
　　8）产品与安全有关的关键零部件明细表和对电磁兼容性能有影响的主要零部件明细表。
　　9）产品关键安全元件认证证书复印件。
　　10）产品的 CB 测试证书和报告（如有）。
　　11）产品的商标使用授权书（如有）。

2. CCC 认证申请步骤

（1）向指定认证机构提交意向申请书

申请书包括如下内容：

　　1）申请人信息，制造商信息，如名称、地址、联系人、联系方式等。
　　2）生产厂信息，包括质量体系的状况和体系获证情况等。
　　3）产品名称、型号、规格、商标等。

另外，还须提供产品的相关资料，如产品说明书、使用维修手册、产品总装图、工作（电气）原理图、回路图、部件配置图、产品安全性能检验报告、安全关键件一览表等。

如果所申请的产品是已获证型号产品的变更，或与已获证产品有联系，申请人应在申请书中做出说明。

（2）原则上按型号提出申请

不同生产厂生产的同型号产品或同一生产厂在不同地点生产的同型号产品，应分别申请。

（3）向中国质量认证中心报送产品检测费用

会同分包实验室审查申请资料后，划分产品单元，并就检测所依据的标准、检测项目和所需样品数量同申请人达成一致意见后，由分包实验室向中国质量认证中心报送产品检测费用。

（4）确定审核天数

中国质量认证中心会同业务代表根据生产厂的质量体系状况，确定生产厂质量体系的审核天数，并确定相应的体系审核费。

（5）中国质量认证中心向申请人寄发 CCC 产品认证报价单

报价单包括认证收费的详细内容、产品名称型号、检测标准和样品数量等。

（6）下达任务通知书

申请人在报价单上签字盖章并返回后，中国质量认证中心向业务代表下达任务通知书，委托业务代表与申请人签订认证合同，并向申请人发正式申请书。申请书中包括须补送的资料、申请方的责任及须附送的《质量体系情况调查表》等。

（7）样品检测阶段

当以下条件都满足时，即进入样品检测阶段，中国质量认证中心将向有关分包实验室下达任务通知书，通知实验室准备接收样品进行检测：

1）申请人已按照要求填写好并签字盖章后，返回报价单、正式《申请书》和产品认证合同。

2）申请人已提交所有要求的申请资料。

3）申请人已按照送样清单将样品送到指定地点。

4）申请人已按合同约定的方式支付相关费用。

当申请人不能及时满足上述要求，造成时间延误、认证周期增长时，责任由申请人自己承担。

（8）资料提交

申请人提交的一切资料应用中文书写，国外申请人可使用英文。

中国质量认证中心产品认证部门同样接受来自国外申请人的产品认证请求，处理程序和要求与国内申请人一样。

3. CCC 认证型式试验

1）型式试验依据中国质量认证中心指定的标准进行。

2）型式试验原则上由认证委托人送样到指定的中国质量认证中心分包实验室进行，但对大型的不便运输、安装、调试的商品，申请人可申请到中国实验室认可合作组织认可的其他邻近检测机构或工厂现场检测。为进行现场检测，检测现场应符合以下规定条件：

① 具有现场检测必备的仪器、设备、场地。

② 仪器设备的精度和量程应满足现场检测项目的有关要求。

③ 有关仪器设备应定期检定并能溯源到国家基准或国际基准。

④ 有进行现场检测的符合中国标准的环境条件和电网条件。

⑤ 具备熟悉标准、操作的人员。

3）现场检测一般在中国质量认证中心指派的有资格的测试人员的监督下由申请人安排技术人员按要求进行测试操作，并出具试验原始记录，CCC 测试人员负责整理和编制试验报告。

4）对已申请并通过型式试验的基本型产品的系列产品或变型产品，只检测与基本型不同部分的有关项目。在检测过程中，若增加检测项目，有关实验室应通知中国质量认证中心产品认证部门，由中国质量认证中心产品认证部通知申请人补交检测费后再进行检测。

5）检测结果。如果有些检测项目的检验结果不合格，但易于改进，则可允许改进后重新送样进行检验，若再出现一项不合格，则判为不合格。型式试验合格后，分包实验室出具型式试验报告，中国质量认证中心产品认证部向申请人签发样品检测合格通知单。对于不合格产品发不合格通知单。申请人可以在半年后重新提出申请。

6）样品检验后，中国质量认证中心分包实验室向需要领回样品的申请人寄送"领取样品通知书"。申请人应在收到"领取样品通知书"一个月内到指定地点办理样品领取手续，逾期不取的，境外厂家的样品交中国海关处理，境内厂家的样品由分包实验室处理。

若样品检测不合格，则由中国质量认证中心产品认证部向申请人寄送"样品检验不合格通知书"，并说明样品与标准不符合的项目及检测结果，或者寄送"样品补充检验通知书"，并通知申请人缴纳补充检验所需费用。对收到"样品检验不合格通知书"的产品，申请人可再次提出申请。

4. 生产厂质量体系检查

1）生产厂质量体系检查的实施一般在样品检测合格后进行。生产厂质量体系检查的目的是检查生产厂的生产和检测条件是否能够确保持续、稳定地生产符合标准的产品。

2）中国质量认证中心总部以生产厂调查表作为生产厂审查组到达生产厂之前了解生产厂情况的文件依据。

3）中国质量认证中心总部组织审查组赴生产厂进行审查。审查工作在 ISO 9000 国际质量管理体系标准的基础上增加与安全有关的设计、采购、检验、试验设备等要素的专业审核，并现场核实安全关键件及进行抽样检测工作。

对于已获得质量体系认证证书的生产厂家，可免于生产厂质量体系审查，但必须补充上述安全要素的专业审核，该审核也可在日常监督中进行。

5.2.3 产品认证证书和标志的颁发及使用

在获得 CCC 产品认证证书以后，对于认证标志的颁发及使用还有一些需要注意的地方。

1. 产品认证证书的颁发

1）已获得质量管理体系认证证书的生产厂，在样品检测合格后，CCC 产品认证业务代表应及时填写认证报批表，并附加经审核无误后的企业申请书、生产厂调查表、生产厂审查确认书、ISO 9000 质量体系认证证书及样品型式试验报告等文件，报中国质量认证中心总部，经合格评定后，由中国质量认证中心主任签发"产品认证证书"，并定期公告获证情况，随后将安排结合质量体系日常监督的"补充安全要素"审核。

2）未获质量体系认证证书的生产厂，在样品检测和生产厂质量体系审查合格后，CCC 产品认证业务代表应及时填写产品认证报批表，并附加经审核无误后的企业申请书、生产厂调查表、生产厂审查确认书、工厂审查报告、现场抽查记录及样品型式试验报告等文件，报中国质量认证中心总部，经合格评定后，由中国质量认证中心主任签发"产品认证证书"并定期公告获证情况。

2. 认证标志管理

产品只有在获得中国质量认证证书后才可加贴 CCC 安全认证标志。该标志可以从中国质量认证中心购买，粘贴在产品的铭牌附近，向中国质量认证中心申请，经批准后印刷在铭牌上或模压在产品上。

生产厂对标志的使用进行有效的控制，设立台账，记录其购买和使用情况。

3. 购买认证标志

申请人向中国质量认证中心提出购买标志的申请，内容应包括：

1）申请人、生产厂、联系人。

2）产品名称、型号。

3）产品所获得 CCC 产品认证证书的编号。

4）购买标志的数量。

5）申请人的付款方式及标志发放方式。

6）公司盖章或授权人签字。

申请人也可从中国质量认证中心索要《购买标志申请书》，填好后交回中国质量认证中心。如果是代理人购买，则还须附上申请人的委托书。购买标志须支付标志工本费。中国质量认证中心向申请人寄送标志或由申请人直接领取标志。

5.2.4　获证后跟踪检查和监督管理

CCC 认证获证后跟踪检查和监督管理是为了准确、全面掌握获证申请人或生产企业及其产品的情况，监督获证申请人或生产企业正确使用 CCC 认证标志，保证进入市场的产品始终符合申请认证的有关标准，申请人或生产企业的生产与检测条件始终符合 CCC 认证中心产品认证制度有关规定，保护消费者权益。

1. 日常检查和监督

CCC 产品认证证书上没有标明有效期，证书的有效性由日常检查和监督来维持。认证中心委托与其签有跟踪检查协议的指定检验机构对获得产品认证证书和允许使用"认证标志"产品的生产厂，进行跟踪检查。检查频次每年不少于一次。跟踪检查可与 CCC 质量体系认证的监督复查结合进行。检查结果合格，证书继续有效。

2. 暂停或恢复使用认证标志

生产厂质量体系审查或现场抽测的产品安全项目的检验不合格，CCC 认证中心通知申请人暂停使用并封存未使用的认证标志。请求恢复使用认证标志时，申请人应向 CCC 认证中心提出书面申请，经对生产厂或样品重新检查或检验合格后，CCC 认证中心通知申请人恢复使用认证标志。

3. 获证产品的变更

当生产厂的生产与检测条件、产品安全关键件、产品结构等影响产品安全的因素发生变更时，申请人应及时向 CCC 提交变更申请，并经资料审查、样品检测（如有必要），由 CCC 认证中心批准后，方可继续使用 CCC 认证标志。若某种产品已停止生产，或出于其他原因，申请人可向认证中心提供撤销许可证书。经国家检验检疫局批准后，认证中心向申请人发出撤销证书通知。

连续一年以上不生产获证产品的生产厂再生产获证产品时，申请人须向 CCC 认证中心声明。

对有下列情况之一者，吊销 CCC 产品认证证书，并收回 CCC 认证标志：

1）已获得产品认证证书的产品，发现有两批安全性能不合格型号、产品结构与获证产品不符。

2）在生产厂抽封的样品，经检验（包括扩大抽样复查）不合格。

3）申请人擅自在未经批准的产品上使用认证标志。

对于需吊销认证证书的产品，CCC 认证中心发布吊销的产品认证证书公告。对被吊销证书的，六个月后申请人可重新提出申请。

5.3 汽车召回管理

所谓汽车产品召回（Automobile Recall），就是按照法定的要求和程序，由缺陷汽车产品制造商进行的消除其产品缺陷的过程。包括制造商以有效方式通知销售商、修理商、车主等有关方关于缺陷的具体情况以及消除缺陷的方法等事项，并由制造商组织销售商、修理商等通过修理、更换、退货等具体措施消除其汽车产品缺陷。

微课视频
汽车召回管理

5.3.1 汽车召回管理概述

缺陷汽车召回制度最早起源于美国。经过数十年的发展，汽车产品召回已经成为一种成熟的解决汽车产品缺陷的机制，为保障社会公众人身、财产安全和各国汽车行业的健康发展做出了巨大贡献。

1.《缺陷汽车产品召回管理条例》的出台

我国为加强对缺陷汽车产品召回事项的管理，消除缺陷汽车产品对使用者及公众人身、财产安全造成的危害，维护公共安全、公众利益和社会经济秩序，根据《中华人民共和国产品质量法》等法律，于 2002 年由国家质量监督部门起草相关条例，2004 年国家质检总局等四部门发布《缺陷汽车产品召回管理规定》，中国汽车召回制度拉开帷幕；从 2004 年国家质检总局等四部门发布《缺陷汽车产品召回管理规定》到 2012 年 10 月 29 日，我国累计召回的缺陷汽车多达 898.6 万辆。

2012 年 10 月 22 日，经国务院常务会议通过的《缺陷汽车产品召回管理条例》（以下简称《条例》）公布，我国突破缺陷汽车召回管理部门层级低的限制，将部门规章上升为行政法规，以促进召回制度有效实施。

《条例》共分 29 条，在明确汽车缺陷、生产经营者、适用范围等基本概念的基础上，规定了生产者、经营者、监督者、消费者等各类主体的责任及义务，细化了统一管理、信息共享、召回程序、过程监管、违法行为处罚等具体措施。《条例》立法的主要目的包括：

（1）规范缺陷汽车产品召回

《条例》明确了生产者是缺陷汽车产品召回的责任主体，生产者应当按照本条例规定的程序开展缺陷汽车产品召回活动，保障了召回活动的规范化和法制化。

（2）加强对缺陷汽车产品召回活动的监督管理

《条例》明确了主管部门的监管责任，确保缺陷汽车产品的生产者和经营者能够切实有效地按照条例的各项规定开展召回相关活动。

（3）保障人身与财产安全

《条例》的施行能够充分发挥行政机关加强社会管理、提供公共服务、维护公共安全的职能,最大限度地防范、减少和避免因汽车产品存在缺陷给人身、财产造成的危害。

2. 相关名词

1)汽车产品。汽车产品是指按照国家标准《汽车和挂车类型的术语和定义》(GB/T3707.1)中所规定的,用于载运人员、货物,由动力驱动,或者被牵引的道路车辆(不包括农用运输车)。

2)缺陷。缺陷是指由于设计、制造等方面的原因而在某一批次、型号或类别的汽车产品中普遍存在的具有同一性的缺陷,具体包括汽车产品存在危及人身、财产安全的不合理危险。

3)制造商。制造商是指在中国境内注册,制造、组装汽车产品并以其名义颁发产品合格证的企业,以及将制造、组装的汽车产品已经销售到中国境内的外国企业。

4)销售商。销售商是指销售汽车产品,并收取货款、开具发票的企业。

5)租赁商。租赁商是指以营利为目的,提供汽车产品为他人使用,收取租金的自然人、法人或其他组织。

6)修理商。修理商是指为汽车产品提供维护、修理服务的企业和个人。

7)进口商。进口商是指从境外进口汽车产品到中国境内的企业。进口商可以视同为汽车产品制造商。

制造商、销售商、租赁商、修理商、进口商统称经营者。

8)车主。车主是指不以转售为目的,依法享有汽车产品所有权或者使用权的自然人、法人或其他组织。

5.3.2 召回实施

缺陷汽车产品的召回应当依照《缺陷汽车产品召回管理条例》进行,对于违反《缺陷汽车产品召回管理条例》的制造商也要承担一定的后果。

1. 召回的种类

缺陷汽车产品召回按照制造商主动召回和主管部门责令召回两种程序的规定进行。对缺陷汽车产品,生产者应当依照《缺陷汽车产品召回管理条例》的规定全部召回;生产者未实施召回的,国务院产品质量监督部门应当依照本条例责令其召回。

2. 缺陷汽车召回管理的主管部门

1)国务院产品质量监督部门负责全国缺陷汽车产品召回的监督管理工作。

2)国务院产品质量监督部门根据工作需要,可以委托省、自治区、直辖市人民政府产品质量监督部门、进出口商品检验机构负责缺陷汽车产品召回监督管理的部分工作。

3)国务院产品质量监督部门缺陷产品召回技术机构按照国务院产品质量监督部门的规定,承担缺陷汽车产品召回的具体技术工作。

4)国务院有关部门在各自职责范围内负责缺陷汽车产品召回的相关监督管理工作。

3. 信息管理参与人、部门及其职责

产品质量监督部门和有关部门、机构及其工作人员不得泄露履行本条例规定职责所知悉的商业秘密和个人信息。

生产者应当建立并保存汽车产品设计、制造、标识、检验等方面的信息记录以及汽车产品初次销售的车主信息记录,保存期不得短于10年。

生产者应当将下列信息报国务院产品质量监督部门备案:

1）生产者基本信息。
2）汽车产品技术参数和汽车产品初次销售的车主信息。
3）因汽车产品存在危及人身、财产安全的故障而发生修理、更换、退货的信息。
4）汽车产品在中国境外实施召回的信息。
5）国务院产品质量监督部门要求备案的其他信息。

销售、租赁、维修汽车产品的经营者（以下统称经营者）应当按照国务院产品质量监督部门的规定建立并保存汽车产品相关信息记录，保存期不得短于5年。

4. 召回实施

1）生产者获知汽车产品可能存在缺陷的，应当立即组织调查分析，并如实向国务院产品质量监督部门报告调查分析结果。

2）生产者确认汽车产品存在缺陷的，应当立即停止生产、销售、进口缺陷汽车产品，并实施召回。

3）经营者获知汽车产品存在缺陷的，应当立即停止销售、租赁、使用缺陷汽车产品，并协助生产者实施召回。

4）经营者应当向国务院产品质量监督部门报告和向生产者通报所获知的汽车产品可能存在缺陷的相关信息。

5）国务院产品质量监督部门获知汽车产品可能存在缺陷的，应当立即通知生产者开展调查分析；生产者未按照通知开展调查分析的，国务院产品质量监督部门应当开展缺陷调查。

6）国务院产品质量监督部门认为汽车产品可能存在会造成严重后果的缺陷的，可以直接开展缺陷调查。

7）国务院产品质量监督部门开展缺陷调查，可以进入生产者、经营者的生产经营场所进行现场调查，查阅、复制相关资料和记录，向相关单位和个人了解汽车产品可能存在缺陷的情况。

8）生产者应当配合缺陷调查，提供调查需要的有关资料、产品和专用设备。经营者应当配合缺陷调查，提供调查需要的有关资料。

9）国务院产品质量监督部门不得将生产者、经营者提供的资料、产品和专用设备用于缺陷调查所需的技术检测和鉴定以外的用途。

10）国务院产品质量监督部门通过调查认为汽车产品存在缺陷的，应当通知生产者实施召回。

11）生产者认为其汽车产品不存在缺陷的，可以自收到通知之日起15个工作日内向国务院产品质量监督部门提出异议，并提供证明材料。国务院产品质量监督部门应当组织与生产者无利害关系的专家对证明材料进行论证，必要时对汽车产品进行技术检测或者鉴定。

12）生产者既不按照通知实施召回，又不在自收到通知之日起15个工作日内向国务院产品质量监督部门提出异议并提供证明材料的；提出异议的，或者经国务院产品质量监督部门组织与生产者无利害关系的专家对证明材料进行论证，必要时对汽车产品进行技术检测或者鉴定，经组织论证、技术检测、鉴定确认汽车产品存在缺陷的，国务院产品质量监督部门应当责令生产者实施召回；生产者应当立即停止生产、销售和进口缺陷汽车产品，并实施召回。

13）生产者实施召回，应当按照国务院产品质量监督部门的规定制定召回计划，并报国务院产品质量监督部门备案。修改已备案的召回计划应当重新备案。生产者应当按照召回计划实施召回。

14）生产者应当将报国务院产品质量监督部门备案的召回计划同时通报销售者，销售者应当停止销售缺陷汽车产品。

15）生产者实施召回，应当以便于公众知晓的方式发布信息，告知车主汽车产品存在的缺陷、避免损害发生的应急处置方法和生产者消除缺陷的措施等事项。

16）国务院产品质量监督部门应当及时向社会公布已经确认的缺陷汽车产品信息以及生产者实施召回的相关信息。车主应当配合生产者实施召回。

17）对实施召回的缺陷汽车产品，生产者应当及时采取修正或者补充标志、修理、更换、退货等措施以消除缺陷。

18）生产者应当承担消除缺陷的费用和必要的运送缺陷汽车产品的费用。

19）生产者应当按照国务院产品质量监督部门的规定提交召回阶段性报告和召回总结报告。

20）国务院产品质量监督部门应当对召回实施情况进行监督，并组织与生产者无利害关系的专家对生产者消除缺陷的效果进行评估。

5. 违法后果

当有违反《缺陷汽车产品召回管理条例》的规定时，要承担以下后果：

1）生产者违反《缺陷汽车产品召回管理条例》规定，有下列情形之一的，由产品质量监督部门责令改正；拒不改正的，处 5 万元以上 20 万元以下的罚款：

① 未按照规定保存有关汽车产品、车主的信息记录。

② 未按照规定备案有关信息、召回计划。

③ 未按照规定提交有关召回报告。

2）违反《缺陷汽车产品召回管理条例》规定，有下列情形之一的，由产品质量监督部门责令改正；拒不改正的，处 50 万元以上 100 万元以下的罚款；有违法所得的，并处没收违法所得；情节严重的，由许可机关吊销有关许可：

① 生产者、经营者不配合产品质量监督部门进行缺陷调查。

② 生产者未按照已备案的召回计划实施召回。

③ 生产者未将召回计划通报销售者。

3）生产者违反《缺陷汽车产品召回管理条例》规定，有下列情形之一的，由产品质量监督部门责令改正，处以缺陷汽车产品货值金额 1% 以上 10% 以下的罚款；有违法所得的，并处没收违法所得；情节严重的，由许可机关吊销有关许可：

① 未停止生产、销售或者进口缺陷汽车产品。

② 隐瞒缺陷情况。

③ 经责令召回拒不召回。

4）违反《缺陷汽车产品召回管理条例》规定，从事缺陷汽车产品召回监督管理工作的人员有下列行为之一的，依法给予处分：

① 将生产者和经营者提供的资料、产品和专用设备用于缺陷调查所需的技术检测和鉴定以外的用途。

② 泄露当事人商业秘密或者个人信息。

③ 其他玩忽职守、徇私舞弊、滥用职权的行为。

5）违反《缺陷汽车产品召回管理条例》规定，构成犯罪的，依法追究刑事责任。

6）汽车产品出厂时未随车装备的轮胎存在缺陷的，由轮胎的生产者负责召回。具体办法由国务院产品质量监督部门参照本条例制定。

7）生产者依照本条例召回缺陷汽车产品，不免除其依法应当承担的责任。

8）汽车产品存在本条例规定的缺陷以外的质量问题的，车主有权依照我国《产品质量法》《消费者权益保护法》等法律、行政法规和国家有关规定以及合同约定，要求生产者、销售者承担修理、更换、退货、赔偿损失等相应的法律责任。

5.3.3 汽车召回的案例分析

中国缺陷汽车产品召回制度实施十多年来，在规范汽车市场健康发展、有效维护消费者权益方面做出了重要的贡献。纵观这十多年来一系列的汽车召回案例，我们能从中学到什么呢？

1. 高田气囊召回案例

近年来，高田气囊气体发生器异常破裂问题在全球引发了大规模的召回。该事件的主要原因是高田公司生产的安全气囊硝酸铵气体发生器未带干燥剂，气体发生器受到环境温度及湿度反复变化的影响，气体发生剂会发生劣化。在气囊展开时，气囊的气体发生器可能发生异常破损，导致碎片飞出，伤及车内人员，存在安全隐患，如图5-5所示。

图 5-5　高田气囊缺陷示意图

质检总局在掌握到相关情况后，立即组织总局缺陷产品管理中心开展调查工作，对包括上汽大众、上汽通用、天津一汽丰田等在内的生产企业启动了缺陷调查，并督促相关企业采取相关措施，消除消费者行车风险。

高田气囊召回事件发生以来，已在全球市场召回受影响车辆超过6000万辆，截至2016年12月25日，21家国内生产企业已向质检总局备案了召回计划，并向社会发布了召回信息，涉及车辆共计964.66万辆。

召回不仅是一种质控手段，更是一种责任。高田多米诺骨牌的倒塌始于2008年，当时有车辆因为其生产的气囊在弹出时发生爆裂，喷溅金属零件而被召回，但是高田坚持将事故原因归结于工厂生产及材料处理上的失误。随着全球范围内事故发生频率的上升，在美国国家公路交通安全管理局的压力下，高田最终于2015年承认其生产的气囊存在安全问题。

不过，时至今日，高田气囊在全球的召回数字仍在累加。高田气囊召回案例说明，质量问题是瞒不住的，汽车制造企业应早日正视问题、提出解决方案，早日完成召回、履行责任，才能早日赢回信任。

2. 大众 DSG 召回案例

2013年3月15日，央视315晚会曝光大众汽车DSG变速器存在安全隐患，如图5-6所示。

3月16日，国家质检总局发布公告，要求大众汽车针对DSG变速器动力中断故障问题实施召回。

3月16日下午，大众中国在其官方微博称，"大众汽车将实施主动召回以解决DSG问题。"

3月20日大众汽车向国家质检总局备案了召

图 5-6　大众 DSG 变速器

回计划，决定自 2013 年 4 月 2 日起，召回部分缺陷汽车，共计 384181 辆。

召回范围内的车辆因变速器内机电单元的电子故障或者油压不足，可能导致动力输出中断，存在安全隐患。大众汽车（中国）销售有限公司、一汽 - 大众汽车有限公司、上海大众汽车有限公司免费为召回范围内的车辆更换改进的变速器机电单元，并免费为用户升级最新的控制软件，以消除安全隐患。

3. 丰田汽车召回案例

2009 年 8 月 24 日，丰田在华两家合资企业——广汽丰田、一汽丰田宣布，由于零部件出现缺陷，自 8 月 25 日开始，召回部分凯美瑞、雅力士、威驰及卡罗拉轿车，涉及车辆总计 688314 辆。这是我国 2004 年实施汽车召回制度以来，数量最大的一项召回。

此次召回的车辆包括了丰田在中国市场的所有主力车型。丰田宣称，大规模召回的原因是同一供应商供应给两家企业的零部件出现缺陷，广汽丰田和天津一汽丰田承诺将对召回范围内的车辆免费更换电动车窗主控开关缺陷的零部件，以消除安全隐患。

4. 梅赛德斯 - 奔驰召回案例

1）召回时间：2018 年 10 月 23 日至 2019 年 10 月 23 日。

2）召回车辆：部分 2011 ~ 2016 年款进口 M 级、GL 级、GLE SUV、GLS SUV 汽车，涉及数量为 27554 辆。

3）召回原因：由于生产过程偏差，主动式防侧倾稳定系统中的油位可能不满足内部规范。在极端驾驶条件下，当主动式防侧倾稳定系统中的油位低于最低值时，油壶里的油液可能形成泡沫，通过油壶密封帽上的通风孔泄漏。泄漏的油可能会喷到排气系统的高温部件上，不排除发生火灾的风险，存在安全隐患。

4）维修措施：为受影响的车辆更换优化的油壶密封帽，来防止油泡沫泄漏。如果有必要，会为车辆添加油液。

一系列的汽车召回案例说明，汽车产品缺陷呈现出如下趋势：从设计向制造装配、部件向系统、大件主件向小件附件、自制向协作外购、硬件向软件、一般工况向极限工况重点转移，汽车制造企业的质量管理重点也应做相应的转移和倾斜。

另外，一旦发现汽车产品存在缺陷或安全隐患，汽车制造企业应正视问题、提出相应的解决方案，依照《缺陷汽车产品召回管理条例》主动召回、履行社会责任。

课程育人

课程育人之五

2015 年 9 月 18 日，美国环境保护署指控大众汽车所售部分柴油车安装了专门应对尾气排放检测的软件，可以识别汽车是否处于被检测状态，继而在车检时秘密启动，从而使汽车能够在车检时以"高环保标准"过关，而在平时行驶时，这些汽车却大量排放污染物，最高可达美国法定标准的 40 倍。大众汽车因排放作弊案损失超过 300 亿美元并产生巨大的信任危机。

本次排气门事件的出现，使得大众汽车公司损失巨大，皆因大众公司不诚实造成严重污染所致。使学生将诚信落实到学习和将来的工作之中，要坚持底线思维，守住底线，诚信就是做人做事的底线，以及做人做事必须遵守法律法规。

项目 6
汽车制造企业管理

任务描述

某汽车制造企业以生产小型专用货运汽车为主,近几年订单减少,生产任务不足。工厂在面临亏损的情况下,组织了几十人的调查团,对全国专用汽车市场进行了调查,结果发现环卫类专用汽车具有较大的发展潜力。特别是在环境保护的大环境下,道路清洁车辆、垃圾运输车辆、除霾车辆等需求量巨大,且该类车辆多为政府部门采购,资金有保障。从企业自身条件看,该企业具有20多年的生产专用汽车的经验,拥有一批长期从事专用汽车设计、制造的人才,有着多品种、小批量生产的条件和经验;但是,对于功能性要求较高的环卫类汽车来说,生产和技术水平都还不足。根据一系列分析,企业决定,除继续生产小型专用货运汽车外,还要依靠自身力量,加速研制开发环卫类专用汽车产品。

从案例看,该汽车制造企业进行新产品开发的意义有哪些?其新产品开发程序是否合理?如果你是主要的项目负责人,你会采取何种产品开发策略?

学习目标

1. 能够理解生产管理的概念、原则、内容和任务
2. 能够理解生产过程的含义、合理组织要求及生产过程的空间组织和时间组织
3. 能够了解生产计划的主要内容和指标,掌握生产计划的执行与控制
4. 能够掌握技术管理的内容、任务及技术管理负责人的岗位职责
5. 能够掌握工艺管理工作的性质、内容以及加强工艺管理的措施
6. 能够掌握加强工艺过程控制管理的方法
7. 能够掌握技术管理的基本任务
8. 能够理解汽车新产品开发的意义、方式及程序

知识与技能点清单

序号	学习目标	知识点	技能点
1	能够理解生产管理的概念、原则、内容和任务	1. 生产管理的概念 2. 生产管理的原则 3. 生产管理的内容 4. 生产管理的任务	能明确生产管理的内容和任务
2	能够理解生产过程的含义、合理组织要求及生产过程的空间组织和时间组织	1. 生产过程的组成 2. 合理组织生产过程的基本要求 3. 生产类型 4. 生产过程的空间组织和时间组织	能对生产过程进行合理的空间组织和时间组织
3	能够了解生产计划的主要内容和指标,掌握生产计划的执行与控制	1. 生产计划工作的内容 2. 生产计划的指标体系 3. 生产计划的执行与控制	能正确执行和控制生产计划
4	能够掌握技术管理的内容、任务及技术管理负责人的岗位职责	1. 技术管理的内容 2. 汽车制造企业技术管理的任务 3. 技术管理负责人的岗位职责	能明确技术管理负责人的岗位职责
5	能够掌握工艺管理工作的性质、内容以及加强工艺管理的措施	1. 生产工艺管理系统的功能 2. 工艺管理工作的性质及内容 3. 加强工艺管理的措施 4. 工艺人员的权责	1. 能正确使用生产工艺管理系统 2. 能采取合理的措施进行工艺管理
6	能够掌握工艺过程控制管理的方法	工艺过程控制管理的方法	1. 能正确识别关键工序与特殊工序 2. 能正确进行过程质量审核
7	能够掌握技术管理的基本任务	1. 技术开发 2. 技术引进 3. 技术改造	
8	能够理解汽车新产品开发的意义、方式及程序	1. 汽车新产品的分类 2. 汽车新产品开发的意义、方式、方向、程序及策略	能按照科学的程序和策略开发汽车新产品

项目 6 汽车制造企业管理

学习信息

6.1 汽车制造企业生产管理

生产管理是企业管理的主要组成部分,在企业管理中,和生产管理并列的有经营销售管理和成本财务管理。各项专业管理中,各有不同的职能,自成独立的系统,但彼此间紧密联系,相互配合,形成一个既有分工、又相互促进和相互制约的统一的企业管理系统。

6.1.1 汽车制造企业生产管理概述

微课视频
汽车制造
企业生产管理概述

生产管理的职能是根据企业所确定的经营方针、战略、目标和计划的要求,下达具体生产任务,组织生产活动,并保证实现,合理组织生产过程,提高生产管理水平,不仅为企业经营和销售创造物质基础,提高适应能力,而且增强企业经营销售的竞争实力,降低消耗,增加企业的收益。因此,生产管理在企业管理中占十分重要的地位,是企业最基本的管理。

1. 生产管理的概念

生产管理是对企业日常生产活动的计划、组织和控制,是和产品制造密切相关的各项管理工作的总称。生产管理有狭义和广义之分。

狭义的生产管理是指以产品或提供劳务的生产过程为对象的管理,一般包括生产类型的确定、生产过程的组织、生产能力的核定、生产计划和生产作业计划的制定与执行、日常的生产准备、在制品和半成品管理、生产调度、生产进度控制以及生产作业核算等。

广义的生产管理是指对企业的全部生产活动进行综合性的、系统性的管理。其内容包括除狭义的生产管理外,还有企业生产方向和规模的确定、工厂布置、质量管理、设备和工具管理、物资管理、能源管理、劳动组织与劳动定额管理、成本控制、安全生产、环境保护等。

广义的生产管理把企业生产活动全过程作为一个有机的整体和系统,实行全面、更有效地计划组织和控制,以实现企业生产活动的预期目标。我们在这里学习的主要是狭义的生产管理的内容。

2. 生产管理的原则

现代企业生产管理既要遵循市场经济的规律,又要符合现代科学技术发展的要求。因此必须遵循一定的原则,这些原则包括:科学管理;以需定产,以产促销;提高经济效益;均衡生产;准时生产;安全和文明生产。

3. 生产管理的内容

生产管理如按其职能来划分,大体可分为计划、组织、准备、控制、现场管理五个方面的内容。

(1) 计划职能

生产管理的计划主要是指生产计划与生产作业计划,以及保证生产计划实现的技术组织措施计划，生产计划是企业各专业计划的主体，是编制其他计划的依据。生产计划除规定企业计划期内应完成的产品品种、产品产量、产值等指标的要求外，还规定产品出产进度计划。

而生产作业计划是生产计划的延续，是具体执行计划，它把产品出产进度落实到分厂、车间、工段、班组、工作地，在时间上落实到月、旬、周、日和轮班。作业计划是实现均衡生产的主要手段。

（2）组织职能

生产管理的组织主要是指生产过程的组织。企业生产过程组织主要根据生产类型和生产规模，合理地划分和布置车间、工段、班组和工作场地，同时在时间方面规定各个环节之间如何衔接协调，在此基础上合理地组织劳动，正确处理在生产过程中劳动者之间的关系、劳动者与劳动对象的关系。而生产过程组织与劳动过程组织是统一体，不是固定不变的，它随着企业生产发展而变化。因此，生产过程组织也要不断地进行调整，但一般情况下，生产过程有相对的稳定性。

（3）准备职能

生产管理的准备主要是指企业在组织生产之前，所需要做的与计划有关的准备工作。其主要内容包括技术文件的准备，工艺装备的准备，设备检修与调整的准备，做好外协件、外购件、工具、计量器具、动力等方面的供应准备，做好劳动力的配备与劳动组织的调整。

（4）控制职能

生产管理的控制主要是指对生产过程的全面控制，是通过生产调度和统筹来实现的。控制的主要内容有生产作业计划是否按期实现，各种生产准备是否及时完成，各种物资供应、毛坯、半成品与零件是否按期投入生产，在制品是否超储和设备运行情况是否正常等。

（5）现场管理

主要是对从事产品生产、加工有关活动的场所进行现场调度、质量分析、安全监督等，使生产活动有秩序、按计划地进行。现场管理是生产控制的重要手段，是收集反馈信息的重要来源。

4. 生产管理的任务

企业生产管理的基本任务是在生产活动中，要求投入尽可能少的人力、物资和资金而产出尽可能多的社会需要的产品，并取得最佳的经济效益。解决好企业在人力、物力和财力等资源的动态平衡，使投入生产过程的各生产技术活动中人力、物力和财力等资源的动态平衡，使投入生产过程的各种要素有效结合，形成有机体系。生产管理任务主要有以下几个方面：

（1）市场竞争导向

市场竞争导向是指根据社会需要、订货合同、市场需求预测、市场占有率来安排生产和组织生产活动，把市场作为生产的出发点和落脚点。这是市场经济的基本要求。

市场竞争导向要求有强烈的市场意识，要了解市场、研究市场、适应市场，要根据市场容量、市场占有率、市场潜力、服务对象、市场需求安排生产计划和组织生产活动。

竞争导向要求不断提高生产管理对市场的适应能力，建立质量、成本、交货期等方面的竞争优势，要做好情报工作，及时把握市场动态，开发新产品，建立雄厚的技术储备，采用弹性的组织方法等以满足顾客的需要。

市场竞争导向还要求搞好产品结构调整，生产适销对路的产品，生产高附加值、高技术含量的产品。只有这样，企业才能有生机和活力。

（2）讲求经济效益

搞生产不能片面地追求产量、产值、速度，忽视品种、质量、成本，结果速度加快而效益不理想，导致消耗指标上升，利润下降。企业只有讲求经济效益，才能增加积累，发展生产。企业经济效益是指企业的生产总值同生产成本之间的比例关系。讲求经济效益是指以最少的劳动消耗和资金占用，生产出尽可能多和尽可能好的适销对路的产品。具体体现在生产管理的目标上，就是要做到数量多、质量好、交货及时、成本低等。

企业在生产管理中讲求经济效益，应该做到以下四点：

1）要树立效益的观念，要有盈利的观念，在正确的经营思想指导下，学会赚取利润。

2）要讲求综合的经济效益，全面完成生产管理目标，做到质量好、数量足、交货及时、成本低等。企业要正确处理企业效益和社会效益的关系，不能只顾企业效益而忽视社会效益，更不能为了追求企业效益而损害社会效益，而应该在兼顾社会效益的前提下尽可能提高企业的经济效益；还要正确处理当前利益和长远利益的关系，要立足长远，兼顾当前，把两者正确地结合起来。

3）要全面地完成生产指标，需要制定正确的生产政策，以及有所侧重。

4）采用现代管理方法，例如，制定生产计划要进行计划指标的优化；可采用盈亏分析法、线性规划和 C 曲线法等；设计生产过程要运用程序研究、统筹法等；采用 JIT 生产方式；运用 CIMS 等。

（3）均衡生产

均衡生产是指企业各个生产环节（企业、车间、工段、班组、工作地），在每段相等的时间（旬、周、昼夜、轮班、小时）内，完成相等的或递增的数量任务，按计划均匀地进行生产和出产，保证完成计划任务，满足订货单位和市场的需要。

组织均衡生产是现代化大生产的客观要求，有利于建立正常的生产秩序和管理秩序，提高设备与工时利用率，保证产品质量，实现安全生产，减少资金占用，对于全面提高经济效益具有十分重要的作用。

（4）安全文明生产

文明生产是指按现代工业生产的客观要求，建立合理的生产管理制度和良好的生产环境及生产习惯，科学地从事生产活动。文明生产包括建立一套科学管理生产的各项规章制度；工厂、车间和设备布局合理，工作场地合理布置，通道合理，在制品存放、工具箱等要有固定位置；工作环境清洁卫生，厂区整齐，环境美化，厂区绿化，防污染，光线充足，温湿度适宜。实行文明生产有利于保证员工健康，创造良好的气氛，提高劳动效率，保证产品质量。

安全生产是指为预防生产过程中发生人身、设备事故，形成良好的劳动环境和工作秩序而采取的一系列措施。安全与生产是辩证统一的关系。生产必须安全，安全为了生产；生产必须安全，安全必将促进生产。企业要做到安全生产，必须把生产与安全统一起来，遵守劳动保护法规，采取各种安全技术和工业卫生方面的技术组织措施，加强劳动保护，开展群众性安全教育和安全检查活动，防止各种不安全因素的发生，保证生产过程顺利进行。

微课视频
汽车制造企业生产过程组织

6.1.2 汽车制造企业生产过程组织

生产过程是企业最基本的活动过程，生产过程组织是企业生产管理的重要内容,是研究企业怎样从空间和时间上合理地组织产品生产,使投入的人、财、物、信息等各种生产要素有机地结合起来,形成一个协调系统,使产品运行距离最短、花费时间最少、耗费成本最低、从而获得最佳的经济效益。

1. 生产过程的概念

现代化机械工业产品的生产是建立在生产专业化与协作基础上的社会化的大生产。生产一种机械产品的全过程,不一定完全在一个机械工业企业内完成,有时要由几个甚至几十个企业共同协作来完成,一个企业只完成整个产品生产过程的一部分,其他部分则由另外一些企业承担。因此,产品的生产过程,可以是整个机械产品的生产过程,也可以是机械产品的某些组成部分——部件、零件或毛坯的生产过程。

生产过程有狭义和广义的理解。狭义的生产过程是指产品生产过程,是对原材料进行加工,使之转化为成品的一系列生产活动的运行过程。广义的生产过程是指从生产准备开始,直到把产品加工出来为止的全部过程。

工业企业的生产过程按它所经过的各个阶段工作的作用来分,可分为生产准备过程、基本生产过程、辅助生产过程和生产服务过程等。

(1) 生产准备过程

生产准备过程,也称为供应过程,是制造企业生产经营过程的第一个阶段,即生产的准备阶段。在这一过程中,企业用货币资金购进原材料、固定资产等生产资料,形成必要的生产储备,这时资金就由货币资金形态转变为储备资金形态。这一过程的主要经济业务是因进行物资采购而引起的与供货方的货款结算业务、增值税业务、支付采购费用和计算采购成本等。

生产技术准备过程是生产准备过程的重要部分,它是指产品投入生产前所进行的各种技术准备工作的过程,其具体工作包括产品开发、产品设计、工艺设计、工装设计与制造、标准化工作、物资定额和劳动定额的制定与修改、设备的布置与调整、劳动组织的优化组合以及新产品的试制与鉴定等工作。

(2) 基本生产过程

基本生产过程是指直接为完成企业的基本产品所进行的生产活动。例如,汽车制造企业的毛坯准备、机械加工、装配过程等。

(3) 辅助生产过程

辅助生产过程是指为保证基本生产过程的正常进行所必需的各种辅助生产活动。如汽车制造企业中的动力生产、工具制造、设备维修等。辅助生产过程是整个生产过程不可分割的组成部分。

(4) 生产服务过程

生产服务过程是为基本生产和辅助生产所进行的各种生产服务活动,如原材料、半成品和工具的保管、运输、供应等。

基本生产过程是企业生产过程中最主要的组成部分,基本生产过程和辅助生产过程都是由工艺过程和非工艺过程所组成的。工艺过程是直接改变加工对象的性质、尺寸、几何形状的过程。热处理工艺虽然不改变零件的尺寸和形状,但它能改变材料的内部组织结构,提高零件的性能、强度和使用寿命。经化学处理过的零件具有耐蚀、耐酸、耐磨等特点。非工艺过程不涉及加工对象的性质、尺寸、形状的改变,而是贯穿工艺过程之间的一些带有生产服务性的过程,如对加工对象的运输、检验、试验、包装等。工艺过程和非工艺过程都是生产过程不可分割的组成部分，工艺过程由工序组成，工序是工艺过程最基本的单位，再加上非工艺过程的作业，称为全工序过程。

2. 合理组织生产过程的基本要求

合理组织生产过程是对各个工艺阶段和各工序的工作进行合理安排，使劳动工具、劳动力和劳动对象达到最优的结合，产品在生产过程中行程最短、时间最省、效率最高、耗费最小。为了达到这个目的，必须努力做到下述基本要求：

1）目标性。目标性是组织生产过程的根本依据。企业生产过程的目标通常是由一系列互相联系、相互制约的技术经济指标组成的。如产品品种指标、产量指标、质量指标、成本指标等，在组织生产过程前必须要明确。

2）集合性。如果从要素组合结构上看，它是由车间、科室和仓库等生产单位组成的。从生产过程运转的各阶段的作用和地位上看，它是由生产技术准备、基本生产、辅助生产和生产服务等部门所组成的。通过集合性分析，可以找出生产过程有无多余的组成部分。

3）连续性。连续性是指生产过程的各阶段、各工序之间活动在时间上是紧密衔接的，在生产过程中始终处于运动状态，不是在进行加工、检验、装配，就是处于工序之间搬运或其他服务中，没有或很少有不必要的停顿和等待现象。生产过程的连续性同企业生产类型与生产组织形式密切相关，采用先进的生产组织形式，能大大提高生产过程的连续性。

4）比例性。比例性是指生产过程的各阶段、各工序之间在生产能力上要保持适当的比关系。生产过程的比例性是保证生产平衡进行、保证生产连续性的基础，也是充分利用生产能力、减少人员和设备等的浪费、提高劳动生产率和设备利用率的前提条件。

5）平行性。平行性是指生产过程的各阶段、各工序可以平行作业。生产过程的平行性可充分利用时间和空间，大大缩短产品的生产周期，提高生产效率。

6）均衡性。均衡性是指企业及其各个生产环节，在相等的时间间隔内，大致生产相等或递增数量的产品，不出现前松后紧、时松时紧的现象。具体表现在生产过程产品的投入、制造和出产阶段都有节奏地进行。

7）适应性。适应性是指企业生产系统对外界环境及其变化有适应性。具体表现在要有灵活的生产组织方式和现代的管理方法、提高竞争能力。

总之，目标性是组织生产过程的首要要求，明确了系统的功能。集合性是分析解决系统的组成及其合理性。连续性、比例性、平行性和均衡性是对组织生产过程的具体要求。适应性是解决生产系统与外部环境的协调问题。

3. 生产类型

对于机械工业企业而言，一般是按产品品种的多少、产量的大小和工作量等标准划分企业生产类型，具体反映在工作地的专业化程度上。按工作地的专业化程度高低，可将企业划分为大量生产类型企业、成批生产类型企业和单件小批生产类型企业。不同生产类型企业，对其技术、组织和经济产生不同的影响和要求。

生产类型这一概念说明企业生产产品的单一程度，不同的生产类型，生产产品的单一程度不同，有高有低，各有特点。

（1）单件小批生产类型

单件小批生产类型的特点是生产的产品品种多，每种产品的产量为单件或很少，除个别品种不定期重复生产外，其他品种一般只生产一次。单件生产时，每个工作地所负担的品种数和工序数都很多，一般使用万能性生产设备和工夹具，工作地专业化程度低，生产效率低，对工人的操作水平要求高。单件小批量生产企业的生产单位（车间）一般按工艺专业化原则组织，车间设备布置多采用机群式排列。制品在生产过程中的移动线路长，生产的连续性和平行性都很差，产品的生产周期长，占用流动资金多、产品成本高。属于单件生产类型的企业有汽轮机厂、重型机厂等。

（2）成批生产类型

成批生产类型的特点是产品品种较少，每种产品都有一定的产量，工作地定期或不定期成批轮番生产不同品种，生产重复性较强。成批生产时，每个工作地固定担负若干道工序，工作地专业化程度比单件生产高。成批生产根据生产规模又可分为小批、中批和大批生产类型。小批生产接近单件生产；中批生产是典型的成批生产，集中地反映了成批生产的性质和特点；大批生产产品品种少、产量大，接近于大量生产。成批生产类型的企业较多，如汽车、机床行业的制造企业都属于成批生产企业。

（3）大量生产类型

大量生产类型的特点是产品固定，品种少产量大，生产重复高，每个工位固定地完成一道或很少几道工序、工位专业程度高。大批生产时，广泛地使用自动化、半自动化、专用设备和专用工艺装备。大量生产要求工人有较高的操作熟练程度，多采用对象专业化原则组织生产单位，即流水生产方式，其生产过程的连续性、平行性、节奏性高，产品生产周期短，生产效率高，产品质量稳定，成本低。汽车制造企业就属于大量生产类型。

4. 生产过程的空间组织和时间组织

如前所述，机械工业企业生产过程是从准备生产某种产品开始，直到产品最后生产出来为止的全部过程。任何一个产品的生产过程都需要在一定的空间内进行，即是需要在一定的场所组成的一定规模的生产单位（如车间、工段、班组等）中，同时还要消耗一定的时间，才能完成产品的生产。因此，生产过程的组织包含着相互独立又相互联系的两个方面，即生产过程的空间组织和生产过程的时间组织。

（1）生产过程的空间组织

生产过程的空间组织是根据企业的经营目标所提出来的产品品种、数量、交货期的要求，确定企业各产品的生产过程在空间上的运动形式，即生产过程各工艺阶段、各工序的分布和原材料、半成品的运输路线等。换言之，生产过程的空间组织就是对企业各个部门（生产准备部门、基本生产部门、辅助生产部门、生产服务部门等）进行总体规划和工厂设计。其首要问题就是要建立起能够完成企业经营目标，且具有较好经济效益的、较为合理的生产结构。确定企业内部要建立什么样的生产单位，各个生产单位以何种方式组织起来，以形成一个具有有机联系的、完整合理的生产制造系统。显然，这又与企业产品的生产特点、企业的生产类型以及专业化、协作化的水平有着直接关系。

企业的基本生产单位是车间，它是完成企业生产过程中某一部分或某一工艺阶段的场所。在机械工业企业内，根据生产类型和生产规模不同，生产单位（车间）一般可按以下三种原则划分和建立：

1）工艺专业化原则。简称工艺原则，即是按生产工艺性质来设置车间（工段、小组）的原则。根据工艺原则组织生产，每个车间（工段、小组）中，集中了许多同类型工艺设备和同工种工人，对各种产品（零件）进行相同的工艺加工，设备或工艺的名称，往往就是这一生产单位的名称。如汽车制造厂划分为冲压车间、焊接车间、涂装车间、总装车间和调试车间等。

按工艺原则布置生产单位有以下优点：

① 企业产品的变换、产品制造工艺的改变，都有很强的适应能力，不需要重新布置生产单位。

② 由于同种设备集中在一起，若遇到某设备故障，人员的病、事假等，可以很方便地调整生产任务，而不致使生产中断。

③ 由于同种设备集中在一起，便于同工种工人技术交流，有利于工人技术熟练程度的提高，车间内部的技术管理工作也较方便。

但是，由于各生产单位是按工艺原则组织起来的，所以各生产单位都不能独立完成产品的全部或大部分加工工序，也就是每件产品要通过若干生产单位才能加工出来，因此它存在以下缺点：

① 产品加工路线较长，消耗在运输原材料和半成品上面的辅助劳动量大。

② 增加产品在生产过程中的停放时间，在制品的数量大，生产周期长，因此占用流动资金也多。

③ 各生产单位之间的协作关系和各项管理工作，如计划工作、在制品管理、质量管理工作等，都比较复杂。

2）对象专业化原则。又称为"产品导向型原则"，简称对象原则，是指按照产品或零部件建立生产单位，将加工某种产品或零部件所需的设备、工艺装备和工人放到一个厂房或一个区域内，集中了不同类型的机器设备和不同工种的工人，对同类生产对象进行不同的工艺生产。也就是说，生产对象是一定的，工艺方法是多种多样的。这样构成诸如汽车制造厂、发动机分厂、电机车间、齿轮工段、曲轴工段等生产单位。

对象专业化车间可以克服工艺专业化车间的缺点，从而提高生产的经济效益。它有以下优点：

① 可以缩短产品加工路线，减少原材料、半成品的运输量，节约辅助劳动量。

② 可以采用先进的流水生产组织形式，减少生产过程、等待时间，缩短生产周期，减少在制品和流动资金的占用数量。

③ 能够简化生产单位间的协作关系，简化和加强计划管理、在制品管理、质量管理等。

但是，按对象专业化原则建立生产单位也有以下缺点：

① 生产单位对企业生产产品的变换、制造工艺的改进、革新的适应能力很差。

② 不易进行工种专业化的技术管理工作。

③ 就整个生产单位而言，其各种设备负荷往往是不平衡的，不能充分发挥设备的生产能力。

3）综合原则。就是根据企业的实际情况综合运用工艺专业化和对象专业化的原则来建立企业的生产单位。即对一部分的生产单位采用工艺专业化的原则来建立，对另一部分生产单位按对象专业化原则来建立。目的是要建立一种既能灵活适应产品或工艺的改变，又能充分发挥各设备生产能力，缩短产品加工路线，减少运输量、辅助劳动量等要求的生产单位。

（2）生产过程的时间组织

1）简单生产过程和复杂生产过程。

机械制造生产过程可按其复杂程度分为两大类：简单生产过程和复杂生产过程。简单生产过程是指单一零件的加工过程或单一部件的装配过程。它由按工艺加工顺序排列的若干个工序组成,简单生产过程可能是企业的产品生产过程的全体,也可能是企业的产品生产过程的一部分。

汽车不是由单一对象组成的,而是由许多零件与部件组成的;而且,组成汽车的这些零件与部件又是在不同工位上平行进行加工或装配的,最后才组合成为汽车。因此,汽车的生产过程是由许多简单生产过程综合成的复杂生产过程。

2)零件加工过程中的移动方式及时间结构。

在简单生产过程中,由于生产对象要按工艺顺序通过各道工序加工,所以为了缩短生产周期,需要研究一批零件在工序间的移动方式。移动方式不同,一批零件的生产周期就不同。

在机械制造生产过程中。零件的移动方式有三种:顺序移动方式、平行移动方式和平行顺序移动方式。

① 顺序移动方式。顺序移动方式的特点是零件整批地在工序之间移动,即一批零件在前道工序全部加工完毕之后,才能转移到后道工序去加工。如果把工序间的运输时间略而不计,则一批零件在顺序移动方式下的生产周期等于各道工序时间之和,即

$$T_{顺}=n\sum_{i=1}^{m}t_i$$

式中,$T_{顺}$为顺序移动方式的加工周期;n为批量;m为工序数;t_i为第i道工序的单件加工时间。

② 平行移动方式。平行移动方式的特点是逐个零件在工序之间移动,即上道工序加工完一批零件中的每个零件后,立即转移到下道工序加工,一批零件同时在不同的工序上平行进行加工,在平行移动方式下,一批零件加工的生产周期可用下式计算

$$T_{平}=n\sum_{i=1}^{m}t_i+(n-1)t_长$$

式中,$T_{平}$为平行移动方式的加工周期;$t_长$为所有工序中单件工时最长者。

③ 平行顺序移动方式。平行顺序移动方式的特点是一批零件在每道工序上均保持连续加工,但是零件在工序之间的转移既有分批的,又有单个的。当前道工序时间大于后道工序时间时,则要等待前道工序完成的零件数足以使后道工序连续加工,才将完成的零件转移到后道工序进行加工,当前道工序时间小于后道工序时间时,则前道工序完成一个转一个。这样就可将设备的空闲时间集中起来使用。平行顺序移动方式是平行移动方式和顺序移动方式的结合。平行顺序移动方式的零件加工周期介于前两种移动方式之间、平行顺序移动方式下的加工周期等于顺序移动方式的加工周期减去重合部分的时间,即

$$T_{平顺}=n\sum_{i=1}^{m}t_i-(n-1)\sum_{j=1}^{m-1}t_j$$

式中,$T_{平顺}$为平行顺序移动方式加工周期;t_j为相邻两道工序中单件工时较短者。

比较上述三种移动方式可知:在顺序移动方式下生产组织简单,就一批零件来说加工过程中无设备停歇现象,但每个零件都有等待加工运输时间,因此,加工周期比其他两种移动方式长。在平行移动方式下,每个零件可及时转移到下一道工序加工,所以加工周期最短,但零件运输频繁,在前道工序时间大于后道工序时间的情况下,设备会出现间断性的停歇现象。平行

顺序移动方式吸取了前两种方式的优点，消除了设备在加工过程中的间歇现象，可使工作地有充分负荷，能有效利用工时，加工周期较顺序移动方式短，但生产管理复杂。选择哪种移动方式，应考虑以下因素：批量的大小，零件加工工序时间的长短，车间、小组的专业化形式。批量小、工序时间短，宜采用顺序移动方式；批量大、工序时间长，则宜采用平行移动或平行顺序移动方式。

（3）流水生产

流水生产是指加工对象按照一定的工艺路线和统一的节拍、连续不断地顺序通过各个工作地的一种生产组织形式。

现代流水生产方式起源于福特制。福特于1914～1920年创立了汽车工业的流水生产线。福特制的特点是把生产管理工作和生产技术的发展与完善密切结合起来，把管理工作从单纯对人的管理，发展到把人和机器联系起来，同时从整体出发对各项作业、各道工序进行协调，因而大大提高了生产过程的连续性和节奏性。

1）流水生产的特征。

流水生产一般具有以下特征：

① 工作地专业化程度高。在流水线上固定地生产一种或有限几种产品，而在每个工作地上固定地完成一道或很少几道工序。

② 生产具有明显的节奏性，是按节拍进行生产。

③ 各道工序的工位及设备数量与单件工时的比值相一致。

④ 工艺过程是封闭的。工位及设备是按工艺顺序排列的，劳动对象在工序间作单向移动。

⑤ 生产过程具有高度的连续性。劳动对象在工序间像流水般移动。

把设备、工具、传送装置和工人按上述特征组织起来的生产线，称为流水线。工位及设备按工艺顺序排列，但不具有上述特征者，称为生产线。

2）流水线的分类。

机械工业企业中的流水线有很多种，可按不同的标准进行分类。

① 按生产对象是否移动，可分为固定流水线和移动流水线。固定流水线是指生产对象固定，工人携带工具围绕着生产对象移动作业。固定流水线主要用于不便运输的大型产品。移动流水线是生产对象按工艺顺序移动，工人固定在工位上操作。

② 按流水线固定的生产对象数目，可分为单一对象流水线和多对象流水线。按流水线上加工对象的轮换要求，又可分为不变流水线、可变流水线和成组流水线。单一对象流水线只固定生产一种产品或零件，也叫不变流水线。多对象流水线是固定生产几种结构和工艺相同的产品或零件。多对象流水线又分为可变流水线和成组流水线。可变流水线是轮番地在流水线上固定生产几个生产对象。成组流水线是按相似件分类成组地在流水线上生产。成组流水线又分两种，一种是顺序加工的成组流水线，另一种是平行加工的成组流水线。

③ 按流水线的连续程度，可分为连续流水线和间断流水线。连续流水线是生产对象在流水线上连续不断地进行加工，没有等待和间断时间，是一种较完善的流水线形式。在连续流水线上的所有工序时间等于节拍或成整数倍。如果受工艺条件的限制，使工序时间难以调整为与节拍相等或成整数倍，则可组织间断流水线。在间断流水线上，因为各工序能力不平衡，所以工序间不能连续生产，有间断时间。

④ 按流水线的节奏性程度，可分为强制节拍流水线、自由节拍流水线及粗略节拍流水线。

强制节拍流水线是指严格按照节拍的要求进行加工或装配，一般是由传送带控制。自由节拍流水线不要求严格按节拍出产产品，节拍主要是靠工人的熟练操作来保证。粗略节拍流水线是各工序的加工时间与节拍相差很大，如果按节拍组织生产，就会使设备和工人处于工作时断时续的状态。为了充分利用人力、设备，工位可以在一段时间内连续进行生产，各工位经过不等的时间达到相同的产量，因此，可以规定一个合理的时间间隔（如半个班），并按其组织各工位的连续生产，这个时间就是粗略节拍。

⑤ 按流水线的机械化程度，可分为手工流水线和机械化流水线。手工流水线多用于装配，机械化流水线应用最为广泛。

3）组织流水生产的条件。

组织流水生产线必须具备一定条件，主要是：

① 产品结构方面：设计的产品结构要稳定，要基本定型，并有良好的工艺性，工序能细分，便于在组织流水线时进行同期化工作。

② 工艺方面：工艺方法要先进，工艺规程要稳定，能确保产品质量。

③ 产品产量方面：制品要有足够的产量，以确保流水线各工作地有正常的负荷，能发挥流水线的效能。

④ 空间面积方面：厂房建筑和生产面积要适合于布置流水线的设备和传送带。

（4）自动生产线

自动生产线是由若干台自动机床设备，一整套自动装夹、传送装置和自动控制装置体系，自动实现产品工艺过程的一种更先进的生产组织形式。它是在连续流水线的基础上进一步发展形成的。

1）自动生产线的特点。

自动生产线具有两个明显的特点：

① 自动生产线的生产过程具有高度的连续性。自动生产线上所有机床设备都是按统一的速度有节奏地进行工作的，出产节拍是固定不变的。

② 自动生产线的生产过程完全是自动进行的。在流水线上，基本工序是由工人完成的，而在自动生产线上，所有的基本工序以及上下料、检验、运输等操作全由机器设备自动完成。工人的职能则由操作转变为监视和调整设备。

这种生产组织形式的优点是，能消除笨重的体力劳动，减少工人数量，缩短生产周期，提高生产效率，稳定产品质量，降低产品成本，其经济效益是非常明显的。其缺点是，投资较大，回收期长，自动生产线上出现小故障都会造成整条生产线停产。

2）自动生产线的形式。

自动生产线的形式繁多，可从不同角度进行分类。

① 按零件移动方式分类，有脉动式自动生产线和连续自动生产线。

② 按传送装置的性质分类，有分配式自动生产线和工作式自动生产线。

③ 按连接方式分类，有硬连接自动生产线、软连接自动生产线、混合连接自动生产线和转子连接自动生产线。

3）组织自动生产线的条件。

组织自动生产线除了应具备组织流水线的所有条件外，还有以下四个方面的要求：

① 加工对象方面：零件的标准化、通用化程度应当很高，以保证加工对象的相对稳定；零

件结构必须适应自动化生产的特点，便于运输、装夹和自动加工；毛坯精度要高。

② 工艺方面：采用的设备、工艺方法及工艺装备要先进，自动化程度要高。工序的同期化程度要很高，劳动量较大的工序要划分成几个工位，并进行间期化。工艺规程应保证能最大限度地减少重新安装和夹紧工件的次数。这是自动生产线设计中很关键的问题。

③ 劳动组织方面：要求在自动生产线上工作的工人具有比一般工人更高的文化技术知识和调整设备、排除故障的技能。劳动力的组成和工种性质与流水线不同，取消了直接操作加工工人，增加了自动生产线调整、维护修理工人和保证工具供应的辅助工人。

④ 管理方面：自动生产线虽然简化了生产管理，但生产准备工作（包括对材料、毛坯、半成品的供应）却要求更严，必须完全按质、按员、按时保证供应。对设备的保养维修和刀具的更换，也要严格按计划进行。

6.1.3 生产计划与控制

生产计划是企业在规定的计划期内，应当生产的产品品种、数量、产值、质量和出产期限等指标。它是依据市场调查、市场预测与销售计划等各方面综合平衡后确定的。

企业生产计划是企业经营计划的重要组成部分。它是生产管理的首要环节和生产系统运行的纲领。搞好生产计划，对于实现企业经营目标，编制企业内部其他各项专业计划，进行各方面平衡工作，统一指挥和组织企业生产活动，制定广大员工生产活动的奋斗目标，提高企业经济效益，保证国民经济协调地发展，满足社会需要等都具有重要的现实意义。

1. 生产计划工作的内容

生产计划工作的主要内容包括：

1）调查和预测社会对产品的需求。

2）核定企业的生产能力。

3）确定企业经营目标，制定经营策略。

4）选择制定计划的方法，正确制定生产计划、库存计划、生产进度计划、计划工作程序以及计划的实施与控制工作。

2. 生产计划的指标体系

生产计划指标是企业生产计划的重要内容之一。企业生产计划的主要指标有产品品种、产品质量、产品产量和产值，企业生产计划的主要指标从不同的侧面反映了企业生产产品的要求。

（1）产品品种指标

产品品种指标包含以下两方面的内容：

1）企业在计划期内生产的产品名称、型号、规格和种类等方面的规定要求。

2）企业在计划期内生产的不同品种、规格产品的数量。

品种指标能够在一定程度上反映企业适应市场的能力。一般来说，品种越多，越能满足不同的需求，但是，过多的品种会分散企业的生产能力，难以形成规模优势。因此，企业应综合考虑，合理确定产品品种，加快产品的更新换代，努力开发新产品。

（2）产品质量指标

产品质量指标是指企业在计划期内生产的产品应该达到的质量标准，包括内在质量与外在质量两个方面。

内在质量是指产品的性能、使用寿命、工作精度、安全性、可靠性和可维修性等因素；外在质量是指产品的颜色、式样、包装等因素。在中国，产品的质量标准分为国家标准、行业标准和企业标准三个层次。产品的质量标准是衡量一个企业的产品满足社会需要程度的重要标志，是企业赢得市场竞争的关键因素。

（3）产品产量指标

产品产量指标是指企业在计划期内应当生产的合格的工业品实物数量或应当提供的合格的工业性劳务数量。产品的产量指标常用实物指标或假定实物指标表示，如汽车用"辆"表示等。产品产量指标是表明企业生产成果的一个重要指标，它直接来源于企业的销售批指标，也是企业制定其他物量指标和消耗量指标的重要依据。

（4）产品产值指标

产品产值指标是指用货币表示的企业生产产品的数量，它解决了企业生产多种产品时不同产品产量之间不能相加的问题。企业的产品产值指标有商品产值、总产值和净产值三种表现形式。

1）商品产值。企业在计划期内生产的可供销售的产品或工业劳务的价值。其内容包括用自备原材料生产的可供销售的成品和半成品的价值，用订货者来料生产的产品的加工价值，对外完成的工业性劳务价值。

$$商品产值 = 自备原材料生产的成品价值 + 外销半成品价值 + 来料加工的加工价值 + 对外承做的工业性劳务价值$$

2）总产值。用货币表现的企业在计划期内应该完成的产品和劳务总量。它反映企业在计划期内生产的总规模和总水平，其内容包括商品产值，订货者来料的价值，在制品、半成品、自制工具的期末期初差额价值，它是计算企业生产发展速度和劳动生产率的依据。

$$总产值 = 商品产值 + （期末在制品价值 - 期初在制品价值）+ 来料加工的来料价值$$

3）净产值。企业在计划期内新创造的价值。净产值的计算方法有两种，一种是生产法，即从工业总产值中扣除物质消耗价值的办法。

$$净产值 = 工业总产值 - 全部物资消耗价值$$

另一种是分配法，这种方法从国民收入初次分配的角度出发，将构成净产值的各要素直接相加求得净产值，这些要素主要包括工资、员工福利基金、税金、利润、利息、差旅费、罚金等。

$$净产值 = 工资 + 税金 + 利润 + 企业经营费$$

在实践中，商品产值和净产值一般用现行价格计算，总产值则要求用不变价格计算。

3. 生产计划的执行与控制

生产活动在生产计划中虽然做了具体安排，但由于企业环境以及企业自身的影响，在现实的企业生产组织中，往往会出现现实与计划目标之间的差距。因此，为了防止干扰，实现企业计划的目标必须要进行生产控制。

（1）相关概念

1）生产控制。控制贯穿于生产系统运动的始终。生产系统凭借控制的动能，监督、制约和调整系统各环节的活动，使生产系统按计划运行，并能不断地适应环境的变化，从而达到系统预定的目标。生产系统运行控制的活动内容十分广泛，涉及生产过程中各种生产要素、各个生产环节及各项专业管理。其内容主要有对制造系统硬件的控制（设备维修）、生产作业控制、库存控制、质量控制、成本控制、数量控制等。

2）生产控制的方式。企业的实际操作中有三种控制方式：事后控制、事中控制与事前控制。

① 事后控制。生产控制的事后控制方式是指根据当期生产结果与计划目标的分析比较，提出控制措施，在下一轮生产活动中实施控制的方式。它是利用反馈信息实施控制的，控制的重点是今后的生产活动。其控制思想是总结过去的经验与教训，把今后的事情做得更好。这种方式在质量控制与成本控制中随处可见。

事后控制的优点是方法简便，控制活动量小，控制费用低；但其缺点也很明显，不良结果一旦发生，则损失已经造成，无法挽回。

事后控制方式的控制要点是以计划执行后的信息为主要依据；要有完整的统计资料；要分析内外部环境的干扰情况；计划执行情况分析要客观，控制措施要可行，确保下一轮计划执行的质量。

② 事中控制。生产活动的事中控制方式是一种对进行中的生产系统做日常性控制的控制方式。事中控制方式是利用反馈信息实施控制的。通过作业核算和现场观测获取信息，及时把输出量与控制目标进行比较分析，采取纠正偏差的控制措施，不断消除由干扰产生的不良后果，确保计划目标的实现。

事中控制可以避免没有完成计划的损失，但是频繁的控制活动本身也需要付出代价。

事中控制方式的要点是以计划执行过程中获取的信息为依据；要有完整的、准确的统计资料和完备的现场活动信息；要有高效的信息处理系统；决策迅速，执行有力，保证及时控制。

③ 事前控制。生产控制中的事前控制方式是在生产活动之前进行调节并控制的一种方式。事前控制方式是利用前馈信息实施控制，重点放在事前的计划与决策上，即在生产活动开始以前根据对影响系统行为的扰动因素作各种预测，制定出控制方案。

这种控制方式是十分有效的。例如，在产品设计和工艺设计阶段，对影响质量或成本的因素做出充分的估计，采取必要的措施，可以控制质量或成本要素的 60%。有人称其为储蓄投资管理，意为抽出今天的裕量为明天的收获所做的投资管理。

事前控制方式的控制要点是将对扰动因素的预测作为控制的依据；对生产系统的未来行为有充分的认识；依据前馈信息制定计划和控制方案。

（2）生产控制的基本程序

1）制定标准。制定标准就是对生产过程中的人力、物力和财力以及产品质量特性、生产数量、生产进度规定一个数量界限。它可以用实物数量表示，也可以用货币数量表示，包括各项生产计划指标、各种消耗定额、产品质量指标、库存标准、费用支出限额等。控制标准要求制定得合理可行。制定标准的方法一般有如下几种：

① 类比法。参照本企业的历史水平制定标准，也可参照同行业的先进水平制定标准。这种方法简单易行，标准也比较客观可行。

② 分解法。即把企业层的指标按部门、按产品层层分解为一个个小指标，作为每个生产单元的控制目标。这种方法在成本控制中起重要作用。

③ 定额法。即为生产过程中某些消耗规定标准，主要包括劳动消耗定额和材料消耗定额。

④ 标准化法。即根据权威机构制定的标准作为自己的控制标准，如国际标准、国家标准、行业标准以及企业标准等。这种方法在质量控制中用得较多。当然，也可用于制定工作程序或作业标准。

2）测量比较。测量比较就是以生产统计手段获取系统的输出值，与预定的控制标准作对比分析，发现偏差。偏差有正负之分，正偏差表示目标值大于实际值，负偏差表示实际值大于目标值，正、负偏差的控制意义，视具体的控制对象而定。如对于产量、利润、劳动生产率，正偏差表示没有达标，需要考虑控制；而对于成本、工时消耗等目标，正偏差表示优于控制标准。在实际工作中，这些概念是很清楚的，不会混淆。

3）控制决策。控制决策就是根据产生偏差的原因，提出用于纠正偏差的控制措施。一般的工作步骤是：

① 分析原因。有效的控制必定是从失控的最基本原因着手的。有时从表象出发采取的控制措施也能有成效，但它往往是以牺牲另一目标为代价的。造成某个控制目标失控的原因有时会有很多种，所以要做客观的、实事求是的分析。

② 拟订措施。从造成失控的主要原因着手，研究控制措施。传统观点认为控制措施主要是调节输入资源，而实践证明对于生产系统而言这是远远不够的，还要检查计划的合理性，组织措施可否改进。总之，要全面考虑各方面的因素，才能找到有效的控制措施。

③ 效果预期分析。生产系统是个大系统，不能用实验的方法去验证控制措施。但为了保证控制的有效性，必须对控制措施做效果分析。有条件的企业可使用计算机模拟方法。一般可采用推理方法，即在理论上分析实施控制措施后可能会产生的种种情况，尽可能使控制措施制定得更周密。

4）实施执行。这是控制程序中最后一项工作，由一系列的具体操作组成。控制措施贯彻执行得如何，直接影响控制效果，如果执行不力，则整个控制活动将功亏一篑。所以在执行中要有专人负责，及时监督检查。

（3）生产调度

生产调度是以生产作业计划为依据，对企业日常生产活动进行控制和调节的工作，即对生产作业计划执行过程中已出现和可能出现的偏差及时了解、掌握、预防和处理，保证整个生产活动协调地进行。

1）生产调度工作的主要内容。

① 控制生产进度和在制品流转。

② 督促有关部门做好生产准备和生产服务。

③ 检查生产过程中的物资供应。

④ 督促设备的运转，合理调配劳动力。

⑤ 调整厂内运输。

⑥ 组织厂部和车间的生产调度会议。

⑦ 做好生产完成情况的检查、记录、统计分析工作。

2）生产调度的工作原则。

① 计划性。保证生产作业计划规定的任务和进度。对实际与计划的偏差采取措施予以克服，必要时对原计划进行调整和补充。

② 统一性。各级调度部门根据生产作业计划和上级指示行使调度权力，下一级生产单位和

同级的有关职能部门必须坚决执行。

③ 预见性。积极采取措施预防或缩小生产作业计划中可能发生的偏差和障碍造成的影响。

④ 及时性。生产调度部门对生产中出现的有关问题及时采取措施解决,避免造成损失。

调度工作常用的技术设备有专用信号装置、调度电话、无线传呼机、工业闭路电视、计算机等。

6.2 汽车制造企业生产技术管理

技术管理是企业管理的一个重要组成部分,它与企业的经营管理、生产管理等有着密切关系。汽车制造企业的生产技术管理包括工艺管理、工艺过程控制管理、技术项目开发与管理以及新产品开发管理。

6.2.1 企业技术管理概述

技术管理为企业的经营提供发展后劲,为企业的生产过程提供技术上的保证。

1. 技术管理的内容

企业技术管理是整个企业管理系统的一个子系统,是对企业的技术开发、产品开发、技术改造、技术合作以及技术转让等进行计划、组织、指挥、协调和控制等一系列管理活动的总称。企业技术管理的目的,是按照科学技术工作的规律性,建立科学的工作程序,有计划地、合理地利用企业技术力量和资源,使得企业的技术水平在原有基础上获得改进和提高的管理工作。企业技术管理工作具体来说,主要有以下几项:

1) 建立知识创新和技术管理体系,完善技术创新体制,密切联系科研院所,为企业的产品开发和技术攻关创造条件。

2) 制定技术创新政策,为企业塑造一个良好的创新环境。

3) 积极收集科技信息,注重吸收和引进外来经验,用别人的先进经验弥补企业自身的不足,促进企业不断发展。

4) 开发创新人才资源,积极招聘和培养技术人才,建立一支思想素质和业务素质都过硬的科技队伍;开展企业内部的技术教育和多种形式的岗位培训以及科技人员的继续教育,以适应技术进步的需要。

5) 对企业的技术革新、技术开发、技术引进和技术改造等工作进行有效的管理。

2. 汽车制造企业技术管理的任务

汽车制造企业技术管理的基本任务:一是采用先进合理的汽车制造技术工艺,加强汽车制造企业的技术管理基础工作;二是选用生产上适用、技术上先进、经济上合理、可靠性好、信誉度高的汽车制造设备及汽车检测设备;三是保证车辆的行车安全、降低消耗和环境污染,实现汽车制造企业的经济效益与社会效益。

(1) 建立技术管理组织机构

为加强汽车制造过程中的技术领导,除建立汽车制造企业的技术管理体系外,各车间技术负责人、专职检验人员在业务上受总工程师、主任工程师或技术负责人的直接领导。

(2) 建立技术管理制度及技术责任制度

建立、健全汽车制造企业的各项技术管理制度和各级技术责任制度,例如,全面质量管理制度及质量检验制度、技术教育培训制度、技术档案管理制度、技术经济定额管理制度、技术责任事故处理制度等。

（3）坚持技术为生产服务的原则

汽车制造企业技术管理的基本原则就是要以提高汽车制造质量为中心，技术应为汽车制造的生产现场服务。其内容包括：根据企业实际情况，分析汽车制造工艺过程，抓好汽车制造中的技术管理与质量管理（如零件分类检验、过程检验及总成验收）；并不断改进汽车制造技术工艺，提高车辆制造质量，解决汽车制造过程中的疑难技术问题。

（4）搞好汽车制造的设备与模具管理

根据"择优选配、正确使用、定期检测、强制维护、视情修理、合理改造、适时更新和报废"的原则，结合企业实际生产过程，对汽车制造企业的运输车辆及维修器具设备进行全过程的综合性技术管理。正确使用设备更新改造资金和大修理基金。

（5）搞好技术革新

技术革新是指应用新知识和新技术改造生产工艺和生产设备，以提高产品质量、提高生产效率、降低产品成本的技术活动。推广现代化管理方法，推广应用新技术、新工艺和新材料，提高生产劳动效率，减轻工人的劳动强度；并积极开展修旧利废与技术革新，促进企业技术进步，努力降低成本。

企业要开展技术革新，必须树立创新观念，投入适当资金，创造良好的创新条件，重视创新人才，充分发掘全体员工的创造潜能。企业的技术革新必须围绕产品进行，以提高产品质量、提高生产效率为宗旨，以增加企业的社会效益和经济效益为目标，以提高企业的技术水平、增强企业的市场竞争能力为动力。

（6）搞好技术教育和技术培训

积极开展员工技术教育、质量教育和质量评比，配合人力资源部门做好员工的技术教育和技术等级培训。

（7）做好技术基础工作

汽车制造企业技术管理的基础工作包括：

1）建立、健全各级技术责任制度。

2）建立、健全生产技术管理过程中的各种原始记录和技术文件（包括生产用图纸资料、各工种设备安全技术操作规程、汽车制造工艺规范以及各类企业技术标准等）。

3）参与制定企业各项技术标准与经济定额。

4）参与技术责任事故处理等。

（8）日常技术管理工作

日常技术管理是指在生产过程中对技术的应用和维护，主要通过技术标准化管理、档案管理、环境管理三个方面来实现。

技术标准是产品设计、研制、应用环节所遵守的统一指标和要求，是在生产和科研过程中总结形成，经主管机关批准，并以特定形式加以公布的各类标准。技术标准化管理是指制定、发布和贯彻实施技术标准的一系列活动，可以分为工业标准化、企业标准化。工业标准化是指为统一产品规格、质量、性能，由国家主管单位制定和实施的一系列规范；企业标准化包括企业作业标准化和产品技术标准化。作业标准化是生产操作的相关规范性要求和标准。产品技术标准化是对企业产品性能、规格及检验方法做出的相关规定。推行技术标准化可以使社会实现协作化生产，增强社会组织间生产的互换性、通用性，促进社会组织生产的专业化，降低耗费，同时有利于对技术实现统一的监督和管理。企业标准化管理要求：设立专门的技术管理组织；按国家标准建立企业技术标准和制度；加强员工技术标准培训，定期技术指导、检查、考评，实现科研、运用环节的技术标准管理相结合。

技术档案包括产品设计资料、工艺规程及原始记录等技术文件，是企业开展技术活动的依据和历史资料。技术档案管理要求：设立专门的档案室或档案柜，委派责任人分类建档；技术档案的借阅、销毁应该界定权限，并做好记录；定期对技术资料进行整理和核查；遗失的技术资料应及时补充等。

生产过程是物质形态的转变过程，无法避免地会产生一些废水、废气、废渣等废弃物，同时还会产生噪声、粉尘及放射性物质，对自然环境造成损害。环境管理要求企业严格执行国家的环保标准，从污染源头抓起，引进达标的污染处理技术与设备，严格控制污染排放量，尽量选择环保的原料和能源等。

3. 技术管理负责人的岗位职责

总工程师、主任工程师或技术负责人应在厂长或总经理的直接领导下具体负责本企业的技术管理工作，对厂长或总经理负责。其岗位职责是：

1）执行上级颁布的技术管理制度，制定本企业各级技术管理部门及技术人员的技术责任制度。

2）编制并实施本企业的科技发展规划和年度技术措施计划（包括企业设备购置和维修计划），搞好本企业的技术改造和技术革新工作；推广新技术、新工艺、新材料、新设备；开发新产品。

3）解决本企业生产经营管理中的疑难技术问题和质量问题，努力提高产品质量，并努力降低产品成本。

4）切实做好本企业技术管理的各项基础工作；参与制定并实施本企业技术经济定额。

5）领导并组织本企业的科技工作和技术培训工作，做好本企业技术职务的评定和聘任。

6.2.2 工艺管理

工艺管理是企业重要的基础管理，是稳定提高产品质量，提高生产效率，保证安全生产，降低消耗，增加经济效益，发展生产的重要手段和保证。

1. 生产工艺管理系统的功能

在汽车行业高速发展的今天，工艺工作如何适应企业的发展，是值得探讨的问题。这就要求我们认识工艺工作的重要性，严格遵守工艺纪律，执行根据企业实际情况制定的工艺标准，以科学的工艺管理体系来为企业创造价值。

微课视频
工艺管理

一个企业的生产活动，从原材料进厂到最终的成品出厂，其中有80%~90%的活动属于工艺活动。企业要生产出技术先进、质量可靠、价格性能比高的产品，工艺是基础。企业组织生产（包括计划管理、生产调度、原材料和能源设备、劳动组织、定额管理、质量管理及产品成本核算等）都要依靠工艺提供依据，各项技术准备，加工操作，安全、环保、检测更离不开工艺的技术指导。因此，工艺工作就像一条纽带将企业各个部门联系起来，成为一个完整的制造体系。

在汽车制造过程中，影响汽车质量的因素概括起来不外乎为人、机、料、法、环和检测几个方面。操作者即人，是生产过程中起主导作用的重要因素，但各种因素又相互影响，对产品质量形成制约。为了生产顺利进行，就需要制定一套既适合现代化生产管理水平，又符合企业内部生产实际的工艺文件。通过设计产品的工艺方案，制定合理的工艺流程，设计先进的工艺方法，选取和配备恰当的加工设备、工艺装备和检测仪器、工具，建立合适的生产环境，选择既能保证产品质量，又能取得最大经济效益的材料和能源，在对人员进行必要的培训后，严格按操作规程办，才能实现企业的优质、高效、低消耗和安全生产。

生产工艺管理系统是一个易于使用的管理软件，具有很强的灵活性，能满足各生产企业的要求，其主要用于装置开停工、生产装置达标、生产工艺、临时工艺卡、临时标准等的信息采集、处理、传输、存储以及为决策支持层提供生产工艺方面的数据依据，真正实现企业数据的共享。

（1）生产技术文件管理

完成装置生产过程中的消耗、达标等管理情况的工作。该部分主要包括下列功能：材料、能源的消耗，水、汽等的消耗，装置达标情况、技术分工，技术总结。

（2）工艺数据管理

完成管理装置操作情况的工作。该部分主要包括下列功能：工艺条件和生产流程。

（3）装置开停工方案管理

完成装置开工、停工方案等的管理工作。该部分主要包括下列功能：开工、停工方案的申请，开工、停工方案的审批，装置开工、停工方案的历史记载。

（4）临时工艺、临时标准管理

完成临时工艺、临时标准等的管理工作。该部分主要包括下列功能：临时工艺卡片编制、临时标准申请、临时标准审批，保存备录。

（5）统计报表管理

完成生产工艺统计、报表等的管理工作。该部分主要包括下列功能：技术月报、装置操作数据月报、装置操作数据季报、装置操作数据年报、装置达标数据表、能源月报。

（6）综合查询管理

完成生产工艺管理部门对其他相关部门的数据查询工作。该部分包括下列功能：调度早报、生产调度、计划统计报表、质检上报报表、质量日报、早报、质量化验数据、装置泄漏率、设备完好率、仪表三率、装置排污合格率、污水含油，主要财务指标情况表。

（7）B/S 查询

根据用户输入的查询条件查询生产工艺管理情况数据，包括生产技术文件、生产工艺数据、装置开停工方案、临时工艺、临时标准、报表等数据。

（8）系统信息管理

处理支持生产工艺管理系统的各种编码数据及相关基础数据。

2. 工艺管理工作的性质及内容

（1）工艺管理工作的性质

工艺管理工作贯穿于将原材料、半成品转变为整车的包括生产准备、加工、检验、装配、调试直至汽车出厂的全过程中，对制造技术工作进行科学的、系统的管理。它是解决、处理生产过程中人与人之间的生产关系方面的社会科学。

工艺管理工作是制造过程中的组织管理与控制。主要内容是科学地分析产品零部件的工艺流程，合理地规定投产批次和批量，监督和指导工艺文件的正确实施，不断总结工艺实施过程中的经验，纠正差错，推广和实施先进经验，以求工艺过程的最优化，进行工序质量控制，配合生产部门搞好文明生产和定量管理；按工艺要求，保证毛坯、原材料、半成品、工位器具和工艺装备等物品的及时供应。

（2）工艺管理工作的内容

工艺管理是工艺工作的内容之一，也是企业管理的重要工作之一，它对企业的产品质量、效益、竞争力起着重要作用。汽车制造企业必须加强工艺管理，严肃工艺纪律，贯彻工艺标准，不断提高工艺水平。工艺管理工作的具体内容如下：

1）编制工艺发展规划、技术改造规划。
2）制定与组织贯彻工艺标准和工艺管理规章制度。
3）明确各类有关人员和有关部门的工艺责任和权限。
4）参与工艺纪律的考核和督促检查。
5）开展新工艺试验与研究。
6）组织开展技术革新和合理化建议活动。
7）开展工艺情报工作。
8）产品的技术准备工作。

产品的技术准备主要是工艺调研及产品设计的工艺性审查，设计工艺方案、工艺路线，编制工艺规程，编制原材料和工艺材料的技术定额及加工工时定额，专用工艺装备的设计、制造和生产验证，通用工艺装备标准的制定，进行工艺验证、工艺标准验证和工时定额验证等。

（3）工艺文件的作用

工艺文件是企业工艺工作的载体，是组织生产、指导操作和进行质量管理等方面必备的技术文件。工艺文件有下列作用：

1）为生产准备提供必要的资料。如为原材料、外购件提供供应计划，为能源准备以及工装、设备的配备等提供第一手资料。
2）为生产部门提供工艺方法和流程，确保经济、高效地生产出合格的汽车产品。
3）为质量控制部门提供保证产品质量的检测方法和计量检测仪器及设备。
4）为企业操作人员的培训提供依据，以满足生产的需要。
5）是建立和调整生产环境，保证安全生产的指导文件。
6）是企业进行成本核算的重要材料。
7）是加强定额管理，对企业员工进行考核的重要依据。

3. 加强工艺管理的措施

（1）正确的工艺设计是确保产品质量、提高经济效益的关键

工艺是汽车生产的主要依据。科学合理的工艺是生产优质产品的决定因素，是客观规律的反映，也是工人在生产中正确进行加工操作的依据。合理的工艺，必须经过反复试验和正确设计来确定。从抽样到贯彻措施等一系列工艺设计程序都必须经过细致的调查、反复试验和积极探索来达到设计正确的目的，起到指导生产的作用，促进生产质量，使效益提高。实践证明，工艺设计是汽车生产中的先决条件，是汽车生产技术的综合反映。正确的设计是确保产品质量，提高效益的前提。

（2）开展工艺研究，积极探索新工艺，是攻克技术难关，提高产品质量，加强技术改进的

必要途径

工艺研究是工艺管理中的一项重要工作，它在工艺试样设计的基础上，针对生产关键和质量薄弱环节，组织技术人员，探索工艺规律，改进工艺条件，进行技术攻关，对提高产品质量、加快技术改进有着十分重要的意义。

（3）加强工艺检查，促进技术水平的不断提高

工艺检查是工艺管理方面的必要补充，是衡量设计水平高低和车间执行情况，考核试样和实际加工的手段。通过工艺检查，发现问题，采取措施，及时解决，促进技术管理水平的提高。工艺检查必须按照实际工艺要求，每天对生产工艺进行测查，贯彻自查和抽查相结合的原则，严格按照工艺规律工作，对于不执行工艺和执行工艺差的车间和工人，除思想上进行教育、技术上进行帮助外，还必须采用必要的经济手段进行惩罚，提高试加工符合率和工艺符合率，稳定生产，提高产品质量，促进技术水平的不断提高。

4. 强化工艺人员的权责

（1）工艺人员职权

1）按规定审批程序，对工艺文件、工装图纸有更改权，对制定的工艺文件有解释权。对不符合图纸要求的工艺作业有纠正权。

2）对车间执行工艺的情况有检查、监督权，对违反工艺纪律的行为有制止和处罚权。

3）有权向有关部门索取产品质量和原材料消耗的资料。

4）有权召开全厂工艺技术人员的专业会议，进行技术交流，组织技术攻关，对技术业务工作进行布置和指导。

5）对全厂工艺技术人员的奖惩、晋升、晋级有建议权。

（2）工艺人员职责

1）对在计划规定期限内未完成工艺准备工作，从而影响新产品试制进度和生产任务完成的情况负责。

2）对因工艺编制或工装设计问题，导致产品大量报废或返修，造成经济损失的情况负责。

3）对解决生产中发生的工艺技术问题不及时，从而影响生产的情况负责。

4）对审查签署的工艺技术文件、产品技术条件、工艺标准、工艺规程等工艺资料的正确性、合理性、完整性负责。

5）对原材料工艺消耗定额库存由于计算方法或数值错误，从而造成浪费或损失的情况负责。

6）对由于工艺设计不合理，从而造成不良影响的情况负责。

7）对本单位方针目标未及时展开检查、诊断、落实的情况负责。

8）对在工艺技术上发生失误、泄密现象负责。

总之，只有加强工艺管理，抓好工艺设计，开展工艺研究，积极探索新工艺，加强工艺检查，才能促进生产技术进步，加快技术改进，提高技术和管理水平，才确保企业生产稳定，促进产品质量、经济效益的提高。

6.2.3 工艺过程控制管理

加强工艺过程控制、提高工艺管理水平，是确保产品质量形成过程按工艺文件的规定、程序和方法在受控状态下长期、有效运行的一项重要工作。

1. 做好过程策划工作，提高工艺工作的准确性

（1）过程策划是过程质量控制的重要内容

在产品设计开发初期，应以用户要求为基础，并超过产品要求进行产品生产的基础策划，制定详细的过程开发计划，充分考虑现有人员、工装、装备、技术能力、物流、生产环境等各方面的因素，明确各接口部门的工作任务和职责，将各项任务的目标值和时间表具体细化到各接口部门，并按照任务要求进行检查督促，确保按规定要求完成工作任务。

（2）切实做好过程策划工作

准确地进行人员、工装、设备、技术能力、物流、生产环境等方面的调研与分析，组织必要的工艺方案设计与评审，做到计划落实、目标明确、措施具体。只有准确地做好这些前期策划工作，才能合理地组织开展全面的工艺工作，提高工艺工作的准确性，减少盲目投资，避免造成不良资产积压和资源浪费，提高企业的经济效益和社会效益。

（3）过程策划是产品开发成功与否的关键

一些企业由于没有建立一套行之有效的工艺管理体系，在新产品开发过程中不注重过程策划工作，没有工艺部门的积极介入，在工装、设备、工艺手段等方面缺乏必要的投入，产品试制过程中没有持续的改进措施，产品质量难以得到有效保证，导致新产品开发失败的事例屡屡发生。

2. 建立工序质量控制点，提高工序的质量能力

工序质量控制是过程质量控制的基本点，是现场质量控制的重要内容。在产品质量的形成过程中包括多个工序过程，其定义分为三类：

一般工序：对产品形成质量起一般作用的工序。

关键工序：对产品形成质量，特别是可靠性质量起重要、关键作用的工序。

特殊工序：其结果不能通过后面的检验和试验，而只能通过使用后才能完全验证的工序。

建立工序质量控制点，即在加强一般工序质量控制的同时，采取有效的控制方法对关键工序和特殊工序进行重点控制，保证工序经常处于受控状态。主要工作包括如下几个方面：

（1）确立工序质量控制点

根据有关原则确立工序质量控制点，在工艺文件中编制关键工序控制点表，列出重要的控制参数和控制内容，并用专用章将关键工序和特殊工序标识清楚。

（2）现场设立标识牌

在生产现场设立标识牌，车间技术主管负责控制点的日常工作，工艺部门主管产品的项目经理负责监督抽查。

（3）编制工艺规程和作业指导书

以工艺规程和作业指导书为标准，对人员、工装、设备、操作方法、生产环境、过程参数等提出具体的技术要求。

（4）工艺文件验证

工艺文件重要的过程参数和特征值必须经过工艺评定或工艺验证。

（5）工艺执行与监督检查

操作人员必须严格遵守工艺纪律，及时进行首检和自检，坚持做好生产原始记录，由控制点负责人检查确认；检验人员必须严格按工艺规程和检验指导书进行检验，做好检验原始记录，每周报质量监督部；质量控制点负责人必须坚持进行日常检查和收集原始记录资料，运用调查

表、控制图、因果图等统计技术进行统计分析与监控。

（6）设备必须处于完好状态

生产设备、检验及试验设备、工装器具、计量器具等必须处于完好状态和受控状态。

当发现工序质量控制点的控制方法不能满足工序能力要求时，控制点负责人应立即向工艺部门汇报，工艺部门应组织有关人员进行分析、改进和提高，保证工序处于受控状态，使工序能够长期、稳定地生产合格产品。

3. 加强工艺过程审核，提高工艺管理水平

工艺过程审核是为了验证工艺过程活动是否符合计划安排以及其结果能否达到预期目标所进行的系统的、独立的质量审核工作。企业内部的质量审核是以内部工艺过程控制体系审核，工艺过程审核是以产品质量审核为核心的一系列质量审核活动。

工艺过程审核是内部质量审核的重点，其目的是验证影响生产过程的因素及其控制方法是否满足工艺过程控制和工序能力的要求，及时发现存在的问题，并采取有效的纠正或预防措施进行改进和提高，确保过程质量处于稳定受控状态。

加强过程质量审核，以关键工序和特殊工序为重点，以影响过程质量的诸多因素进行全面的审核。为此，必须做好以下几方面的工作：

（1）有计划地组织进行

有计划地组织进行过程质量审核，对审核的内容、时间、频次、人员等做出具体的部署，每年一般不得少于两次。

（2）按要求审核

审核现有人员的技术水平和业务能力是否符合过程质量控制的要求。

（3）跟踪审查，综合评分

审查外购件、外协件、原材料的产品质量和分承包方的质量能力，对A类配套件模拟某企业的审核模式定期进行质量跟踪审查，综合评分。

（4）审查正确性、完整性和可操作性

审查工艺规程、作业指导书的正确性、完整性和可操作性。过程控制的重要参数和特征值必须经过工艺评定或工艺验证，形成文件的工艺评定书或工艺验证书。

6.2.4 技术项目开发与管理

微课视频
技术项目
开发与管理

科学技术是第一生产力，加强技术开发、技术引进、技术改造、信息资源开发，有效解决生产技术问题，不断提高生产技术水平，及时提供适合市场需求的新产品，是适应现代经济环境，促进企业持续发展的有效途径。

1. 技术开发

技术开发是指利用从研究和实际经验中获得的现有知识或从外部引进技术，为生产新的产品、装置，建立新的工艺和系统而进行实质性的改进工作。对于汽车制造企业而言，技术开发是指本企业以产品为主要对象，围绕产品展开的首次应用或出现的新技术所开展的一系列活动，包括从研究、试制开始，直到新产品大批生产的全过程。技术开发是实现企业技术进步，提高企业科技水平的重要途径。

工业技术开发按技术创新的程度和规模大小划分，可分为技术创造发明、局部革新和小改

小革。技术开发,特别是技术创造发明,需要耗费相当多的资金,因此企业必须周密部署,按照一定程序来实施。

广义的技术开发是指将科学技术的发现和发明转化为生产力的过程。狭义的技术开发是指生产技术的改造、创新、运用的一系列活动。生产技术改造是在不改变原生产技术原理和结构的前提下,按照先进技术标准,对生产技术的局部性革新或改进;生产技术创新是按照新科学技术原理创造的新技术;生产技术运用是对先进生产技术的学习和实践,以实现技术开发的成果。

(1) 技术开发对象与开发目的

技术开发对象主要包括设备与工具、生产工艺、能源与原材料、生产环境四个方面。设备与工具、生产工艺开发,以提高生产效率、产品质量、安全系数及降低能源、材料耗费、节约生产成本为主要目的;能源与原材料开发,以提高能源与原材料的利用率,降低消耗,开发代用材料为主要目的;生产环境的技术开发是指在消除污染、改善员工的劳动条件、防止职业病方面的技术开发,以消除环境污染、保护生态环境、改善劳动条件、调动员工的积极性,提高生产效率为主要目的。

(2) 技术开发途径

技术开发途径主要包括自行开发、成果引进、联合开发三种。自行开发是根据生产发展需要,由企业投资经费,组织研发人才开展的研发活动。成果引进是通过移植、嫁接、插条形式引进技术成果来达到提高企业生产技术目的的活动;移植是指引进全套的成熟技术;嫁接、插条是指在外部技术基础上的继续升级。联合开发是指外部新技术同企业技术的混合运用,是企业同外部单位以共同利益为基础,以协作或插条形式进行的新技术开发活动。

(3) 技术开发方式

技术开发方式主要包括延伸开发、综合开发。延伸开发是针对单项技术的功能、效率、密度等先进性进行的升级开发;综合开发是通过联合多项技术实现的技术开发,分为组合开发、兼容开发。组合开发是通过各项技术有机搭配,构成新组合式技术体系而加以运用的开发方式;兼容开发是多种技术综合创造新技术成果的开发方式。各企业应根据自身的资源优势和技术需要来选择技术开发途径和方式,既要考虑开发成本(研制成本、运用成本等),又要考虑开发价值(经济效益、长远性、实用性等)。

2. 技术引进

技术引进是指通过国际间的技术交流和转移,有计划、有重点、有选择地从国外取得先进技术的活动。技术引进包括:

1) 引进生产工艺技术、设备制造技术,如购买设备制造图纸和工艺、产品设计、测试方法、材料配方等技术资料以及获得有关技术专利的使用权。

2) 引进作为国内消化、吸收、研制、革新用的样机,如购买关键设备、成套设备或招包工程。

3) 引进人才,如聘请外国专家、委托培训人员等。

4) 引进科学的经营管理技术。

3. 技术改造

技术改造是指企业为了提高经济效益、提高产品质量、增加产品品种、促进产品升级换代、扩大出口、降低成本、节约能耗、加强资源综合利用和三废治理、劳保安全等目的,采用先进的、适用的新技术、新工艺、新设备、新材料等对现有设施、生产工艺条件进行的改造。

实践证明,用先进、实用技术进行技术改造,不仅具有投资少、工期短、见效快等特点,而且不需要再建生产线,能有效避免重复建设,同时还有利于优化产业结构、改变增长方式、提高企业的效益和竞争力。

6.2.5 新产品开发

微课视频
新产品开发

汽车新产品是指企业在新技术的支持下,通过重新设计或对原有产品改进设计从而使性能、用途、外形等发生变化的产品。

1. 新产品的分类

汽车新产品包括以下五种类型:

(1)全新产品

全新产品是指采用新原理、新技术、新材料、新设计、新工艺而研制成的具有新结构和新功能的汽车产品。该新产品在全世界首先开发,能开创全新的市场。比如,日本开发出的普锐斯混合动力电动汽车、美国通用汽车公司新开发的燃料电动汽车、我国比亚迪汽车公司上市的电动汽车等都属于全新汽车产品,现在电动汽车技术已经比较成熟,在市面上也会看到它们的身影。这种新产品一般需要经历相当长的开发时间才会出现。全新产品是第一次进入市场,它们的出现往往会改变人们的生产方式和生活方式。

(2)改进型新产品

这种新产品是指使用各种改进技术对现有汽车产品改良其性能、结构和外形,提高其质量,以求得规格型号的多样性,款式颜色有新的特点和突破。这种新产品与老产品十分相似,有利于消费者迅速接受,开发也不需要大量的资金,失败的可能性相对要小。比如,近几年宝马公司相继推出新7系、新5系、新3系轿车就是在原来的7系、5系、3系的基础上经过技术改进后推出的改进型新产品。宝马新5系结合了创新的技术以及质量轻量化的车身结构,它延承了宝马汽车的运动风格,具有良好的动态特性,在内部空间上,也比老款5系大了许多。由于采用新的轻量化全铝合金底盘以及车身结构,使得新5系比上一款减轻65kg。在装备上,宝马新5系有全铝悬架系统、第2代iDrive技术、自动前照灯以及主动转向、动态悬架控制和主动巡航等。

另外,在汽车上安装ABS、EBD、BDL、ASR、ESP系统或全球定位系统(GPS)等,一般说来,这类汽车新产品与原有的汽车产品差别不大,开发比较容易,而且进入市场后比较容易为汽车消费者接受,但是,较易仿效,竞争激烈。

(3)形成系列型新产品

形成系列型新产品是指在原有的产品基础上开发的新产品,从而与企业原有产品形成系列。扩大产品线,增加产品的目标市场。例如,在同一车身基础上配置不同排量的发动机;装手动变速器,或自动变速器,或手自一体变速器,或无级变速器;将两厢车改变为三厢车,或将三厢车改变为两厢车等。这种新产品与原有产品的差别不大,所需开发的投资小,技术革新程度也不高。又例如,宝来轿车上市时只有4款车型,分别是1.8L手动档、1.8L自动档、1.8T手动档、1.8T自动档。上市半年后,又推出了1.6L手动档、1.6L自动档两款新车型,与原来的4款形成系列,极大地增加了宝来在市场上的竞争优势。

(4）降低成本型新产品

汽车企业通过扩大生产规模、利用新技术、改进生产工艺或提高生产效率，降低原产品的成本。但保持原有成本不变或将一些新的部件应用于老产品，使其某项性能得到提高的新产品，本质上说，这种新产品还是老产品，只是价格发生了较大变化。

（5）重新定位型新产品

企业的老产品进入新的市场而被称为该市场的新产品。比如，德国大众的高尔夫轿车本身是一个老产品，但首次投放中国市场时，在中国市场就是新产品。

以上五类汽车新产品，其"新"只是相对意义上的。这种"新"是由汽车消费者所确认的，只要汽车消费者认为某种汽车产品具有其他汽车产品所没有的特点，能给自己带来某种新的效用或利益，这种汽车就是"新产品"。

2. 汽车新产品开发的意义

任何汽车产品都有生命周期，一种汽车产品长期占领市场、一成不变的现象是十分罕见的。为了延长汽车产品的生命周期或者继续开展经营活动，企业就必须开发汽车新产品。对于一个汽车企业来说，其兴旺发达只有两条途径，一是开发汽车新产品；二是开拓汽车新市场。在科学技术日新月异的今天，激烈的市场竞争使得近十几年出现的工业技术有30%已经过时，电子技术有50%已经过时，汽车产品市场生命周期大大缩短。在这种情况下，汽车企业要提高适应能力和竞争能力，最重要的途径是不断开发汽车新产品。在我国，几乎每个汽车新产品的面市，均会引起一段时间的热销，市场的反应也大大胜过降价的效应。

开发汽车新产品具有重要的战略意义，但开发汽车新产品又是一件难度极大的工作，难就难在汽车新产品要有创新，创新又与科学技术的重大突破密切相关，而科学技术的重大突破，并非轻而易举的事。同时，人们的汽车消费需求既是多变的，又是复杂的。开发汽车新产品面临"众口难调"的局面，开发汽车新产品费用昂贵，而且受环境的制约等。这一切说明，开发汽车新产品绝非易事。要想开发的汽车新产品能获得成功，必须遵循一套科学的方法和程序。

3. 汽车新产品开发的方式

汽车企业进行新产品开发时，必须解决的一个重要问题是采取什么方式开发新产品。

一般而言，有四种方式可开发新产品：

（1）独立开发

这种方式是指企业依靠自己的力量研究开发新产品。采取这种方式可以紧密结合企业的特点，并使企业在某一方面具有领先地位，但独立开发需要较多的开发费用。

（2）技术引进

这种方式是指利用已经成熟的制造技术，借鉴别人已经成功的经验来开发新产品。采用这种方式不仅可以缩短开发新产品的时间，节约开发费用，而且可以促进技术水平和生产效率的提高。但要注意引进技术与企业自身条件的适应性，如早期合资的上海大众、神龙富康、上海通用、一汽大众、长安福特、广州本田、北京现代、北京奔驰等。

（3）开发与引进相结合

这种方式就是在新产品开发的方式上采取两条腿走路，既重视独立开发，又重视技术引进，两者有机结合，互为补充，会产生更好的效果，例如华晨宝马、吉利汽车、奇瑞汽车、上汽荣威等，这种情况在我国比较常见。

（4）联合开发

联合开发除了企业与科研机构、大专院校的联合外，更多的是企业之间的"强强联合"。这种方式有利于充分利用社会力量，弥补企业开发能力的不足。

当今世界汽车工业进一步向着高科技方向发展，汽车企业新产品开发需要巨额投资，风险大、失败率高。例如，美国福特汽车公司曾推出一种新车，由于营销失败，损失数亿美元。各汽车公司为减少新产品开发的风险，除了大量利用人类已有的研究成果外，汽车公司纷纷走上了联合开发的道路，甚至借助政府的力量。这种联合有助于企业节省开发经费，集中财力，提高本国汽车工业的竞争水平；有助于吸收和学习对方产品开发的先进思想，弥补开发力量的不足和缩短产品的开发周期。

除联合开发途径外，汽车企业的新产品开发还有多种途径，企业还可通过技术市场获得部分或全部新产品。企业究竟应采取何种方式开发新产品，并无统一定式，各个企业应结合自己的企业规模、技术能力、发展战略以及新产品的具体情况等因素，选择合理的新产品开发方式。

必须指出的是，尽管新产品开发的形式具有多样化的特点，但对那些希望形成较强的市场营销能力的汽车企业来说，拥有足够的产品自主开发能力更为重要，这对于当前的中国汽车工业更具有非常现实的意义。

4. 汽车新产品开发的方向

企业对新产品的开发方向，应当理解遵从三种不同的观点：一是从消费者观点出发的新产品定义，这有助于正在寻求新产品市场机会的企业开阔思路，选定本企业的新产品开发方向；二是从本企业角度的新产品定义，提醒企业结合自己所具有的生产技术和市场营销优势和劣势去权衡已经发现的市场机会，并认真研究开发过程中由于技术新市场所带来的困难和障碍；三是从宏观控制所指出的新产品定义，促使企业的新产品开发与总体社会经济效益结合起来，至少企业必须把有关规定视为一种对新产品开发有重大影响的不可控因素，使自己的市场营销组合很好地去适应它。

5. 汽车新产品开发的程序

研究表明，尽管企业认识到开发新产品的重要性，在汽车新产品的商业化过程中仍有70%左右的新产品商业化失败。为了减少新产品开发的风险，开发必须按照一定的科学程序来进行。通过这些程序对各种新产品的构思和创意进行层层筛选和试制，以保证新产品能够满足一定的消费者需求且有足够的市场空间，新产品开发的效益从而得到比较可靠的保证。

企业开发新产品是在企业综合内外部因素的基础上，按照科学的程序进行的，其过程包括以下几个环节：

（1）市场调研

对市场信息进行系统的收集与分析是开发新产品的基础，也是新产品开发能否成功的关键。市场调研主要了解市场需求和技术信息：

1）消费者喜欢什么样的产品，购物倾向如何，潜在需求量有多大。

2）消费者的收入水平及购买能力如何。

3）本企业原有产品的销售情况及顾客对原有产品的意见。

4）竞争对手的产品状况。

5）当前可用于新产品的新技术、新材料、新工艺有哪些。

为制定新产品开发方案提供依据。

（2）研发设想

研发设想是根据市场技术环境进行的产品创意和构思。研发设想的依据是市场研究。市场研究是针对公司涉足的行业，通过收集市场信息，分析消费者的需求及市场未来发展趋势，为研发设想寻找灵感的过程。收集市场信息的方法包括：问卷问答、资料查询、实地考察等，最有效的方法是实地考察，通过多看、多摸、多问、多想、多比较来加深对市场的认识。具体方式包括拜访经销商、询问消费者，还可以到4S店或汽车零部件产销大会等观察消费者的购买行为。有条件的企业，还可以组织人员跨国、跨地区到技术先进的汽车制造企业去考察，以开阔眼界、拓展思路并可直接购买一些具有时代感或独特风格的产品作为样品，通过研究其特点、构造和功能等，为研发设想提供指导和思路。

构思的来源可能有以下几种：

1）顾客的建议。构思一定要多听取顾客的意见，尽量满足顾客需求。

2）高等院校或科研机构的成果。高等院校或科研机构的成果需要企业进行转换。

3）本企业市场调查后做出的市场预测以及针对竞争者的产品调整所做出的新设计或对策等。

企业在寻求构思创意时应确定的内容有：

1）企业重点投资的领域是什么，应该发展到什么程度。

2）开发新产品要达到的目标是什么。

3）计划投入多少资金和其他资源。

4）要确保多高的市场占有率。

5）采用什么样的开发策略。

（3）研发立项

研发立项是根据研发设想制定研发方案，并对研发方案进行论证、申报、审批的过程。研发方案论证的侧重点包括市场需求、公司战略、公司资源、赢利空间、产品技术特点、生命周期、国家产业政策等。针对市场需求，主要分析消费者的需求特点、标准及市场将形成的竞争状况；针对公司战略，主要评价研发项目是否符合公司战略要求，不符合公司战略的产品，公司要么放弃，要么重新调整战略；针对公司资源，主要是评价公司资金、人才、设备、技术等基础条件，企业研发或推广能力外的产品，再有市场也不能立项，否则就会失去控制，增加投资风险；针对盈利空间，主要是预算研发成本，并评估研发项目的经济价值；针对产品技术特点，主要评价公司的研发和生产能力是否能满足研发产品的技术要求；针对产品周期，主要是评价产品的生命力，预测产品的市场前景；针对国家产业政策，主要是了解国家的相关文件规定，避免研发的项目同国家的政策产生冲突，尤其是要强调产品的环保性能与对人体健康保障的安全系数，凡是同国家政策有冲突的研发项目必须放弃。通过初步论证，符合公司研发条件的项目，就可由研发部门拟定"产品研发立项报告"，呈总经理或董事会审批。产品研发立项报告主要内容包括市场分析、研发构思、研发项目选择、研发产品技术参数和技术特点、研发预算、市场需求分析、经济效益评估、投资风险预测等。

（4）价值分析

价值分析最初由美国通用公司的工程师麦尔斯于1947年提出。他指出顾客需要的不是产品本身，而是其功能，而且顾客是按照与实现这些功能相适应的代价来支付金额的。企业必须认真研究顾客对产品功能的要求，用不同的材料满足相同的功能，以达到代替短缺物资和降低产品成本的目的，设计和生产物美价廉的产品。

价值分析中的"价值"是产品功能与其成本的比值，可用如下公式表示：

$$价值（V）= 功能（F）+ 成本（C）$$

由此可知，提高产品价值的途径主要有：

1）提高功能、降低成本。
2）保持功能不变，降低成本。
3）保持成本不变、提高功能。
4）增加较少成本，大幅度提高功能。
5）功能稍有下降，但成本大幅度下降。

因此，麦尔斯还指出，产品功能与成本比值降低的原因在于人，必须把负责功能方面的技术部门和负责成本方面的经济、采购等部门联合起来，有效地运用有关信息资源来提高产品功能与成本的比值。

为了保证新产品开发能获得较好的效益，企业必须对新产品的构思创意进行价值分析，力求以最低寿命周期成本实现新产品所要求的必要功能。

（5）形成产品概念

这一步骤是指对已经征集到的若干创意方案通过价值分析后进行评估，研究其可行性，并挑选出可行性高的创意方案。构思方案的筛选是新产品开发过程中一次重要的决策，关系到产品开发的成败，也关系到新产品开发能否获得经济效益。企业应有专门的部门负责新产品开发方案的评估和规划，按照科学的评估程序对构思方案进行认真筛选，以减少决策的失误，提高成功的概率。

新产品构思经过筛选后，需要进一步发展成更具体、更明确的产品概念，用文字、图像、模型将其阐述出来。然后将形成的产品概念提交目标市场有代表性的消费者群中进行测试、评估，使构思方案更完善、更先进、更能被消费者接受。

（6）研发筹备

研发筹备是指研发前期的工作准备。主要内容包括成立研发小组、招聘研发人才、职责分工、筹集研发资金、规划研发场地、购置研发仪器和设备、拟定研发计划等。

（7）制定营销规划

这一阶段是在对产品需求、投资效益、成本和盈利等方面进行研究、考评的基础上，根据市场分析的结果，草拟一个将新产品投放市场的营销战略报告书，主要内容包括：

1）描述市场的规模、结构、前几年的市场占有率等。
2）描述新产品的计划价格、分销战略及促销预算。
3）长期销售额、利润目标以及不同时期的市场营销组合策略。

（8）产品研制

产品研制是指根据技术要求，按研发计划组织开展的整个研发活动。大致包括基础阶段研发、核心技术研发、研发组合三个阶段。基础阶段研发主要是指针对配件、外壳、架构等产品基础部件进行的研制过程；核心技术研发主要是指针对产品核心技术部位进行的研制过程，这个环节是研发的重点，技术原理复杂且参数标准要求较高的产品，应聘请专家参与、指导或者委托科研单位替代研发；研发组合是根据设计图纸和技术参数，将研制的产品部件进行组装，实现产品综合功能的过程。在研发过程中，研发人员、研发单位之间应加强沟通、交流及研讨论证，并应做好研发记录，建立好研发档案。

（9）产品试验与鉴定

产品试验与鉴定是对新产品性能、质量等技术参数和经济指标进行的测试和评价。国家有特殊规定的研发项目，还需要报相关检测单位进行技术检测和鉴定，并需申领成果鉴定书。通常，新产品研制成功后，企业应小批量生产，通过局部市场的推广来论证产品的功能及经济效益，以利于及时弥补新产品的不足，同时为产品的全面推广提供参考数据。为了鼓励科技创新、国家科委专门设立了科技创新基金，符合科技创新条件的科研项目，企业可以按规定程序申请资金支持。

（10）市场试销

将试制的新产品在有代表性的市场试销。通过试销，了解产品的性能改良、结构创新等被顾客接受的情况，了解产品的销售状况及市场前景，发现产品及其包装等方面的缺陷，为正式上市做好准备。

6. 汽车新产品开发的策略

由于汽车新产品的类型、品种不同，企业的实力和特长各异，因而新产品开发的策略是多种多样的。这里仅介绍几种常用的策略。

（1）产品寿命周期策略

产品寿命周期是指一种产品由投入市场开始到被淘汰退出市场为止所持续的时间。根据产品寿命周期理论，研究和预测产品寿命长短及其发展趋势相应地可以采取以下策略：

1）改进产品质量、性能、包装、实用性，或扩大其用途，降低产品的成本和价格等，以延长产品寿命周期。

2）加强售后服务，做好产品的更新换代，保持销量的增长势头，力争在现有产品进入衰退期之前将新产品投入市场，以免让市场销售出现空白区。

（2）产品组合策略

产品组合是指将两种以上产品的功能、效用巧妙地组合在一件产品上，使产品的功能向纵横两方面扩展组合，这样便可以大大增加产品的附加值和吸引力。它可以是性能组合、用途组合、配套组合等多种形式，以形成多种产品或一种多功能、高性能的产品。

（3）产品延伸策略

产品延伸是指以某种产品及其生产工艺为基础，上下延伸、左右扩展的产品开发策略。它可以是品种延伸、功能延伸、材料延伸等多种形式。该策略投资少、见效快、收益高，特别是以某知名产品为龙头开发系列产品时，更能扩大产品阵容，增强市场渗透能力和竞争能力。

（4）进攻、防御策略

进攻策略又称为抢先策略，目的是让企业保持技术上的领先地位。采取这种策略的企业一般都有较强的科研开发能力，有雄厚的财力，肯冒风险。

防御策略又称为紧跟策略，采取这种策略的企业并不投资抢先研制新产品，而是当市场出现新产品时，就立即进行仿制或加以改进。这样，既不需要长期大量投资，又可以在产品处于萌芽状态时加以改进，消除其缺陷而后来居上，但它要求汽车企业有高水平的科技专家，能不失时机地发现和解决别人尚未考虑到或尚未解决的问题，并有能力高效率地研制出新产品。

（5）最低成本策略

一种产品能占领广大市场，其诀窍在于产品具有较强的实用性、较高的质量和较低的价格。在实用性和质量相当的情况下，产品价格就成了竞争的主要目标。决定产品价格的主要因素就是产品的成本，成本低廉就是企业开展市场竞争的优势和本钱。自动化与机械化程度高、具有大规模生产能力的制造设备，科学、合理、先进的生产工艺，高效的企业管理等，都是降低产品成本的重要途径。汽车新产品开发绝不是一件容易的事情，制定正确的新产品开发策略，是企业成功开发新产品的关键。

 课程育人

课程育人之六

　　汽车新产品开发是企业保持竞争力的重要标志，在开发新产品时，应从使用者的角度出发，以人为本，理解人、机、料、法、环及测等要素之间的关系。人们为了满足生产及生活的需要，设计和制造了类型繁多、功能各异的机器。但是，在蒸汽机出现以后，机器才具有了完整的形态。一台简单的机器应包含三个基本部分：原动部分，驱动整部机器完成预定功能；执行部分，用来直接完成预定功能或者动作；传动部分，将原动机的运动形式、运动及动力参数转变为执行部分所需要的运动形式、运动及动力参数。随着机器功能越来越复杂，人们对机器的要求也越来越高，因此机器除了以上三个部分外，还会不同程度地增加其他部分。同学们应了解一辆汽车上的原动部分、传动部分和执行部分分别是哪些装置。另外，为了更好地驾驶汽车，在设计过程中还增加了哪些系统启发学生从操控性、动作指示、行车安全、乘客安全、车辆安全、行车数据指示、乘坐体验优化等方面进行讨论。

　　因此，安全、健康、环保、舒适的理念进入并体现在各类的工程设计里，已经成为工程技术人员的共识。另外，工程技术人员要树立大局观意识，设计时要充分考虑健康、安全、环保、经济和社会效益等因素。作为一名机械工程技术人员，不能局限于本专业的知识学习，还要懂声、光、电、控制等，并了解解剖学、生理学、人体测量学、卫生学、心理学等学科知识，从而培养学生的创新意识，激发他们的创新兴趣。

项目 7
质量改进

任务描述

某汽车企业从事货车的生产销售。具有单班生产各类汽车 1.5 万辆生产能力，能生产载货、自卸、牵引及各类改装车。目前发现，在焊接车间，前照灯支架在 3 号机器人工作站焊接的合格率约为 86%，14% 需补焊，这大大影响了整车质量和生产效率。工厂的目标是，将产品焊接一次合格率提升到 95% 以上。

车间期望通过开展质量改进活动，解决长期困扰产品焊接一次合格率低的质量问题。请同学们制定出一份合适的质量计划，以提高前照灯支架焊接一次合格率为目标，就如何成立质量管理小组，怎样在现场开展质量管理（QC）小组活动来达成工厂目标做出策划。

学习目标

1. 能够描述质量改进的概念及意义
2. 能够掌握质量改进的步骤和内容
3. 能够掌握质量改进的组织与推进
4. 能按照企业要求组建质量管理小组
5. 能按照质量管理小组活动的步骤组织或参加质量管理活动
6. 能够对质量管理小组活动的成果进行总结并撰写报告
7. 能够开展"5S"管理活动

知识与技能点清单

序号	学习目标	知识点	技能点
1	能够描述质量改进的概念及意义	1. 质量改进的概念 2. 质量改进的意义	能区分质量改进与质量控制、质量突破的关系
2	能够掌握质量改进的步骤和内容	1. 质量改进的基本过程——PDCA循环 2. 质量改进的步骤、内容及注意事项	能按照正确的步骤进行质量改进
3	能够掌握质量改进的组织与推进	1. 质量改进的组织形式 2. 质量改进的组织 3. 质量改进的障碍 4. 质量的持续改进	在质量改进团队中，能明确组长和成员的职责
4	能按照企业要求组建质量管理小组	1. 质量管理小组的概念、性质及特点 2. 质量管理小组活动的宗旨 3. 质量管理小组的组建原则、组建程序 4. 质量管理小组的注册登记	能按照企业要求正确组建质量管理小组
5	能按质量管理小组活动的步骤组织或参加质量管理活动	质量管理小组活动的步骤	能按照质量管理小组活动的步骤组织或参加质量管理活动
6	能够对质量管理小组活动的成果进行总结并撰写报告并发表	1. 成果类型 2. 成果报告 3. 成果发表 4. 对质量管理小组活动成果的评审	能够对质量管理小组活动的成果进行总结并撰写报告
7	能够开展"5S"管理活动	1. "5S"的含义 2. 实施"5S"管理的意义 3. "5S"的现场管理法	能按照"5S"管理的要求开展管理活动

7.1 质量改进概述

进入 21 世纪以来，市场竞争越来越激烈，产品、服务质量越来越受到人们的重视。可以说，质量就是一个企业的生命，是一个企业赖以生存的保证。在市场这个不见硝烟的战场上，企业唯有不断地进行质量改进、质量提升，才能在优胜劣汰的竞争环境中生存并且发展壮大。

7.1.1 质量改进的概念及意义

ISO 9000:2005 标准对质量改进的定义为,质量改进是质量管理的一部分,致力于提高满足质量要求的能力。

微课视频
质量改进的
概念及意义

1. 质量改进的概念

具体来讲,质量改进就是为向本组织及其顾客提供增值效益,在整个组织范围内所采取的提高活动和过程的效果与效率的措施,从而对现有的质量水平在控制的基础上加以提高,使质量达到一个新水平、新高度。

质量改进建立在一些基本过程的基础上,要弄清质量改进的概念,首先应了解质量改进与质量控制、质量突破之间的关系。

(1) 质量改进与质量控制的关系

质量改进同质量控制一样,都是质量管理的一部分,它们互有区别又彼此联系。

1) 定义的区别。质量控制是消除偶发性问题,致力于满足质量要求,使产品保持已有的质量水平不下降;而质量改进是消除系统性问题,致力于增强满足质量要求的能力,是对现有的质量水平在控制的基础上加以提高,使质量达到一个新的水平、一个新的高度。

2) 实现手段的区别。质量改进是通过不断采取纠正和预防措施来增强企业的质量管理水平,使产品的质量不断提高;而质量控制主要是通过日常的检验、试验和配备必要的资源使产品质量继续维持在一定的水平。

3) 两者的联系。质量控制与质量改进是互相联系的。质量控制的重点是防止异常质量变异的发生,充分发挥过程应有的能力;而质量改进的重点是提高满足质量要求的能力,使正常质量变异的幅度达到满足顾客质量要求的程度。首先要做好质量控制,充分发挥现有控制系统的能力,使全过程处于受控状态。然后在控制的基础上进行质量改进,使产品从产生、形成到最终实现的全过程都能满足顾客要求,达到一个新水平。没有稳定的质量控制,质量改进也无法取得良好的效果。

(2) 质量改进与质量突破的关系

质量改进与质量突破密不可分,没有改进就不能实现突破,两者之间既有联系,又有区别,主要表现在以下几个方面:

1) 质量突破与质量改进的目的相同。质量突破是通过消灭工作水平低劣的长期性原因(包括思想上的和管理上的),使现在的工作提升到一个较高的水平,从而使产品质量也达到一个较高的水平;质量改进也是为了实现质量水平的提高。

2) 质量突破是质量改进的结果。质量突破表明产品的质量水平得到了提高,它是通过日常许多大大小小的质量改进来实现的。只有不断实施持续的质量改进,才能使产品质量水平提高,才能实现质量突破。

3) 质量改进侧重过程,质量突破侧重结果。质量改进是一个过程,按 PDCA 循环进行,由于种种原因,每次质量改进不一定都能取得好的效果,产品的质量水平不一定得到提高;但质量突破则表明产品的质量水平一定得到了提高,并取得了良好的效果。

如果说质量控制的目的在于维持已有的质量水平,那么,质量改进则是为了实现质量突破,即突破现有水平。

2. 质量改进的意义

目前,我国汽车制造企业更迫切地需要开展质量改进,以提高汽车产品的质量水平,提高顾客的满意程度，不断降低成本，提高市场竞争力。质量改进具有相当大的必要性和重要意义。

（1）质量改进的必要性

质量改进的必要性体现在以下几个方面：

1）新技术、新工艺、新材料的发展，对原有的技术提出了改进要求。

2）技术与不同企业的各种资源之间的最佳匹配问题，要求技术必须不断改进。

3）优秀的工程技术人员也需要不断学习新知识，增加对过程中一系列因果关系的了解。

4）技术再先进，方法不当、程序不对也无法实现预期目的。在关键环节，即使一次质量改进的效果不明显，但是日积月累，也会取得意想不到的效果。

此外，如果从生产设备、工艺装备、检测装置、人力资源等不同角度考察，考虑顾客质量要求的不同，质量改进同样是必要的。

（2）质量改进的意义

质量改进是质量管理的重要内容，其意义包括以下几个方面：

1）质量改进强调的是突破和发展，不断提高质量水平，其追求的是卓越、零缺陷和一次成功的目标，坚持不懈地持续质量改进，比如为企业带来经济效益，因而质量改进是一种"有利可图"的创造性变革。

2）可以促进新产品开发，改进产品性能，延长产品的寿命周期。

3）通过对产品设计和生产工艺的改进，更加合理、有效地使用资金和技术力量，充分挖掘组织的潜力。

4）提高产品的制造质量，减少不合格品的出现，实现增产增效的目的。

5）通过提高产品的适应性，从而提高组织产品的市场竞争力。

6）有利于发挥各部门的质量职能，提高工作质量，为产品质量提供强有力的保证。

7.1.2　质量改进的步骤和内容

质量改进是一个过程，必须要按照一定的科学程序进行，否则会影响改进的成效。

微课视频
质量改进的
步骤和内容

1. 质量改进的基本过程——PDCA 循环

任何一个质量活动都要经过计划（Plan）、实施（Do）、检查（Check）和处理（Action）四个阶段，这四个阶段不断循环下去，故称为 PDCA 循环，如图 7-1 所示。

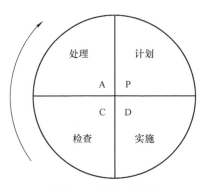

图 7-1　PDCA 循环

（1）PDCA 循环的内容

第一阶段是计划，包括制定方针、目标、计划书、管理项目等。

第二阶段是实施，即实地去干，去落实具体对策。

第三阶段是检查，对策实施后，评价对策的效果。

第四阶段是处理，总结成功的经验，形成标准化，以后就按标准进行。对于没有解决的问题，转入下一轮 PDCA 循环解决，为制定下一轮改进计划提供资料。

（2）PDCA 循环的特点

1）四个阶段一个也不能少。

2）大环套小环，例如在 D 阶段也会存在制定实施计划、落实计划、检查计划的实施进度和处理的小 PDCA 循环，如图 7-2 所示。

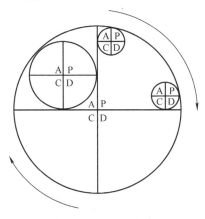

图 7-2　大环套小环

3）每循环一次，产品质量、工序质量或工作质量就提高一步，PDCA 循环是不断上升的循环，图 7-3 所示。

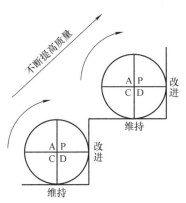

图 7-3　质量改进上升的示意图

2. 质量改进的步骤、内容及注意事项

（1）质量改进的步骤

质量改进的过程本身就是一个 PDCA 循环。按照 ISO 9000 族标准，这四个阶段具体可分作以下 7 个步骤来实施：

1）明确问题。

2）调查现状。

3）分析问题原因。

4）拟定对策并实施。

5）确认效果。

6）防止再发生和标准化。

7）总结。

（2）各步骤的具体内容和注意事项

1）明确问题。

① 明确所要解决的问题的重要性。

② 明确问题的背景。

③ 将确定的问题用具体的语言表述出来,并说明希望改进到什么程度。

④ 选定质量改进的题目和目标值。

⑤ 正式选定任务负责人（若是组成小组,就确定组长和组员）。

⑥ 对改进活动的费用做出预算。

⑦ 拟定改进活动的时间表。

明确质量改进的问题时,要注意以下几点：

① 在我们周围有着大大小小很多的问题,由于人力、物力、财力和时间的限制,要选择需要优先解决的问题。

② 要向有关人员说清楚解决问题的必要性,否则会影响解决问题的有效性,甚至半途而废。

③ 设定目标值要考虑经济上合理、技术上可行。

④ 要明确解决问题的期限。

2）调查现状。

调查所要解决问题的现状,要注意了解其发生的时间、地点、种类和特征;对于质量特性的不合格或波动,要从不同角度进行调查,到现场去收集数据,同时还要不放过数据之外的其他信息。

① 从时间上调查。

a. 观察早晨、中午、晚上不合格品率有何差异。

b. 观察星期一到星期五（双休日的情况下）,每天的合格品率是否相同。

c. 从月份、季节、季度、节假日等不同角度观察其结果有何不同。

② 从导致产品不合格的部位出发。

③ 根据种类的不同进行调查。

a. 同一个工厂生产的不同产品,其不合格品率有无差异。

b. 与过去生产过的同类产品相比,其不合格品率有无差异。

c. 关于种类还可以从生产标准、等级、适用人群等不同角度进行考虑。

④ 从特征方面进行调查。例如,不合格品项目"针孔"是圆的还是角形的,是笔直排列还是弯曲排列,是在全部还是在特定部位出现等。

一般来说,解决问题应尽量依照数据进行,但在没有数据的情况下应充分发挥其他信息的作用。

调查者应深入现场,避免"纸上谈兵",只有在现场才可以获得有用的数据和其他的信息。

3)分析问题原因。

通过现状调查,收集到大量有关待改进质量问题的数据和信息。接下来就是诊断分析产生质量问题的各种影响因素,并确定出主要影响因素。

分析原因可按以下两个步骤进行:

① 设立假说(选择有可能的原因)。

a. 针对所有可能有关的因素,画出因果图,以收集可能原因的全部信息。

b. 运用调查现状阶段的信息,去除已明确认为无关联的因素,用剩下的因素重新绘制因果图。

c. 在绘出的图中,标出被认为可能性较大的主要原因。

② 验证假说(从已设定因素中找出主要原因)。

a. 收集新的数据或证据,制定计划,确认可能性较大的原因。

b. 综合全部调查到的信息,决定主要影响原因。

c. 如条件允许,可以有意识地将问题再现一次。

分析原因时要注意科学性,避免人为或主观造成的错误结论。为此,应注意以下几点:

① 考虑假设原因时,通常要讨论其理由并运用数据来验证假说的正确性。验证假说时不能用建立假说的材料,需要用新的材料来证明。重新收集验证假说的数据要有计划、有根据地进行,必须遵照统计手法的顺序验证。常使用排列图、相关及回归分析、方差分析等分析方法。

② 因果图是建立假说的有效工具。图中所有因素都被假设为导致问题的原因,图中最终包括的因素必须是主要的、能够得到确认的。因果图的原因越具体,最终的因果图越小(影响因素越少),往往越有效。

③ 有意识地再现缺陷是验证假设的有效手段,但要考虑人力、时间、经济性等多方面的制约因素,并注意再现的缺陷必须与调查现状时查明的缺陷一致。

④ 导致产品缺陷出现的主要原因可能是一个或几个,其他原因也或多或少地会对不合格品的出现产生影响。因而对所有影响因素都采取措施是不现实的,也没必要,应首先对主要因素采取对策。

4)拟定对策并实施。

应针对影响质量的主要因素制定改进措施、计划并予以实施。措施可分为两种,一种是消除问题现象的应急措施,另一种则是彻底消灭问题、防止问题再发生的根本措施。在 ISO 9000:2005 标准中,将"为消除已发现的不合格和其他不期望情况所采取的措施"定义为纠正,而"为消除已发现不合格或其他不期望情况的原因所采取的措施"称为纠正措施。生产出不合格品后,纠正得再好也不能防止不合格品再次出现,解决不合格品出现的根本方法是除去产生问题的根本原因,防止不合格品再产生。因此,一定要严格区分这两种不同性质的对策,如图 7-4 所示。

措施、计划应该具体、明确。一般应明确为什么要制定这一措施(或计划)(Why)、预计达到什么目标(What)、在哪里执行这一措施(或计划)(Where)、由哪个单位或谁来执行(Who)、何时开始以及何时完成(When)、如何执行(How)等,即通常所说的 5W1H 的内容。

制定与实施对策时应注意以下两点:

① 采取对策后，常会引起别的问题，就像药品的副作用一样。为此，必须从多种角度对措施、计划进行评价。

② 采取对策时有关人员必须通力合作。采取对策往往会带来许多工序的调整和变化，如果可能，应多方听取有关人员的意见和想法。

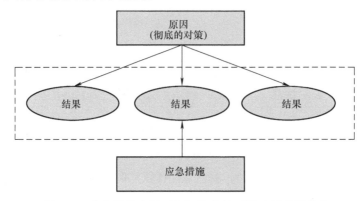

图 7-4　应急措施（纠正）与彻底的对策（纠正措施）

5）确认效果。

可通过以下活动确认效果：

① 使用同一种图表将对策实施前后的效果进行比较。

② 将效果换算成金额，并与目标值比较。

③ 如果有其他效果，不管大小都可列举出来。

确认效果时应注意以下几点：

① 本阶段应确认在何种程度上解决了原有的问题。比较用的图表必须前后一致。

② 将改进的成果换算成金额是重要的，通过对前后效果金额的比较，会让企业经营者认识到该项工作的重要性。

③ 实施对策后没有出现预期结果时，意味着对策失败，应重新回到调查现状阶段。没有达到预期效果时，还应考虑是否严格按计划实施了，计划本身是否有问题。

6）防止再发生和标准化。

这一步的活动主要包括：

① 对于有效的质量改进措施应再次确认其 5W1H 的内容，并将其标准化。

② 就新制定的标准进行教育培训。

③ 建立保证严格遵守标准的质量责任制。

纠正措施的标准化，是为了不再出现类似的不合格或缺陷；根据有效的纠正措施制定明确的标准并进行适宜的教育培训，使员工在作业中不再出现和以前同样或者类似的问题，是非常必要的。

7）总结。

总结阶段的工作应从以下几个方面着手：

① 找出遗留问题。

② 考虑解决这些遗留问题下一步该怎么做。

③ 总结本次改进活动过程中，哪些问题得到顺利解决，哪些尚未解决。

质量问题不可能完全杜绝，但通过不断改进，不断减少质量问题却是可能的。因此，还应制定解决遗留问题的下一步行动方案和初步计划。

7.1.3 质量改进的组织与推进

微课视频
质量改进的
组织与推进

1. 质量改进的组织形式

相对于自发的、随意的或非正式的改进工作而言，有组织的改进是正规化、制度化的改进。在有组织的质量改进工作中，依据质量改进工作的主体不同，可以分为员工个人的改进和团队改进。

（1）员工个人的改进

在员工个人的改进工作中，最典型的就是合理化建议和技术革新。员工合理化建议也称为员工提案，技术革新即小改小革，都是激励基层员工发挥聪明才智、对各类组织广泛适用的质量改进工作组织形式。

（2）团队改进

在团队改进中，最典型的就是质量管理小组和六西格玛（6σ）团队。其中，质量管理小组有职能部门内部的，也有跨职能部门的人员组成；而六西格玛团队大多是跨职能部门的人员组成。

合理化建议、技术革新与质量管理小组等质量改进工作主要是以自下而上的方式推进的，又称为群众性的质量改进活动。而六西格玛团队等质量改进则是以自上而下的方式推进的，属于管理层推动的质量改进活动。组织应当利用多种形式，组织各层员工开展各种改进工作项目或活动，形成持续质量改进工作的有机整体。

2. 质量改进的组织

建立质量改进的组织分为两个层次：一是能为质量改进项目调动资源的上层机构，即质量委员会；二是能实施质量改进活动的质量改进团队，或称质量改进小组。

（1）质量委员会

质量改进组织工作的第一步是成立质量委员会（或其他类似名称），其基本职责是领导推动质量改进工作并使其制度化。质量委员会通常由高级管理层的部分成员组成，在较大的公司中，除了总公司设立质量委员会外，其下属分公司也多设有质量委员会。通常上一级委员会的成员担任下一级委员会的领导。质量委员会的主要职责为：

1）制定质量改进方针，确定大的质量改进项目。
2）制定质量改进活动激励政策。
3）为质量改进活动提供人力、物力、财力等资源。
4）对主要的质量改进成绩进行评估与认可。

（2）质量改进团队

质量改进团队不在公司的组织结构图中，是一个临时性组织，团队没有固定的领导。质量改进团队有各种名称，如质量管理小组、质量改进小组、提案活动小组等，但其基本组织结构和方式大致相同，通常包括组长和成员。

1）组长的职责。组长通常由质量委员会或其他监督小组指定或者经批准由团队自己选举。组长的职责包括：

① 与其他成员一起完成质量改进任务。

② 保证会议准时开始、结束。
③ 做好会议日程、备忘录、报告等准备工作并公布。
④ 与质量委员会保持联系。
⑤ 编写质量改进成果报告。
2）成员的职责。
① 分析问题原因并提出纠正措施。
② 对其他团队成员提出的原因和纠正措施提出建设性建议。
③ 防止质量问题发生，提出预防措施。
④ 将纠正和预防措施标准化。
⑤ 准时参加各种活动。

3. 质量改进的障碍

虽然质量改进有严密的组织，有一定的实施步骤，并在一些企业取得了成果，但不少企业的情况并不尽如人意，企业不知道如何去改进，以及某些内在因素阻碍了企业将质量改进常年进行下去。在进行质量改进前，有必要先了解开展质量改进活动主要会有哪些障碍并努力消除这些障碍。

（1）对质量水平的错误认识

有些企业，尤其是质量管理做得较好的一些企业，往往认为自己的产品质量已经不错了，没有什么可改进的地方。即使有，投入产出比也太小，没有进行质量改进的必要。但实际情况是，它们与世界上质量管理做得好的企业相比，无论是实物质量水平还是质量管理水平可能都有很大差距。这种错误认识成为质量改进的最大障碍。

（2）对失败缺乏正确的认识

有些人认为改进活动的某些内在因素决定了改进注定会失败，这一结论忽视了那些成功的企业所取得的成果，这些企业的成功证明了质量改进不是遥不可及的。关注成功的企业如何取得这些成果的过程，能获得可借鉴的经验和教训。

（3）"高质量意味着高成本"的错误认识

有些管理人员认为"提高质量要以增加成本为代价"。他们认为提高质量只能靠增强检验，或只能使用价格更昂贵的原材料，或只能购进精度更高的设备。如果质量的提高是基于产品指标水平的提高，那么质量水平的提高可能会造成成本的增加，但这并不一定会带来产品的增值和市场的扩大。如果质量的提高是基于长期浪费的减少，成本通常会降低。

（4）对权力下放的错误理解

在质量改进的推进过程中，部分企业对权力下放做得不够好。一方面，有些企业的管理者试图将自己在质量改进方面的职责全部交给下属来做，使自己能有更多的时间来处理其他的工作。另一方面，有些企业的管理者对下级或基层员工的能力信任度不够，从而在改进的支持和资源保障方面缺乏力度，使质量改进活动难以正常进行。

成功企业的管理者都负责改进相应的决策工作，并承担某些不能下放的职责。管理者必须参与质量改进活动，只参与意识教育、制定目标而把其余的工作都留给下属是不够的。下述管理者的职责是"不宜下放的"：

1）参与质量委员会的工作。这是上层管理者最基本的参与方式。
2）批准质量方针和目标。越来越多的企业已经或者正在制定质量方针和目标，这些方针和目标在公布前必须获得上层管理者的批准。

3）提供资源。只有为质量改进提供必要的资源，包括人、工作条件、环境等，才能保证质量改进的顺利实施。

4）予以表彰。表彰通常包括某些庆祝活动，这类活动为管理者表示其对质量改进的支持提供了重要的机会。

5）修改工资及奖励制度。目前大部分公司的工资及奖励方法不包含质量改进内容，或奖励的力度和合理性方面存在问题，因此要组织修改这些制度。

（5）员工的顾虑

进行质量改进会对企业文化产生深远的影响，而远不止表面上所发生的变化，如会增添新的工种；岗位责任中会增添新的内容；企业管理中会增添团队这一概念；质量的重要性得到承认，而其他工作的重要性相对降低；公司会要求为实施上述改变而进行培训等。

对员工而言，这一系列变化所带来的影响中，最不愿意看到的莫过于自己的工作和地位受到威胁。企业在改进时，要认识到员工的顾虑，而员工更要认识到改进是企业生存和发展的需要，也是企业每一个员工获得长久利益的需要。

4. 质量的持续改进

质量改进过程不是一蹴而就的，根据公司取得的进展和结果，持续进行质量活动是非常必要的。公司要获得成功就要持续进行质量改进，这也是 ISO 9000 族标准所强调的。要做到持续改进，必须做好以下几个方面的工作。

（1）使质量改进制度化

1）将质量改进活动项目与目标列入企业年度计划，并使质量改进活动成为员工岗位职责的一部分。

2）实施上层管理者审核制度，即 ISO 9000 质量体系中要求的管理评审，把质量改进进度列为审核内容之一。

3）在技术评定工资制度中要考核质量改进的绩效。

4）建立质量改进成果表彰制度。

（2）检查

上层管理者按计划、定期对质量改进的成果进行检查是持续进行年度质量改进的一个必要条件。否则，同那些受到检查的活动相比，质量改进活动就无法获得同样的重视。

1）检查结果。根据不同的结果，应该安排不同的检查方式，有些项目非常重要，需要仔细检查，其余的项目可抽样检查。

2）检查内容。进度检查的大部分数据来自质量改进团队的报告，通常要求质量改进成果报告明确下列内容：

① 改进前的废品或其他如时间、效率的损失总量。
② 如果项目成功，预计可取得的成果。
③ 实际取得的成果。
④ 资本投入及利润。
⑤ 其他方面的收获（如学习成果、团队凝聚力、工作满意度等）。

3）成绩评定。检查的目的之一是对成绩进行评定，这种评定除针对项目外，还包括个人，而在组织的较高层次，评定范围扩大到主管和经理，此时评定必须将多个项目的成果考虑进来。

（3）表彰

通过表彰，使表彰的对象认识到自己的努力得到了承认和赞赏，使他们以此为荣，也获得别人的尊重。

（4）报酬

质量改进不是一种短期行为，而是组织质量管理的一项新职能，对原有的文化模式造成了冲击，对公司保持其竞争力至关重要，因此必须反映到岗位责任和工资及奖励制度中去。报酬在以往主要取决于一些传统指标的实现，如成本、生产率、计划和质量等。而为了体现质量改进是岗位职责的一部分，评定中必须加进一项新指标，即持续质量改进指标。否则，员工工作表现的评定将仍根据其对传统目标的贡献，从而导致持续质量改进因得不到足够的重视而受挫。

（5）培训

培训的需求非常广泛，这是因为质量改进是公司的一项新职能，为所有的人提出了新的任务，要承担这些新的任务，就需要大量的知识和技能培训。

5. 作业人员要积极参加质量改进

在生产要素中，人是最活跃的因素。质量改进活动中，作业人员的积极参与至关重要。

（1）作业人员参与质量改进的必要性

1）作业人员参与质量改进是质量改进本身的客观要求。质量改进是质量水平的突破，它涉及企业活动的方方面面，不是一个人能办到的，必须全员参与，同时全员参与也是全面质量管理的基本要求。

2）作业人员参与质量改进是企业发展的需要。质量改进的过程是发现问题、解决问题的过程，而作业人员的参与有助于提高其自身的素质；只有整体员工的素质提高了，企业才能发展。

3）作业人员参与质量改进是企业文化发展的需要。作业人员在质量改进过程中通过解决问题，可以树立自信心，从而激发投身企业管理的积极性。

（2）作业人员参与质量改进的优势

1）通常质量改进的问题都发生在作业人员操作的过程中，他们最熟悉问题产生的原因。因此作业人员往往容易找到问题的根本所在，从而达到事半功倍的效果。

2）作业人员有许多生产实践经验，他们具有解决问题的能力。

7.2 质量管理小组活动

质量管理小组简称 QC 小组，QC 是英文单词 Quality Control 的缩写。QC 小组起源于日本，我国于 1978 年引进 QC 小组活动，至今已有 40 多年。

7.2.1 质量管理小组活动概述

开展 QC 小组活动能够体现现代管理以人为本的精神，调动全体员工参与质量管理、质量改进的积极性和创造性，可为企业提高质量、降低成本、创造效益；通过小组成员共同学习、互相切磋，有助于提高员工的素质，塑造充满生机和活力的企业文化。

1. 质量管理小组的概念

1997 年，有关部委和组织联合发出了《关于推进企业质量管理小组活动的意见》，指出质量管理小组是"在生产或工作岗位上从事各种劳动的员工，围绕企业的经营战略、方针目标和现场存在的问题，以改进质量、降低消耗、提高人的素质和经济效益为目的组织起来，运用质量管理的理论和方法开展活动的小组。"这个概念包含了四层意思：

1）参加 QC 小组的人可以是企业的全体员工，不管是高层领导，还是一般管理者、技术人员、工人、服务人员，都可以组织 QC 小组。

2）QC 小组活动的内容可以围绕企业的经营战略、方针目标和现场存在的问题来选题，活动内容广泛。

3）QC 小组活动的目的是提高人的素质，发挥人的积极性和创造性，改进质量，降低消耗，提高经济效益。

4）QC 小组活动的形式是有组织的群体活动。

5）QC 小组活动的手段是运用质量管理的理论和方法开展活动，具有突出的科学性。

2. 质量管理小组的性质及特点

QC 小组是企业中全员参与质量管理活动的一种有效的组织形式，QC 小组的性质主要表现在自主性、科学性和目的性几个方面。

自主性是 QC 小组最主要的特性。QC 小组不同于作为企业基层组织的行政班组，它的建立无需行政命令，而强调自愿结合、自主管理，充分尊重员工的主观能动性；科学性是指 QC 小组要遵循 PDCA 工作程序，运用全面质量管理的理论和方法开展活动。QC 小组的建立和开展活动的主要目的是运用全面质量管理的理论和方法，科学地解决实际质量问题，因此，QC 小组具有明确的目的性。

QC 小组活动的特点表现在以下几个方面：

（1）自主性

QC 小组以员工自愿参加为基础，实行自主管理、自我教育、互相启发、共同提高，充分发挥小组成员的聪明才智和积极性、创造性。

（2）目的性

QC 小组要围绕企业的方针目标和现场存在的问题，确定明确的奋斗目标，并为实现目标积极开展活动，通过活动增强能力，提高素质，创造财富。

（3）科学性

QC 小组在活动中遵循科学的工作程序，步步深入地分析问题，解决问题；在活动中坚持用数据说明事实，用科学的方法来分析与解决问题，而不是凭"想当然"或个人经验。

（4）群众性

QC 小组是吸引广大员工积极参与质量管理的有效组织形式，不仅包括领导人员、技术人员、管理人员，而且更注重吸引在生产、服务工作第一线的操作人员参加。广大员工在 QC 小组活动中学技术、学管理，群策群力地分析问题、解决问题。

（5）民主性

QC 小组的组长可以民主推选，QC 小组成员可以轮流担任课题小组长，人人都有发挥才智和锻炼的机会；内部讨论问题、解决问题时，小组成员不分职位与技术等级高低，各抒己见，互相启发，集思广益，高度发扬民主精神，以保证既定目标的实现。

3. 质量管理小组活动的宗旨

被誉为 QC 小组之父的日本石川馨教授指出，QC 小组的宗旨是调动人的积极性，充分发挥人的无限能力，创造尊重人、充满生气和活力的工作环境，有助于改善和提高企业素质。

根据一些世界知名质量管理专家和企业家对 QC 小组活动的共识，QC 小组活动的宗旨可以归纳为以下几点：

1）尊重人，创造愉快的工作环境。
2）激发员工的积极性和创造性，开发无限的人力资源。
3）提高员工素质，为企业和社会做贡献。
4）发扬自主管理和民主精神。

7.2.2 质量管理小组的组建

1. 质量管理小组的组建原则

组建 QC 小组是启动 QC 小组活动的第一步。QC 小组的组建工作做得如何，将直接影响 QC 小组活动的效果。组建 QC 小组一般应遵循"自愿参加、上下结合"与"实事求是、灵活多样"的原则。

微课视频
质量管理
小组的组建

（1）自愿参加

自愿参加是指员工在深刻理解 QC 小组活动宗旨的基础上，产生了自愿参与质量管理，自愿结合在一起，自主地开展活动的要求。这样组建起来的 QC 小组，不是靠行政命令组建的，小组成员就不会有"被迫""义务"等想法，在开展活动时能充分发挥员工的积极性、主动性和创造性。

（2）上下结合

强调自愿参加，并不意味着 QC 小组只能自发地产生，更不是说企业的管理者就可以放弃指导与领导的职责。"上下结合"就是要把来自上面的管理者的组织、引导与启发员工群众的自觉自愿相结合，组建本企业的 QC 小组。

（3）实事求是

由于各个企业的特点不同，所以要求 QC 小组结合实际，以求实的精神去开展活动，以务实的工作来解决问题，绝不能为了完成某项指标和应付上级检查而开展活动。当广大员工对 QC 小组活动的认识还不清楚，积极性还不高的时候，不要急于追求"普及率"。而是先启发少数人的自觉自愿，组建少量的 QC 小组，指导他们卓有成效地开展活动，并取得成果。这就可以为广大员工群众参加 QC 小组活动起到典型引路的示范作用，让广大员工从身边的实例中增加对 QC 小组活动宗旨的感性认识，加深理解，逐步诱发其参与 QC 小组活动的愿望，使企业 QC 小组像滚雪球一样地扩展开来。

（4）灵活多样

QC 小组的建立和活动可不拘于几种模式，而应该多种多样，丰富多彩。如按参加人员和任务，QC 小组可分为现场型 QC 小组、服务型 QC 小组、管理型 QC 小组、技术攻关型 QC 小组等。

2. 质量管理小组的组建程序

由于各个部门的情况、欲组建的 QC 小组的类型，以及选择的活动课题等不同，组建 QC 小组的程序也不尽相同。大致可以分为以下三种情况：

（1）自下而上的组建程序

自下而上地组建 QC 小组是指由基层员工提出申请，由 QC 小组管理部门审核其选题和人员及开展活动的能力，然后予以批准组建 QC 小组。这类 QC 小组热情高，有很大的积极性，因此对他们应给予支持和帮助，其中包括对组长和骨干进行培训，使小组活动健康地发展下去。

这种组建程序常运用于由同一班组（或同一科室）成员组成的现场型、服务型和一些管理型 QC 小组。

（2）自上而下的组建程序

一般说来，质量主管部门和管理人员比较了解质量问题，对全企业的质量活动会有整体的设想，通过他们与基层部门和领导协商，达成共识，然后根据需要选择课题及合适人选组成 QC 小组。这种组建程序对 QC 小组活动有指导性，容易抓住关键课题，密切结合生产实践，对企业和基层员工都会带来直接效益。这种组建程序常被"三结合"的技术攻关小组采用。

（3）上下结合的组建程序

由上级部门推荐课题，经基层部门选择和认可，便可组成 QC 小组进行活动。这种组合使 QC 小组活动的目的明确，并结合上下部门各自的优势，对解决质量问题具有一定的攻关作用。

3. 质量管理小组的注册登记

为了便于管理，组建 QC 小组应认真做好注册登记工作。注册登记表由企业 QC 小组活动主管部门负责发放、登记编号和统一保管。注册登记是 QC 小组组建的最后一步工作。QC 小组注册登记后，就被纳入企业年度 QC 小组活动管理计划中，这样在随后开展的小组活动中，便于得到各级领导和有关部门的支持和服务，并可参加各级优秀 QC 小组的评选。

QC 小组的注册登记不是一劳永逸的，每年都要进行一次重新登记，以便确认该 QC 小组是否还存在，或有什么变动。这里要注意，QC 小组的注册登记每年进行一次；而 QC 小组活动课题的注册登记，则应是每选定一个活动课题，在开展活动之前都要进行一次课题的注册登记。两者不可混淆。在 QC 小组注册登记时，如果上一年度的活动课题没有结束，还不能注册登记新课题，应向主管部门书面说明情况。

7.2.3 质量管理小组活动的步骤

QC 小组成立后，就要开展活动，活动是小组生命力的源泉。小组活动应遵循 PDCA 循环，以事实为依据，用数据说话，正确、适宜地运用统计技术方法，并结合专业技术，才能达到预期目标，取得有价值的成果。

微课视频
质量管理
小组活动的步骤

QC 小组活动的主要步骤包括选择课题、现状调查、设定目标、分析原因、确定主要原因、制定对策、实施对策、检查效果、制定巩固措施、总结及今后打算等。QC 小组活动步骤与 PDCA 循环的关系如图 7-5 所示。

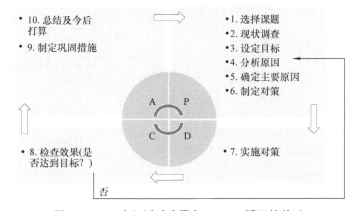

图 7-5　QC 小组活动步骤与 PDCA 循环的关系

1. 选择课题

QC 活动小组要取得成功，选择恰当的课题是非常重要的一步。课题的来源一般有三个方面：一是指令性课题，即由上级主管部门根据企业（或部门）的实际需要，以行政指令的形式向 QC 小组下达的课题，这种课题通常是企业生产经营活动中迫切需要解决的重要技术攻关性的课题；二是指导性课题，通常由企业的质量管理部门根据企业实现经营战略、方针、目标的需要，推荐并公布一批可供 QC 小组选择的课题，每个小组则根据自身的条件选择力所能及的课题开展活动，这是一种上下结合的方式；三是由小组自行选择课题。

为做到有的放矢，QC 小组自行选题要注意以下三个问题：

1）课题宜小不宜大。应尽量选择针对具体问题的课题，课题小有以下 4 个方面的好处：

① 小课题易于取得成果，活动周期短，能更好地鼓舞小组成员的士气。

② 小课题短小精干，大部分对策都能由本小组成员自己来实施，更能发挥本组成员的创造性。

③ 小课题大部分是在本小组的生产（工作）现场，是自己身边存在的问题，通过自己的努力，得到改进，取得的成果也是自己受益，能更好地调动小组成员的积极性。

④ 小课题容易总结成果，在发表成果的 15 分钟时间里，能把小组活动时所动的脑筋、所下的功夫、克服困难的毅力充分表达出来，因此可以发表得很生动、很精彩。对别的 QC 小组更有启发。

2）课题的名称应直观、易懂，切忌抽象。课题应直接以目的设题，如"提高××生产效率"或"降低××不合格率"等，简洁、明了、针对性强。

3）选题理由。应直接写出选此课题的目的和必要性，不要长篇大论地论述背景。为什么要选这个课题，在发表时要交代清楚，这对别的小组会有启发。要说清理由，只要把上级方针是什么，根据上级方针本部门有什么要求，实现这个要求的症结是什么，差距有多大，用数据把这些事实表达出来，以说明只要把这个症结解决了，就可达到本部门的要求。这样选题的目的及必要性就很充分了。

根据 QC 小组活动课题的特点、内容，可将活动课题分为两大类五种类型，见表 7-1。

表 7-1　QC 小组课题类型

类别	类型	选题范围	适用人员
问题解决类	现场型	以稳定生产工序质量、改进产品质量、降低消耗、改善生产环境为选题范围	以生产和服务一线员工为主开展活动
	服务型	以推动服务工作标准化、程序化、提高服务质量和效益为选题范围	
	攻关型	以解决技术关键问题为选题范围	由管理人员、技术人员和操作人员三结合进行活动
	管理型	以提高业务工作质量、解决管理中存在的问题，提高管理水平为选题范围	以管理人员为主参与活动
创新类	创新型	QC 小组成员运用新的思维方式、创新的方法，开发新产品（新项目）、新方法，实现预期目标	为科研人员、设计开发人员、技术人员、营销人员和管理人员使用

选择课题常用的方法有分层法、调查表、排列图法，也可以使用直方图、控制图、散布图等方法。

2. 现状调查

设定目标，旨在掌握问题严重到什么程度。现状调查在整个 QC 小组活动步骤中起到承上启下的作用，要注意以下三个问题：

1）用数据说话。用数据说话准确、可靠、容易使人信服，但收集到的数据一定要有客观性、可比性和时间性。千万不要罗列假数据，这是因为假数据比没数据更可怕。

2）对数据进行整理。初始收集到的数据表面上看起来可能杂乱无章，但通过一定的标志进行分类、分层分析，就可能把蕴藏在数据中的规律性的东西挖掘出来，由此帮助人们找到问题的症结所在。

3）注意掌握第一手资料。在进行现状调查时，不仅收集自己已有记录的数据，为确保数据的真实、可靠，更需要亲自到现场去观察、测量、跟踪，以掌握问题的实质。

现状调查常用的方法有分层法、调查表、排列图法，此外，直方图、控制图、散布图和水平对比等方法也可在现状调查时予以应用。

3. 设定目标

设定目标，旨在确认要把问题解决到什么程度。设定目标是为检查 QC 小组活动的效果提供依据，也要注意以下几个问题：

1）目标要与问题相对应。课题所要解决的问题应在目标中得到体现，如课题名称是"提高关键过程一次交验合格率"，现状已调查清楚，设定目标就要回答出一次交验合格率由现在的多少提高到多少。一个 QC 小组活动课题，通常只设 1 个目标，最多不要超过 2 个。

2）目标要明确表示。所谓明确表示，就是一看就清楚，效果可量化。为此需要设定量化的目标值，只有量化的目标，才能检查和对比。不能量化的目标没有检验的标准，因此一般不把非量化的内容设为目标。

3）要说明制定目标的依据和可行性。制定目标要有一定的挑战性，但应陈述清为什么要制定和达到什么水平。目标经过努力应是可实现的，实现的依据又是什么。这些都要用事实和数据加以说明，要避免用豪言壮语、口号式的内容作为制定目标的依据。

设定目标常用的方法有柱状图、折线图等。

4. 分析原因

分析原因，旨在明晰是什么原因造成的这个问题。在分析原因时，要注意以下几个问题：

1）要针对存在的问题寻找原因。一般来讲，在现状调查时，已经找出问题的症结，应针对症结来分析原因。而不应把找到的问题弃之不顾，又针对课题的总问题分析原因，这样就会犯逻辑错误，也不能解决问题。

2）分析原因要展示问题的全貌。要从 5M1E 即人、机、料、法、环、测各因素角度把有影响的原因都找出来，避免遗漏。

3）分析原因要彻底。针对某一方面的原因，要反复思考"为什么"，一层一层地展开分析，从原因类别展开到第一层原因、第二层原因，再到第三层原因，直到展开至可直接采取对策的具体因素为止。

分析原因常用的方法有因果图、系统图、关联图等。

5. 确定主要原因

在原因分析阶段，通常会发现可能影响问题的原因有很多，其中有的确实是影响问题的主要原因，有的则不是。这一步骤就是要对诸多原因进行鉴别，把确实影响问题的主要原因找出来，将目前状态良好、对存在问题影响不大的原因排除掉，以便为制定对策提供依据。

一般来讲，要因需从因果图、系统图或关联图的末端因素中予以识别。确认要因常用的方法有：

1）现场验证。即针对可疑的原因到现场通过试验，取得数据来证明。例如，机械行业针对加工某零件产生变形分析出的原因是"压紧位置不当"，进行确认时，可到现场改变一下压紧位置进行试加工，如果变形明显改善，就能判定压紧位置不当确实是零件变形的主要原因。在对方法类原因进行确认时现场验证常常是有效的。

2）现场测试、测量。即到现场通过亲自测试、测量，取得数据，与标准进行比较，看其符合程度来证明。这一方法在对机器、材料、环境类因素进行确认时常常是很有效的。

3）调查分析。有些因素不能用试验或测量的方法取得数据，则可设计调查表，进行现场调查、分析，取得数据来确认。

6. 制定对策

制定对策是指针对每条经确定的主要原因制定出拟解决的措施和方法。制定对策，要分以下三个步骤进行：

1）提出对策。针对每一条主要原因，让小组成员开动脑筋，敞开思想，畅所欲言，相互启发，从多个角度提出改进的想法。对策提得越多、越具体越好，可先不考虑提出的对策是否可行，只要把可能解决这条主要原因的对策都提出来，才能尽量做到不遗漏真正有效的对策。

2）研究、确定所采取的对策。从针对每一条主要原因所提出的若干个对策中分析研究，究竟选用什么样的对策和解决到什么程度。为此需要分析研究对策的有效性；分析研究对策的可实施性；尽量不采用临时性的应急对策；尽量采用依靠本小组的力量就能实现的对策；对策不应只罗列空洞口号，还应便于实施和检查。

3）编制对策表。对策表是整个改进措施的计划，是实施对策的依据。将所有的对策选定后，要把对策的内容填写到对策表中去，做到对策清楚、目标明确、方法具体、责任落实。

制定对策常用的方法有简易图表、矩阵图、流程决策程序法（PDPC）、箭线图法、优选法、试验设计等。

7. 实施对策

实施对策是QC小组活动实质性的具体步骤，这一环节做得好才能使小组活动有意义，否则会使选题等前期工作失去作用。实施对策时应注意以下几点：

1）严格按照对策计划行事。这是因为对策计划是经过分析，找出的主要原因和对策的结果，严格按照对策计划行事，有利于活动趋向目标，有的放矢地取得好的效果。

2）保持经常性和全员性。实施对策的有些活动须保持一定的连续性，不可断断续续；另外还需要全员配合，不能只有部分组员参加，一定要保持全员参与。

3）必要时应修改对策。有时实施中会发现新问题，或对策计划中所列的对策无法实施，这时应及时修改对策，经小组成员讨论通过后再实施。

4）注意记录和检查。把实施的时间、地点、参加人员和结果等项目记录在册，以便为整理成果提供依据。同时，在实施过程中，每月应对活动进展情况进行检查，以便发现问题再进行协调。

在实施对策步骤中常用的方法有矢线图、过程决策程序图法，还可以使用直方图、矩阵图、简易图表、优选法、流程图等方法。

8. 检查效果

检查效果，旨在收集数据，用以检查所取得的效果。检查效果的步骤如下：

1）与对策实施前的现状比较。把对策实施后的数据与对策实施前的现状及小组制定的目标进行比较，以明确改善的程度。可能出现两种情况：一种是检查已经达到了小组制定的目标；另一种是未达到预定的目标，说明问题没有彻底解决，可能是主要原因尚未完全找到，也可能是对策制定得不妥。这样就应回到 QC 小组活动的问题解决方法，重新从分析原因开始，再往下进行，直至达到目标。这说明这个 PDCA 循环没有转完，在 C 阶段中还要进行一个小的 PDCA 循环。

2）计算经济效果。即计算由于解决了问题、实现了小组活动目标后所产生的经济效果，这样能更好地鼓舞士气，增加员工工作的自豪感，调动其积极性。经济效果包括因提高产量、质量、设备效率而产生的经济效益，也包括因降低原材料和设备消耗、节约工时和人力而创造的价值。不论计算哪方面的效果都应实事求是，计算的时间一般不超过活动期，但可包括巩固期。计算的结果应得到有关部门的认可。

检查效果时主要使用各种简易图表和水平对比法，此外，排列图、直方图、控制图、假设验证、方差分析等也可以运用。

9. 制定巩固措施

巩固措施是指把活动中有效的实施措施纳入有关技术和管理文件中，其目的是防止质量问题再次出现。采取巩固措施应注意以下几点：

1）必须是被活动实践证明是行之有效的措施，才能纳入有关文件或规程中，未经证明的方法不能随意列入巩固措施内。

2）任何文件的修改都必须通过文件控制程序进行，不得随意进行文件的修改。

3）巩固措施要具体可行，不能抽象空洞。

制定巩固措施步骤中常用的方法是简易图表和流程图，此外头脑风暴法、调查表及控制图等也可以使用。

10. 总结及今后打算

作为 QC 小组活动的最后一个步骤，总结及今后打算的目的在于把 QC 小组活动得到的经验、体会，做出有指导性的结论，并对今后的活动提出设想。该步骤的主要内容如下：

1）总结活动程序。总结在活动程序方面，在以事实为依据、用数据说话方面，在方法的应用方面，有哪些是成功的，哪些尚有不足需要改进，有哪些心得体会。

2）总结无形成果。除有形成果外，还应总结无形成果，可从质量意识、问题意识、改进意识、参与意识这四个意识的提高，人的素质的提高，质量管理知识的掌握，团队精神的增强等方面来总结。这些效果虽然不直接产生经济效益，但也是非常宝贵的精神财富。

3）提出下一步打算。小组本次活动可能尚有遗留问题，或者由本次活动又引发了新的改进机会，可提出下一次活动要解决的问题，以便把 QC 小组活动持续地开展下去。

该步骤使用的工具主要为简易图表。

7.2.4 质量管理小组活动成果

QC 小组成员经过一个阶段的共同努力，会取得有形的和无形的成果，编

写成果报告和发表成果是 QC 小组活动的重要内容。

1. 成果类型

QC 小组活动取得的成果可以分为两类：一类是有形成果，另一类是无形成果。

（1）有形成果

有形成果是指那些可以用物质或价值形式表现出来，往往能直接计算其经济效益的成果，如提高产品质量，提高劳动效率，降低成本，减少设备故障停机时间，缩短工期、交货期等。

（2）无形成果

无形成果是难以用物质或价值形式表现出来，无法直接计算其经济效益的成果，如提高小组人员素质，加强小组自主管理，改进小组活动方法，改善生产或工作环境，改善人际关系等。无形成果往往是伴随有形成果而产生的，虽然不易直接计算经济效益，但却在开发 QC 小组成员的智力，调动人们的积极性，提高素质、培养人才，增强集体凝聚力等方面发挥着重要的作用。

2. 成果报告

QC 小组成果报告应该是 QC 小组活动全过程的总结和真实写照，是成果发表的依据材料。为编写好成果报告，QC 小组成员应了解成果报告的主要内容、编写技巧和一般要求。

（1）成果报告的主要内容

成果报告是 QC 小组活动全过程的写照，因此主要内容通常也按活动全过程的顺序来写，成果报告的主要内容通常包括：

① 企业简介或工程、项目简介。

② 小组概况，包括组长、顾问、组员及他们的职务、分工等。

③ 选题理由和依据。

④ 现状调查和依据。

⑤ 设定目标值及对其进行可行性分析。

⑥ 明确主要问题和原因。

⑦ 确定主要原因并对其予以验证。

⑧ 制定对策，编制对策表。

⑨ 按对策实施，要描述全部的实施环节和内容。

⑩ 检查确认实施的效果。

⑪ 制定巩固措施。

⑫ 总结、体会，明确遗留问题和今后活动的大体安排。

（2）成果报告的编写

1）成果报告的编写准备。

① 由 QC 小组组长制定成果报告编写计划和进度表，亲自或责成某小组成员拟定编写提纲。

② 收集和整理小组活动的原始记录和资料。

③ 确定成果报告执笔人。

④ 小组全体成员回顾本课题活动的全过程，总结分析活动的经验教训，经讨论同意看法后，由执笔人开始编写。

2）成果报告的编写要求。

① 严格按活动步骤进行总结。

② 文字精炼，描述条理清楚、逻辑性强。
③ 根据选题，抓住重点，切忌节外生枝。
④ 成果报告内容真实可靠，避免虚假。
⑤ 尽量采用图表等形象化表达方式。
⑥ 科技术语和计量单位要规范化、标准化。

3）成果报告的编写技巧

为使成果报告编写成功，应注意以下技巧和安排：

① 课题名称要精炼、准确、鲜明和简洁。
② 开头要引人入胜，结尾要令人回味。
③ 成果的中心问题应该明确并富有挑战性。
④ 成果报告的结构可按小组活动的经过和时间顺序连贯地按 PDCA 层次，也可按并列式结构安排报告内容。后一种结构适合于主要问题是通过两个以上 PDCA 循环才能完成，并且这几个循环是并列关系。
⑤ 成果报告要富有特色，即在 PDCA 循环运用方面，再以事实为依据、用数据说话方面，在方法的应用方面的成功之处、创新之处、有推广价值之处。

3. 成果发表

成果发表是指在一定的场合和规定的时间内（一般是 15 分钟），由 QC 小组的某个或几个成员对本小组的成果报告当众发布。

（1）成果发表的形式

QC 小组成果发表的形式多种多样，主要有现场发表型、大会发表型和文娱发表型。

1）现场发表型。现场发表型是指在车间或公司范围内进行成果发表交流。因为参加者对成果有关情况都比较了解，所以发表时只介绍主要内容而不必面面俱到。通常采用实物对比、重点活动阶段的介绍或集体共同发表的方式。

2）大会发表型。大会发表型是指很多 QC 小组按一定次序在大会上发表自己的成果，以便交流和评比。根据发表目的的不同，大会发表型有评选表彰式和发表分析式、经验交流式等。评选表彰式出于评选、表彰优秀 QC 小组并向上级推荐的目的，由评委现场打分决定名次；发表分析式的目的是提高小组活动的有效性和总结编写成果报告的水平，发表之后，通常由评委分析其优缺点，指出不足，找出原因，以便提高；经验交流式发表的目的是学习交流，沟通信息，因此通常在发表之后进行现场提问答疑，探讨一些共同关心的问题。

3）文娱发表型。文娱发表型是指把成果内容用小品或其他文娱形式来表现的一种发表形式。可由一人介绍，多人表演成果内容，或配以道具、漫画、连环画及音响等丰富多彩的表现形式进行成果发表。这种形式活泼、生动，引人入胜。

（2）成果发表的组织工作

成果发表的组织工作通常由 QC 小组活动主管部门负责。工作内容主要包括：

1）整理成果资料。
2）制定成果评价方案。
3）组建成果评价小组。
4）评价成果报告。

整理成果报告主要是把成果分类，大致可分为全部发表的成果、部分发表的成果、小组活动经验介绍等，并提出建议采取的发表形式，将其登记注册。

制定成果评价方案是指制定评价方法和原则，这里要注意体现小组现场活动评价和成果发表评价相结合，以活动评价为主的原则。

组建成果评价小组应选择有一定经验、资历和能力的人员担任评委，以便客观、公正地评价小组活动成果。

（3）成果发表后的提问答辩

QC 小组成果发表后，评委和与会代表都可以进行简短提问，这样不仅可以了解发表人对成果的掌握程度，还可以确认该成果的科学性和可靠性。更重要的是可以通过双向交流和研讨，达到互相学习和交流的目的。

（4）成果发表的作用

QC 小组的成果发表不是为了走形式，也不是仅仅为了评出几个优秀的 QC 小组，其作用主要在于以下几个方面：

1）交流经验，相互启发，共同提高。
2）鼓舞士气，满足小组成员自我实现的需要。
3）现身说法，吸引更多的员工参加 QC 小组活动。
4）使评选优秀 QC 小组和优秀成果具有广泛的群众基础。
5）提高 QC 小组成员科学总结成果的能力。
6）培养和发现基层质量管理工作的人才。

4. 对 QC 小组活动成果的评审

对 QC 小组活动成果的评审，就是用评审标准衡量小组活动达到标准的程度，审查小组活动成果是否完整、正确、真实、有效。评审的目的是为肯定取得的成绩，总结成功的经验和不足之处，不断提高 QC 小组的活动水平，同时为表彰先进、落实奖励，使 QC 小组活动持续进行下去。

（1）评审原则

1）从大处着眼，抓主要问题。在评审 QC 小组活动成果时，除帮助总结成功的经验之外，还要与评审标准相对照，找出其中的主要问题，而不要在细枝末节上做文章。主要问题包括：

① 成果所展示的活动全过程是否符合 PDCA 的活动程序。
② 各个环节是否做到以客观事实为依据，用数据"说话"，以及所用数据是否完整、正确、有效。
③ 统计方法的使用是否正确、恰当。

2）要客观并有依据。所谓客观，就是要按照事物的真实情况去考察，不带个人偏见。为此，对提出的每一条不足，都要有依据。例如，是不符合 QC 小组活动程序的哪一个步骤的什么要求，或者是不符合评审标准中的哪一条款，这样才能避免把个人偏见带入评审意见中。

3）避免单纯以经济效益为依据评选优秀 QC 小组。开展 QC 小组活动就是要解决存在的问题，取得成果。获得的经济效益越大，该 QC 小组的成绩就越大，这是很自然的。然而大多数 QC 小组，特别是生产现场的员工组织起来的 QC 小组，他们身边需要改进的大都是一些小课题，取得成果后，所产生的经济效益与那些大型的攻关型课题成果所产生的经济效益是无法相比的，甚至可以说是"微不足道"。但是，广泛开展 QC 小组活动，就有着更深远的意义。广大员工通过参加 QC 小组活动，学到了更多的质量管理知识，掌握了科学的思维方式，增强了解决问题的能力，提高了员工的素质，培养和造就了人才，开发了人力和智力资源，实现了自身价值，激发了积极性和创造性，这些是开展QC小组活动第一位的任务。如果组织中的员工都能够自主组织起来，成立QC小组，围绕经营战略、方针目标和身边存在的问题不断进行改进、创新，组织的精神文明和物质文明建设就会发生可喜的变化。

如果在评审QC小组成果时，经济效益越大得分越高，而那些小课题，非常有实用价值的现场型、服务型的成果，就无法进入各级优秀QC小组的行列，这必然会挫伤广大现场员工参加QC小组的积极性。为此，在评审和评选QC小组活动时，不能单纯以创造经济价值的大小论高低，不仅要看经济效益，也要看社会效益；不仅要重视有形成果，也要重视无形成果；不仅要鼓励大成果，也要鼓励小成果。

4）避免在技术上钻牛角尖。每一个QC小组活动的成果应用的专业技术是不相同的，同一个专业，各组织之间也由于设备条件、工艺、操作习惯、环境等方面不尽相同，所采用的技术会有很大差异，有的甚至关系到专业技术的秘密。而在管理技术方面则有较多的共性和交流，可以互相启发。因此，应主要对其管理技术方面进行评审，避免在专业技术上钻牛角尖。当然在组织内部评审QC小组活动成果时，必然会涉及专业技术，组织也应该在专业技术上把好关，但在提出评审意见时，还是要侧重于从管理技术方面提出。

（2）评审标准

中国质量管理协会组织制定并颁布了QC小组活动成果的评审标准（试行），评审标准由现场评审和发表评审两部分组成。

1）QC小组活动成果的现场评审。QC小组活动开展得如何，最真实的体现是活动现场。因此，对现场的评审是QC小组活动成果评审的重要方面。QC小组活动成果现场评审的项目及内容见表7-2。

表7-2 QC小组活动成果现场评审的项目及内容

序号	评审项目	评审内容	分值	得分
1	QC小组的组织	① 按有关规定进行小组登记和课题登记 ② 小组活动时，小组成员的出勤情况 ③ 小组成员参与分担组内工作的情况	7~15	
2	活动情况与活动记录	① 活动过程按QC小组活动步骤进行 ② 取得数据的各项原始记录要妥善保管 ③ 活动记录要完整、真实，并能反映活动的全过程 ④ 每一阶段的活动能否按计划完成 ⑤ 活动记录的内容与发表资料的一致性	20~40	
3	活动成果及成果的维持、巩固	① 对成果内容进行核实和确认，并已达到所制定的目标 ② 取得的经济效益已得到财务部门的认可 ③ 改进的有效措施已纳入有关标准 ④ 现场已按新的标准作业，并把成果巩固在较好的水准上	15~30	
4	QC小组教育	① QC小组成员对QC小组活动步骤的了解情况 ② QC小组成员对方法、工具的了解情况	7~15	
总体评价			总得分	

2）QC小组活动成果的发表评审。在QC小组活动成果发表时，为了互相启发、学习交流，

肯定成绩，指出不足，以及评选优秀 QC 小组，还要对成果进行发表评审。QC 小组活动成果发表评审的项目及内容见表 7-3。

表 7-3 QC 小组活动成果发表评审的项目及内容

小组名称：＿＿＿＿＿＿＿　　　　　　　　　　　　　　　　　课题名称：＿＿＿＿＿＿＿

序号	评审项目	评审内容	分值	得分
1	选题	① 所选课题应与上级方针目标相结合，或者是本小组现场急需解决的问题 ② 课题名称要简洁明确地直接针对所存在的问题 ③ 现状已清楚掌握，数据充分，并通过分析已明确问题的症结所在 ④ 现状已为制定目标提供了依据 ⑤ 目标设定不要过多，并有量化的目标值和有一定依据 ⑥ 工具运用正确、适宜	8～15	
2	原因分析	① 应针对问题的症结来分析原因，因果关系要明确、清楚 ② 原因分析透彻，一直分析到可直接采取对策的程度 ③ 主要原因要从末端因素中选取 ④ 应对所有末端因素都进行要因确认，并且是用数据、事实客观地证明确实是主要原因 ⑤ 工具运用正确、适宜	13～20	
3	对策与实施	① 应针对所确定的主要原因，逐条制定对策 ② 对策应按 "5W1H" 的原则制定，每条对策在实施后都能检查是否已完成（达到目标）及有无效果 ③ 按对策表逐条实施，且实施后的结果都有所交代 ④ 大部分的对策是由本组成员来实施的，遇到困难能努力克服 ⑤ 工具运用正确、适宜	13～20	
4	效果	① 取得效果后与原状对比，确认其改进的有效性，与所制定的目标比较，看其是否达到 ② 取得经济效益的计算实事求是、无夸大 ③ 已注意对无形效果的评价 ④ 改进后的有效方法和措施已纳入有关标准，并按新标准实施 ⑤ 改进后的效果能维持、巩固在良好的水准，并用图表表示出巩固期的数据 ⑥ 工具运用正确、适宜	7～15	
5	发表	① 发表资料要系统分明，前后连贯，逻辑性好 ② 发表资料要通俗易懂，应以图、表、数据为主，避免通篇文字、照本宣读		
6	特点	统计方法运用突出，有特色，具有启发性		
总体评价			总得分	

上述评审标准适用于问题解决类的现场型、攻关型、服务型和管理型的 QC 小组活动成果的评审。在评审 QC 小组活动成果时可直接采用。有的单位确因行业的特殊性，不适合直接采

用时，可自行修订后采用，但仍需遵循上述标准的原则。

7.3 5S 管理

5S 起源于日本，最早是从丰田公司的现场管理实践中总结出来的。5S 管理是指在生产现场对人员、机器、材料、方法等生产要素进行有效管理，是一种独特的管理办法，现已在世界许多国家得到推广应用。

7.3.1 5S 概述

5S 是指整理（Seiri）、整顿（Seiton）、清扫（Seiso）、清洁（Seiketsu）和素养（Shitsuke），因为这 5 个词日语中罗马拼音的第一个字母都是"S"，所以简称为"5S"。开展以整理、整顿、清扫、清洁和素养为内容的活动，称为"5S"活动。

1. 整理

1）定义：区分要与不要的物品，现场只保留必需的物品。

2）目的：

① 改善和增加作业面积。

② 现场无杂物，行道通畅，提高工作效率。

③ 减少磕碰的机会，保障安全，提高质量。

④ 消除管理上的混放、混料等差错事故。

⑤ 有利于减少库存量，节约资金。

⑥ 改变作风，提高工作情绪。

3）意义：把要与不要的人、事、物分开，再将不需要的人、事、物加以处理，对生产现场的物品摆放和停滞的各种物品进行分类，区分什么是现场需要的，什么是现场不需要的；其次，对于现场不需要的物品，如用剩的材料、切屑、废品、多余的工具等，要坚决清除出生产现场，这项工作的重点在于坚决把现场不需要的东西清理掉。对于车间里各个工位或设备的前后、通道左右、厂房上下、工具箱内外，以及车间的各个死角，都要彻底搜寻和清理，达到现场无不用之物。

2. 整顿

1）定义：把需要的物品按便于使用的原则，依规定定位、定方法摆放整齐有序，做好标识。

2）目的：不浪费时间寻找物品，提高工作效率和产品质量，保障生产安全。

3）意义：把需要的人、事、物加以定量、定位。通过前一步整理后，对生产现场需要留下的物品进行科学合理的布置和摆放，以便用最快的速度取得所需之物，在最有效的规章、制度和最简洁的流程下完成作业。

4）要点：

① 物品摆放要有固定的地点和区域，以便于寻找，消除因混放而造成的差错。

② 物品摆放地点要科学合理，例如，根据物品使用的频率，经常使用的东西应放得近些（如放在作业区内），偶尔使用或不常使用的东西则应放得远些（如集中放在车间某处）。

③ 物品摆放目视化，使定量装载的物品做到过目知数，摆放不同物品的区域采用不同的色

彩和标记加以区别。

3. 清扫

1）定义：清除现场内的脏污、清除作业区域的物料垃圾。

2）目的：清除"脏污"，保持现场干净、明亮。

3）意义：将工作场所的污垢去除，使异常的发生源很容易发现，是实施自主保养的第一步，主要是在提高设备的工作效率。

4）要点：

① 自己使用的物品，如设备、工具等，要自己清扫，而不要依赖他人，不增加专门的清扫工。

② 对设备的清扫，着眼于对设备的维护保养，清扫设备要同设备的点检结合起来，清扫即点检；清扫设备要同时做设备的润滑工作，清扫也是保养。

③ 清扫也是为了改善，当清扫地面发现有飞屑和油水泄漏时，要查明原因，并采取措施加以改进。

4. 清洁

1）定义：将整理、整顿、清扫实施的做法制度化、规范化，维持其成果。

2）目的：认真维护并坚持整理、整顿、清扫的效果，使其保持最佳状态。

3）意义：通过对整理、整顿、清扫活动的坚持与深入，从而消除发生安全事故的根源。创造一个良好的工作环境，使员工能愉快地工作。

4）要点：

① 车间环境不仅要整齐，而且要做到清洁卫生，保证工人身体健康，提高工人劳动热情。

② 不仅物品要清洁，而且工人本身也要做到清洁，如工作服要清洁，仪表要整洁，及时理发、刮须、修指甲、洗澡等。

③ 工人不仅要做到形体上的清洁，而且要做到精神上的"清洁"，待人要讲礼貌、要尊重别人。

④ 要使环境不受污染，进一步消除浑浊的空气、粉尘、噪声和污染源，消灭职业病。

5. 素养

1）定义：人人按章操作、依规行事，养成良好的习惯，使每个人都成为有教养的人。

2）目的：提升"作业人员的素质"，培养对任何工作都讲究、认真的人。

3）意义：努力提高员工的自身修养，使员工养成良好的工作、生活习惯和作风，让员工能通过实践5S获得人身境界的提升，与企业共同进步，是5S活动的核心。修养的形成过程如图7-6所示。

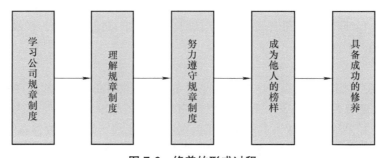

图 7-6　修养的形成过程

6. "5S"之间的相互关系

整理是整顿的基础，整顿又是整理的巩固，清扫显现整理、整顿的效果，而通过清洁和素养，形成持续改善的气氛。"5S"之间的相互关系如图 7-7 所示。

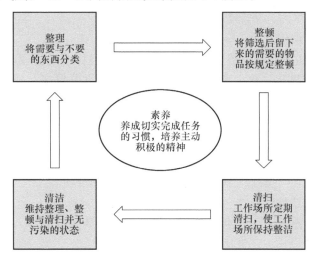

图 7-7 "5S"之间的相互关系

7.3.2 实施"5S"管理的意义

实施"5S"管理，能为公司带来巨大的好处。可以改善企业的品质，提高生产力，降低成本，确保准时交货，同时还能确保安全生产且能保持并不断增强员工们高昂的士气。

1. 改善和提高企业形象

整齐、整洁的工作环境，容易吸引顾客，让顾客心情舒畅；同时，由于口碑的相传，企业会成为其他公司的学习榜样，从而能大大提高企业的威望。

2. 提高工作效率

良好的工作环境和工作氛围，加上很有修养的合作伙伴，作业人员可以集中精神，认认真真地干好本职工作，必然就能大大地提高效率。如果员工们始终处于一个杂乱无序的工作环境中，情绪必然就会受到影响，从而导致工作效率下降。因此，"5S"管理是促成效率提高的有效途径之一。

3. 改善零件在库周转率

供需间物流通畅，需要时能立即取出有用的物品，就可以极大地减少因找所需物品时所滞留的时间。因此，能有效地改善零件在库房中的周转率。

4. 减少直至消除故障，保障品质

产品优良的品质来自优良的工作环境。工作环境只有通过经常性的清扫、点检和检查，不断地净化，才能有效地避免污损东西或损坏机械，维持设备的高效率，提高生产品质。

5. 保障安全生产

整理、整顿、清扫，必须做到储存明确，物品摆放在规定的位置上，工作场所内保持宽敞、明亮，通道随时都是畅通的，地上不能乱摆不该放置的东西，工厂有条不紊，意外事件的发生自然就会相应地减少，安全就会有保障。

6. 降低生产成本

通过实行"5S"管理，能大大减少作业人员、机器、场所、时间等方面的浪费，从而降低

生产成本。

7. 改善员工的精神面貌，使企业更有活力

"5S"管理可以明显地改善员工的精神面貌，使企业焕发一种强大的活力。员工都有尊严和成就感，对工作尽心尽力，并带动改善意识形态。

8. 缩短作业周期，确保交货

推行"5S"，通过实施整理、整顿、清扫、清洁来实现标准的管理，企业的管理就会一目了然，使异常的现象明显化，减少浪费。生产就能相应地非常顺畅，作业效率必然就会提高，作业周期必然相应地缩短，确保交货日期万无一失。

7.3.3 "5S"的现场管理法

"5S"管理是企业成功的重要活动之一，各行各业各类组织都可在生产和工作现场大力推广"5S"管理，以保证工作质量、提高工作效率、美化工作环境。

1. "5S"管理实施注意事项

整理：正确的价值意识——"使用价值"，而不是"原购买价值"。

整顿：正确的方法——"三要素、三定"+整顿的技术。

清扫：责任化——明确岗位"5S"管理的责任。

清洁：制度化及考核——"5S"时间，稽查、竞争、奖罚。

素养：长期化——晨会、礼仪守则。

"5S"管理是现场管理的基础，是全员生产维修（TPM）的前提，是全面质量管理（TQM）的第一步，也是 ISO 9000 有效推行的保证。"5S"管理能够营造一种"人人积极参与，事事遵守标准"的良好氛围。实施 ISO 9000、全员生产维修、全面质量管理等活动的效果是隐蔽的、长期性的，一时难以看到显著的效果。而"5S"管理的效果是立竿见影的，可以通过在短期内获得显著效果来增强企业员工的信心。

2. "5S"管理现场实施的方法

（1）定点照相法

所谓定点照相，就是对同一地点，面对同一方向，进行持续性的照相，其目的就是把现场不合理现象，包括作业、机器、流程与工作方法予以定点拍摄，并且进行连续性改善的一种手法。

（2）红牌（红标签）作战

红牌作战中的红色牌子或者标签，用来区分日常生产活动中的非必需品。将平常生产活动中的非必需品贴上红色标签，这样可以使作业人员和管理人员一目了然地看出什么东西是必需品，什么东西是多余的。而贴红牌的对象包括库存、机器及空间等。

（3）目视化管理

通过目视化管理，使作业人员能一眼就知道何处有什么东西，有多少数量，同时也可以将现场管理的内容、流程以及订货、交货日程等制作成看板，使作业易于了解，以进行必要的作业。

7.3.4 "5S"管理的图例集

下面我们以地面标识、工位器具、零件等图例来学习一下"5S"管理是如何具体操作的。

1. 地面标识

地面标识 5S 的要求：地面通道有明确的标识；各类物料、设备和器具按照规定要求予以

明确标识；各类标识不得有人为损坏。

各种颜色的含义：红色表示禁止、停止，消防和危险；黄色表示注意和警告；蓝色表示指令和必须遵守的规定；绿色表示通行，安全；黄黑条纹表示须特别注意。

注意：以上为较为通用的颜色要求，不同的公司或制造厂可以有其自身的规范，但就一个公司或一个工厂而言，必须注意统一。

地面标识具体的5S要求如图7-8~图7-16所示。

图7-8所示为灭火器警示线涂画标准，灭火器、灭火器箱应划"禁止阻塞线"、左右与灭火器、灭火器箱前方地面划线尺寸应与灭火器箱打开尺寸同宽、前后是灭火箱厚度的两倍；线宽50mm，斜线成45°；灭火器放置后离两侧划线保留20mm距离；胶带颜色为红色。

图7-8 灭火器警示线涂画标准

图7-9所示为箱式消火栓管理标准，室内箱式消火栓投影正下方使用红色矩形框进行定位；前面使用红色斑马线画出长为300mm的隔离区域；线宽为50mm，斜线间距为50mm，左低右高，倾角为45°；消防设施前面禁止摆放物品。

图7-9 箱式消火栓管理标准

图 7-10 所示为室内操作台、柜子标识方法，用黄色 50mm 反光膜进行定位，反光膜距离物体 100m。

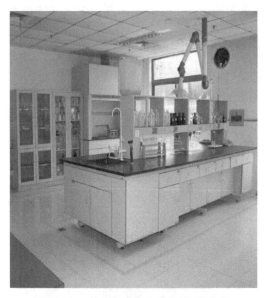

图 7-10　室内操作台、柜子标识方法

图 7-11 所示为分析仪、操作面板管理标准，对分析仪、操作面板进行警示，防止前面对方物件。箱体外围黄线框线宽为 50mm，矩形框长为箱体边长，现场宽为 400mm，厂房内宽为 300mm。

图 7-11　分析仪、操作面板管理标准

图 7-12 所示为现场盖板管理标准，对现场盖板进行标识起到警示作用，盖板周围用黄黑斑马线进行警示，黄黑线宽为 100mm，斜线倾角为 45°，盖板拉手刷成红色。

图 7-13 所示为楼梯管理标准，对斜梯进行标识起到警示、防踏空作用，楼梯的最下层和最上一层，用 100mm 宽的黄色线警示，距离台阶两端 150mm。

图 7-12 现场盖板管理标准

图 7-13 楼梯管理标准

图 7-14 所示为车间道路地面划线 5S 标准，车间道路地面标志线用 50mm 宽的黄色胶带以实心线表示。

图 7-14 车间道路地面划线 5S 标准

图 7-15、图 7-16 所示为物品固定位置 5S 标准，物品固定位置用 50mm 宽的蓝色胶带以实心线表示。

图 7-15 物品固定位置 5S 标准（一）

图 7-16 物品固定位置 5S 标准（二）

2. 工位器具

图 7-17 所示为安全帽的摆放与标识方法，明确安全帽的摆放位置，用完及时归位，安全帽

需集中放置，摆放整齐；每个安全帽前要贴标签，标签格式部门内部要统一。

图 7-17　安全帽的摆放与标识方法

如图 7-18 所示，对各种工器具进行形迹化管理，取放方便，提高工作效率，工器具顶置、有序摆放，明确管理责任人、联系方式，用绿色胶皮进行形迹化管理。

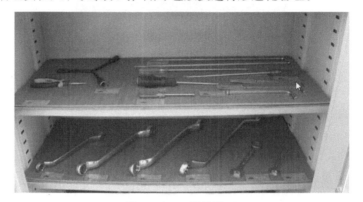

图 7-18　工器具管理

3. 零件

零件 5S 的要求首先需要为零件定性，为合格品、不合格品或报废品等，并为相应的零件指定相应的放置区域，如图 7-19 ~ 图 7-21 所示。

图 7-19　零件放置 5S 标准（一）

图 7-20 零件放置 5S 标准（二）

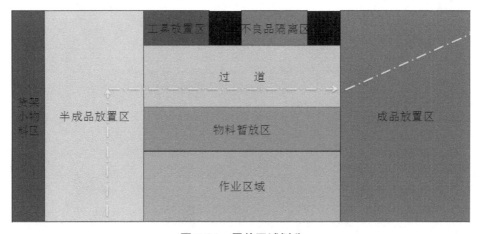

图 7-21 零件区域划分

4. 工作角

如图 7-22 和图 7-23 所示，工作角 5S 的要求为班组原地使用的桌椅放于工作角指定位置，桌椅清洁，工作角内物品摆放整齐。

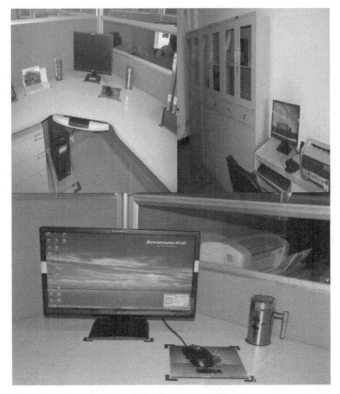

图 7-22　办公区工作角

图 7-23　车间工作角

5. 目视板

如图 7-24 所示，目视板 5S 的要求为班组需有目视板，目视板表面整齐、整洁，无破损，目视板所有栏目内容无空白，目视板牌面和信息及时更新。

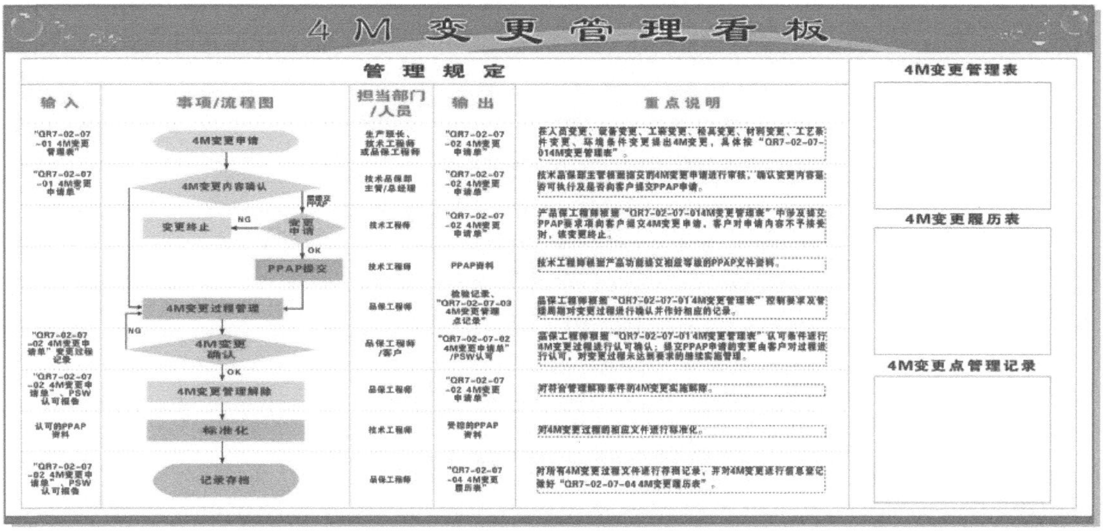

项目 7
质量改进

![4M变更管理看板]

图 7-24 目视板

"5S"管理的图例还有很多，由于篇幅有限，这里就不再一一展示了。

课程育人

> **课程育人之七**
>
> 5S 管理是本项目的一个重要教学内容。5S 管理起源于日本，通过规范现场，营造一目了然的工作环境，培养员工良好的工作习惯，其最终目的是提升人的品质，养成良好的工作习惯，例如革除马虎之心，认真对待工作中的每一件"小事"，遵守规定，自觉维护工作环境整洁明了，文明礼貌等。
>
> 教师在讲授这个内容时，为了使学生能将理论和实际相结合，可以在课程中设置 5S 宿舍管理实践项目，如设置学生们的书本、文具、桌凳、床铺、抽屉等摆放整齐。众所周知，在高校管理中，学生寝室管理是最烦心的，学生宿舍往往出现脏乱差的现象。因此，通过让学生对宿舍进行 5S 管理，不但能使学生掌握理论知识，并且很好地运用到实践中去，从而养成做事认真的习惯和素养。
>
> 通过本阶段的学习，让同学们体会到：种下思想，收获行动；种下行动，收获习惯；种下习惯，收获品格；种下品格，收获命运。

参 考 文 献

[1] 张公绪，孙静. 新编质量管理学 [M]. 2 版. 北京：高等教育出版社，2003.
[2] 陈岩，尹明远，董跃进. 质量管理学 [M]. 3 版. 北京：清华大学出版社，2018.
[3] 张勇，柴邦衡. ISO 9000 质量管理体系 [M]. 3 版. 北京：机械工业出版社，2016.
[4] 龚敏，郑嵩祥，柴邦衡. IATF 16949 汽车行业质量管理体系解读和实施 [M]. 北京：机械工业出版社，2018.
[5] 蒋安全. 汽车生产与质量管理 [M]. 成都：西南交通大学出版社，2014.
[6] 朱士忠，金仲伯，宋浩. 机械精度检测与产品质量管理 [M]. 北京：机械工业出版社，2016.
[7] 国家质检总局缺陷产品管理中心. 汽车产品安全与召回技术研究报告：2013 年 [M]. 北京：中国质检出版社，2014.
[8] 郑卫华，孙波，汪立昕. 美国汽车召回管理 [M]. 北京：清华大学出版社，2008.
[9] 陈婷，毕方英. 汽车生产现场管理 [M]. 北京：机械工业出版社，2016.
[10] 陈秀华，刘福尚. 汽车制造质量管理 [M]. 北京：机械工业出版社，2015.
[11] 越前行夫. 图解生产管理：5S 推进法 [M]. 尹娜，译. 北京：东方出版社，2011.
[12] 杜荣华，刘邵勤. 机械类"课程思政"案例：第一辑 [M]. 长春：东北师范大学出版社，2019.
[13] 郑玉巧，吴苍. 基于课程思政的"全面质量管理"课程教学模式探索 [J]. 甘肃高师学报，2020,25(2):88-90.